크리스천을 위한
마음코칭

CHANGES THAT HEAL
by Henry Cloud

Originally published in the U.S.A. under the title: *Changes That Heal*
Copyright ⓒ 1992 by Henry Cloud
Translation copyright ⓒ 2011 by Henry Cloud

Translated by Byoung Chul Jun

This Korean Edition was published by Word of Life Press, Seoul, Republic of Korea in 2011 by permission of Zondervan, Grand Rapids, Michigan.

U.S.A. through arrangement of rMaeng2, Seoul, Republic of Korea.
All rights reserved.

본 저작물의 한국어판 저작권은 rMaeng2 에이전시를 통하여 Zondervan과 독점 계약한 생명의말씀사에 있습니다. 신저작권법에 의하여 한국 내에서 보호받는 저작물이므로 무단 전재와 무단 복제를 금합니다.

크리스천을 위한
마음코칭

ⓒ 생명의말씀사 2011

2011년 2월 28일 1판 1쇄 발행
2024년 11월 29일 12쇄 발행

펴낸이 | 김창영
펴낸곳 | 생명의말씀사

등록 | 1962. 1. 10. No.300-1962-1
주소 | 서울시 종로구 경희궁1길 6 (03176)
전화 | 02)738-6555(본사) · 02)3159-7979(영업)
팩스 | 02)739-3824(본사) · 080-022-8585(영업)

기획편집 | 박혜주, 임성은
디자인 | 오수지
인쇄 | 예원프린팅
제본 | 보경문화사

ISBN 978-89-04-09049-5 (03230)

저작권자의 허락 없이 이 책의 일부 또는 전체를
무단 복제, 전재, 발췌하면 저작권법에 의해 처벌을 받습니다.

CHANGES *That* HEAL

크리스천을 위한
마음코칭

헨리 클라우드 지음 | 전병철 옮김

생명의말씀사

Contents

한국인 독자들에게 드리는 특별 서문 · 6
들어가는 말 · 9

1부. 건강한 성장을 위해 필요한 3가지

chapter 1 | '은혜'와 '진리'의 하나님을 바로 알자 · 16
chapter 2 | 성장은 '시간'이 걸린다 · 38

2부. 단절된 관계를 회복하라

chapter 3 | 아무하고도 연결되지 못한 영혼의 고통 · 62
chapter 4 | 유대감 형성에 실패할 때 · 89
chapter 5 | 관계 맺는 기술 배우기 · 119

3부. 무너진 경계선을 바로 잡아라

chapter 6 | 주변에 휘둘리는 지나치게 좋은 사람 · 130
chapter 7 | 경계선을 개발하는 법 · 162
chapter 8 | 경계선을 침범하는 것 · 174
chapter 9 | 경계선을 형성하지 못할 때 · 209
chapter 10 | 관계를 지키면서 나의 영역 지켜 나가기 · 226

4부. 완벽하지 않은 세상을 받아들여라

chapter 11 | 참을 수 없는 이상과 현실의 괴리감 · 236
chapter 12 | 선과 악을 있는 그대로 받아들이지 못할 때 · 264
chapter 13 | 선과 악을 다 받아들이는 법 배우기 · 274

5부. 삶의 권위와 주도권을 되찾아라

chapter 14 | 동등한 위치에 서지 못하다 · 290
chapter 15 | 우리가 성장하지 못할 때 · 327
chapter 16 | 성숙한 어른이 되는 법 배우기 · 345

맺음말 · 357

Introduction

It was my belief when I wrote this book and even more so now, that God's principals of restoration hold the power for living a fulfilled and fruitful life. My wish through this book, is that you are able to discover a closer relationship with God, better your relationships with others, and achieve the personal growth that you need. I pray that by learning about your development, you can make the changes that need to be made and enjoy the process along the way.

The main theme throughout the book is that emotional, relational and spiritual growth are interdependent. Therefore, draw near to God as you go through these pages. I believe that as you do that, He will meet you and help you along the way.

I hope that you find this journey to be a deeply satisfying one not only personally, but spiritually as well. I am happy that it is being translated into Korean, and my prayer is that all of you who read it will benefit greatly.

God Bless You,

Dr. Henry Cloud

한국인 독자들에게 드리는 특별 서문

지금도 여전히 그렇게 믿고 있지만, 제가 이 책을 썼을 때, 하나님의 회복의 능력이 우리가 충만하고 열매가 가득한 삶을 살도록 한다는 사실을 믿었습니다. 이 책을 통하여 한국의 독자 여러분이 하나님과 더욱 가까워지시기를 소망합니다. 다른 사람들과의 관계가 돈독해지고, 또한 독자 여러분께 꼭 필요한 영적성장을 이루시게 되기를 바랍니다. 당신이 이 책을 읽는 동안 영적인 발달과정들에 대하여 배우고 깨달음으로 반드시 일어나야 할 변화를 경험하고, 그 변화의 과정을 누리실 수 있게 되기를 기도합니다.

이 책의 핵심주제는 정서적, 관계적, 그리고 영적인 성장이 서로 상호보완적인 관계에 있다는 것입니다. 그러므로 이 책의 한 페이지 한 페이지 넘길 때마다 하나님께 더 가까이 나아가십시오. 그렇게 하면 주님께서 당신을 만나주시고 도와주실 것을 믿습니다.

당신의 자람의 여정이 개인 성장의 영역뿐 아니라 영적으로도 만족스러운 여정이 되시기를 소망합니다. 이 책이 한국어로 번역되어서 기쁩니다. 여러분이 이 책을 읽음으로 큰 영적인 유익을 누리시기를 기원합니다.

주님의 축복을 빕니다.

헨리 클라우드 박사 드림

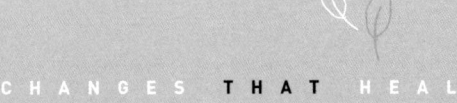
CHANGES THAT HEAL

들어가는 말

당신의 마음이 회복을 원하고 있다

　　　　　　나는 매주 다양한 감정적 문제를 겪고 있는 사람들을 만난다. 이들은 염려, 외로움, 깨어진 관계로 인한 상처, 쓴 뿌리, 열등감 등의 문제로 오랫동안 시달린 사람들이다.

이처럼 상처 받은 사람들을 어떻게 도와야 하는가 하는 방법론을 놓고 교회는 양분된 의견을 펼친다. 한편에서는 감정적인 문제로 고통을 받는 원인이 그들의 죄 때문이라고 주장한다. 사람들이 믿음이 없기 때문에, 불순종했기 때문에, 혹은 하나님의 말씀 안에서 충분한 시간을 보내지 않기 때문에 그렇다는 것이다. 이들은 고난의 원인을 고난 받는 당사자들에게로 돌린다.

이런 입장의 그리스도인들은 욥의 세 친구들이 욥에게 했던 충고와 거의 같은 맥락의 조언을 한다. "하나님께서는 당신이 이 일을 통해 뭔가 배우기를 원하시는 걸 거예요." "지금도 당신은 여전히 축복을 누리고 있어요. 그걸 바라보세요." "하나님께서 당신을 시험하시는 중입니다." "어떠한 환경 가운데서도 하나님께 감사드리세요." 욥의 세 친구들의 충고에도 진리가 일부 담겨 있지만, 정작 고통을 겪고 있는 사람에게는 그다지 도움이 되지 않는다.

욥이 말했듯이, 절망 속에서 허덕이고 있는 사람에게는 "친구로부터 동정"(욥 6:14)이 절실하다. 고통을 직접 경험한 사람들은 잘 알겠지만 위와 같은 조언은 위로가 되지 않을뿐더러 하나님을 등지게 만들 수도 있다. 게다가 이미 겪고 있는 문제에, 사람들의 충고를 받아들이지 못한다는 죄책감까지 더해져 이중의 고통을 겪게 되기도 한다.

이렇게 상처 받은 사람들은 결국 욥이 했던 것과 같은 고백을 하게 된다. "너희는 거짓말을 지어내는 자요 다 쓸모없는 의원이니라 너희가 참으로 잠잠하면 그것이 너희의 지혜일 것이니라"(욥 13:4-5).

그리고 교회에 남아 있기 위해서 마치 자신들의 문제가 해결된 것처럼 가장하거나 아니면 자신이 직면한 심리적, 정서적 문제는 믿음으로 해결할 수 없다고 판단하여 교회를 떠나는 경우도 생긴다.

치유할 방법은 심리학인가? 하나님의 능력인가?

이러한 문제를 조금 다른 관점에서 해결해 보려 하는 사람들은 상처 받은 사람들의 아픔을 어루만지고 치유하고자 노력한다. 교회 안에서 해결책을 찾지 못할 때는 심리학에서 방법을 찾기도 한다. 실제로 심리학적인 해결 방법이 종종 성공을 거두어 상처 입은 영혼들이 위로를 받기도 한다. 하지만 이 경우도 난처하기는 마찬가지이다. 그 사람들을 치유한 것이 과연 심리학일까, 아니면 하나님의 능력일까? 치유가 하나님에게서 온 것을 분명 알기는 하지만, 그것을 증명할 만한 성경적 근거를 찾기가 쉽지 않다. 그저 '효과가 있다'는 사실만 알 뿐이다.

기독교인이고 심리학자이며, 고통을 경험하는 한 사람으로서 나도 그 두 가지 입장을 모두 경험해 봤다. 나 자신과 다른 사람들의 인생 문제를 기독교적인 '정답'을 가지고 해결하려 시도했다가 욥의 표현처럼 "쓸모없는 의원"이라는 결론에 도달한 적도 있다. 또한 심리학이라는 학문에 '세례'를 베풀어 기독교적인 심리학처럼 보이게 하려고도 해 보았지만 이 역시 별 효과가 없었다.

몇 년 전 나는 하나님께 이렇게 기도했다. "포기하겠습니다. 도대체 뭐가 도움이 되는지 알 수가 없습니다. 하나님, 만일 사람들을 치유하는 좋은 방법이 있다면 주님이 직접 제게 보여 주셔야겠습니다." 감사하게도 그 후 몇 년 동안의 영적인 여정을 통해 하나님은 내 간절한 기도에 응답을 해 주셨다.

내가 이 책을 쓰게 된 것은 심리학과 신학에 대한 교회의 논쟁에 끼어들기 위해서가 아니다. 그보다는 우울증, 염려, 공황장애, 중독, 죄책감의 문제를 해결할 수 있는 성경적인 해결책이 있다는 사실을 보여 주는 것이 목표였다. 더불어 그러한 해결책은, 우리가 성장 과정에서 발생하는 발달과제를 어떻게 이해하느냐에 달려 있다는 것도 말하고 싶었다. 삶의 발달과제를 제대로 이루어 낼 때 우리는 우리를 창조하신 하나님을 닮아 가는 성장을 이루게 된다.

성경은 우리가 "하나님의 형상대로"(창 1:27) 지음을 받았다고 말씀한다. 우리는 하나님을 닮도록 지어졌다. 물론 우리가 모든 것을 알고 모든 것을 행하는 전지전능의 능력까지 얻을 수 있는 것은 아니다. 하지만 공의롭고 자애로운 하나님의 성품을 닮아, 더 경건한 삶을 살고 남들을 더욱 사랑할 수는 있다. 우리가 그러한 하나님의 성품을 닮아 갈수록, 우리를 괴롭히는 정서적이고 심리적인 문제들은 점점 줄어들 것이다.

사도바울은 기록하기를, 하나님께서 우리를 "아들의 형상을 본받게 하기 위하여 미리 정하셨"(롬 8:29)다고 했다. 다시 말해 우리의 목표는 예수님을 닮는 것이라는 의미이다. 문제는 '어떻게' 그리스도의 형상을 닮아 가느냐 하는 것이다. 식습관조차 우리 마음대로 조절하지 못하는데 어떻게 '거룩'을 추구하며 살 수 있을까? 우리의 시간과 에너지를 소진시키는 사람들에게 시달리고 지친 상황에서 어떻게 '사랑이 많은' 사람으로 살 수 있을까?

하나님을 닮아 가는 것이 불가능해 보이는 까닭에 우리는 하루하루의 일상을 심리적인 문제와 영적인 문제라는 두 가지의 전혀 다른 범주로 따로 떼어 놓고 생각하곤 한다. 그리고 우리를 힘들게 하는 것이 심리적인 문제라고 판단되면 심리치료실을, 영적인 문제라고 생각되면 목회자를 찾아간다. 우울증이나 공황장애, 죄책감, 혹은 중독의 문제가 우리의 영성과는 아무런 상관이 없다고 여기는 것이다.

하지만 우리의 문제를 심리적인 것과 영적인 것으로 나누는 일이야말로 정말 심각한 문제이다. 우리의 모든 문제는 삶 속에서 하나님의 형상을 닮아 가지 못하는 데서 비롯된다. 아담과 하와가 에덴동산에서 죄로 타락했기 때문에 우리 삶의 아주 핵심적인 부분에서 하나님의 형상을 닮지 못하고 있으며, 우리가 애초에 지음 받은 대로 기능을 발휘하지 못하고 있는 것이다. 우리가 고통을 겪는 이유는 바로 이 때문이다.

하나님을 닮아 갈 네 가지 영역

나는 심리학자라는 전문가의 경험으로, 또한 개인적인 영적 여정을 통해 하나님의 성품을 네 가지로 분류했다. 우리가 그 성품들을 가꿀 수만 있다면 하루하루의 삶의 질이 훨씬 더 높아질 것이다. 우리 자녀들로서는 수행하기 어려운 아래 네 가지 일을 하나님은 능히 행하실 수 있다.

1. 다른 사람과의 유대감 형성
2. 다른 사람과의 분리
3. 좋은 것과 나쁜 것의 균형 있는 분별
4. 성인으로서의 책임감

하나님의 형상을 닮기 위한 이 기본적인 기능들을 제대로 수행하지 못하면, 오랜 시간 성장이 정체되어 결국 변화와 성숙을 이룰 수 없게 된다. 이 책을 통해 위의 네 가지 발달과제들을 설명하고자 한다. 또한 이 발달과제를 성취하지 못하게 막는 장애물과 그 장애물을 극복하는 데 필요한 기술에 대해서도 깊은 이야기를 나눌 것이다.

우리가 현재 살고 있는 타락한 세상에서는 이 네 가지 영역 모두를 온전히 실현하기가 힘들다. 하지만 하나님께서는 친히 시작하신 "착한 일"을 "그리스도 예수의 날까지 이루"시겠다고 약속하셨다(빌 1:6).

하나님의 형상을 닮아 가는 성장의 과업에 착수하기 전에, 먼저 하나님의 중요한 성품 두 가지를 간략하게 살펴보아야 할 듯하다. 이를 제대로 이해한다면 우리의 여정은 훨씬 더 활기차고 즐거워질 것이다.

1부
건강한 성장을 위해 필요한 3가지

chapter **1**

'은혜'와 '진리'의 하나님을 바로 알자

　　　　　　　아주 먼 옛날 머나먼 은하계 어딘가에, 문명이 고도로 발달한 나라가 있었다. 이들은 모든 문제를 해결할 만한 기술을 보유했으며, 우리는 평생 꿈꿀 수 없을 만큼의 여가를 누렸다. 하지만 모든 것을 가진 이 외계인들은 하루하루가 눈물이 날 만큼 지루했다. 그들의 행성을 활기차게 만들어 줄 새롭고 신선한 뭔가가 필요했다.

　드디어 그 문제를 해결하기 위한 위원회가 구성되었다. 토론하며 새로운 스포츠를 만들거나, 놀이동산을 개발하자는 아이디어가 나오기도 했다. 그러다가 문득 비지라는 이름의 외계인이 기가 막힌 아이디어를 내놓았다.

　"신을 만들어 내면 어떨까요?"

　모두들 멋진 생각이라며 동의를 표했다. "그렇게 되면 우리 국민들이 일요일마다 뭔가 할 일이 생기겠군요." "좋은 대화거리도 될 것 같고요."

그래서 그들은 신이라는 존재를 만들기로 했다. 하지만 진척이 없었다. 이 프로젝트의 연구 및 개발의 책임을 맡은 비지가 위원회를 다시 소집했다.

"생각해 보니 이건 말이 안 되는 일이에요." 비지가 말했다. "우리가 신을 만들어 내는 것이 무슨 의미가 있죠? 그렇게 만들어진 신이 진짜가 아니라는 걸 뻔히 다 아는데. 차라리 지구에 살고 있는 사람들이 경배하는 하나님 같은 그런 신을 찾는 건 어떨까요?"

그 제안에 위원회가 동의했다. 그리고 비지는 즉시 지구로 출장을 떠났다. 사람들 눈에 보이지 않는 특수 제작된 옷을 입고, 수많은 교회와 종교 기관들을 찾아다니며 관찰했다. 그는 엄청난 양의 정보를 추리고 많은 시간을 들여 보고서를 작성했다.

그가 돌아오자, 비지가 뭘 알아 왔는지 듣고 싶은 마음에 위원회가 다시 긴급히 소집되었다. 귀환 인사를 마치고 비지가 이렇게 말했다.

"친애하는 여러분! 제가 지구에 가서 하나가 아니라 둘씩이나 되는 신을 찾아 가지고 돌아왔습니다."

회의장은 탄성으로 가득 찼다.

"첫 번째 신, 아니, 여신이라고 해야겠네요. 그 여신의 이름은 은혜라고 합니다. 아주 매력적인 신이지요. 이 여신은 사랑에 대해 자주 이야기를 했습니다. '사이좋게 지내라, 친절해야 한다, 착하게 살아라'라고 가르치는 신입니다. '만일 선한 삶을 살지 못한다 할지라도 무조건 용서하마'라고 말하더군요."

이 부분에서 비지는 곤혹스러운 표정으로 이렇게 덧붙였다. "한 가지 이상한 것은 아무런 규칙도, 원칙도 없는 상태에서 사람들은 자신들이 뭘 잘못했는지도 모를 텐데 그 여신이 뭘 용서하겠다는 건지 모르겠더군요."

비지가 계속해서 말했다. "저는 특별히 은혜의 여신을 따르는 추종자들이 했던 일들이 좋아 보이더군요. 가난한 사람들을 먹이고, 감옥에 갇힌 사람들을 방문하더라고요." 그러고는 머리를 가로저으며 이렇게 말했다. "하지만 이 추종자들은 아주 타락한 모습이었습니다. 똑같은 잘못을 계속 반복해서 저질렀고, 자신들이 어디로 가는지조차 알지 못하는 것 같았어요."

"그리고 또 다른 신이 있었습니다." 비지가 깊게 숨을 들이쉬었다. "이 신은 확실히 남성 신인데, 이름은 진리라고 하더군요. 은혜가 착한 신이라면, 진리라는 신은 아주 못된 신 같았습니다. 진리의 신은 상대방이 기분 나쁠 정도로 계속해서 잘못을 지적했고, 그 추종자들도 서로 불쾌한 말을 주고받았습니다. 하지만 진리의 신도 나름대로 좋은 면이 있었어요."

비지는 위원회를 안심시키며 말을 이었다. "진리의 신은 거짓, 속임수, 간음, 낙태, 술 취함과 같은 추악한 행위에 아주 단호하게 대처했습니다. 마치 더러운 거리를 치우는 커다란 종교적 청소부 같았어요. 자신의 대적들을 남김없이 쓸어버리더군요. 한 가지 문제가 있다면 나쁜 일만이 아니라, 그 일을 하는 사람들까지 한꺼번에 쓸어버린다는 것이죠. 은혜의 여신을 추종하는 사람들의 얼굴에는 웃음을 찾아볼 수 있었지만 진리의 신을 추종하는 사람들은, 말도 마세요, 그 사람들이 하는 일이라곤 서로 위협하고 소리 지르는 일뿐이더군요."

비지의 보고를 들은 위원회는 신을 만드는 일은 없었던 것으로 하고 대신 새로운 놀이공원을 조성하자고 입을 모았다. 그 두 종류의 신 모두 마음에 들지 않았기 때문이다. 그때 비지가 마지막으로 한 가지 제안을 했다.

"우리에게는 물과 기름처럼 서로 상극인 것도 자연스럽게 섞을 수 있는 놀라운 기술이 있지 않습니까? 은혜와 진리를 한번 섞어 보면 어떨까요?"

은혜와 진리가 분리되었을 때

우리 하나님은 "은혜와 진리가 충만"하신 하나님이시다(요 1:14). 우리는 '은혜와 진리가 충만하다'는 표현에 익숙하지만, 우리의 실제 삶 속에서 일어나는 어려움을 다룰 때 그것이 어떤 의미가 있는지 제대로 깨닫지 못할 때가 많다. 은혜와 진리란 무엇일까? 왜 그토록 중요한 것일까?

먼저 은혜에 대해 생각해 보자. 은혜란 받을 자격이 없는 사람들에게 베푸시는 하나님의 은총이다. 우리는 은혜를 받을 자격도 없고, 은혜를 얻어 내기 위해 할 수 있는 일도 없다. 다시 말하면 은혜는 조건 없는 사랑과 포용이다. 그러한 사랑이야말로 인간의 영혼이 진정한 쉼을 누리고 치유받을 수 있는 원천이 된다. 또한 그것은 하나님의 본질이기도 하다. 그러한 까닭에 사도 요한은 "하나님은 사랑이심이라"(요일 4:8)라고 기록했다. 우리를 향한 하나님의 사랑은 조건 없이 거저 주시는 것이다.

사실 성경은 은혜와 사랑의 차이를 명확하게 구분 짓지 않는다. 『국제표준성경사전International Standard Bible Encyclopedia』의 주해에 따르면 "사랑이 무가치한 피조물들을 향한 하나님의 성품을 강조한다면, 은혜는 그들을 구원하시면서 어떠한 장애에도 굴하지 않는 하나님의 자유를 강조한다. 하지만 그 둘의 차이는 명확하지 않을뿐더러 일관성이 있다고 할 수도 없다. 분명한 것은 사랑과 은혜는 둘 다 그리스도를 통해 우리에게 온다는 것이다(롬 5:8, 갈 1:6 참조). 그리고 그 둘 다 받는 사람의 자격과는 상관없이 주어진다는 점에서 독특한 공통점을 지닌다"고 한다.

은혜는 하나님의 형상으로 성장해 가는 데 필요한 첫 번째 요소이다. 은혜는 깨어지지 않고 방해받지도 않는, 용납하는 관계이다. 에덴동산에서 사람이 하나님과 맺었던 관계가 바로 그러했다. 아담과 하와는 사랑받는 존재였고 부족할 것이 없었다. 하나님의 진리를 알고 있었으며, 하나님의 뜻을 이룰 수 있는 완벽한 자유를 누렸다. 간단히 말해 그들은 안전한 상태였다. 부끄러움도, 염려도 없었다. 그들은 진정한 자기 자신이 될 수 있었다.

어쩌면 당신도 누군가와의 관계 속에서 이러한 종류의 사랑과 은혜를 경험해 본 적이 있을지도 모른다. 이런 관계에서는 꾸밈없는 자신의 모습을 거리낌 없이 보여 줄 수 있다. 생각이나 감정을 감출 필요도 없다. 연기할 필요도 없고, 사랑받기 위해서 무언가를 하지 않아도 된다. 상대방이 당신의 있는 모습을 그대로 받아들여 주고, 그 모습 그대로를 사랑해 준다.

그렇다면 은혜는 하나님의 성품 중에서도 관계적인 면을 보여 준다 할 수 있을 것이다. 외계인 비지가 발견했던 첫 번째 신이 바로 이러한 성품을 갖추고 있었다. 은혜의 여신은 긍휼과 관계의 신이었다. 이 여신의 추종자들은 서로에게 각종 사랑의 행위를 베풀었다. 고통 중에 있는 사람들에게 다가서려 노력했고 고통에서 벗어날 수 있도록 도왔다. 그들은 '함께'의 정신으로 살았다.

하지만 은혜의 여신을 경배했던 사람들에게는 한 가지 문제가 있었다. '진리'에 대해 전혀 들어 본 적이 없었다는 점이다. 그 결과 그들은 끊임없이 점점 더 많은 은혜가 필요한 최악의 상황으로 빠져들고 있었다. 물론 은혜의 여신이 더 많은 은혜를 베풀기 꺼렸던 것은 아니다. 은혜의 여신에게 은혜는 끝없는 것이었다. 하지만 은혜의 여신을 추종하는 사람들에게는 과거와 똑같은 잘못에 거듭 빠지지 않도록 지켜 줄 규율과 지침이 필요했다. 곤경에 처하지 않도록 이끌어 주는 인도가 필요했던 것이다.

바로 이 때문에 진리의 신이 필요하다. 비지가 찾아낸 두 번째 신은 나쁜 행위에 경계를 분명히 세우는 일에 능통했다. 진리의 신은 사람들에게 수많은 규율과 지침을 주었다. 그래서 추종자들은 할 수 있는 일과 하지 말아야 할 일, 옳은 일과 그른 일, 선한 일과 선하지 못한 일에 대한 차이를 분명하게 인식할 수 있었다.

진리는 하나님의 형상 안에서 성장해 나가는 데 필요한 두 번째 필수 요소이다. 진리는 실제적이며, 어떤 대상의 실상을 있는 그대로 설명해 준다. 은혜가 하나님의 성품 가운데 관계적인 측면을 나타낸다면, 진리는 구조적인 측면을 상징한다. 진리는 삶을 지탱해 주는 뼈대와도 같다. 하나님의 진리는 우리를 실상으로 인도하며, 정확한 것으로 이끌어 준다. 우리의 DNA 구조가 육신의 삶이 어떻게 될 것인지를 설명해 주듯이, 하나님의 진리는 우리의 마음과 영혼이 어떤 모양을 취하게 될 것인지를 말해 주는 것이다.

아주 근사해 보일지 모르지만, 은혜의 여신과 마찬가지로 진리의 신도 한 가지 문제점을 안고 있다. 바로 너무 가혹하다는 것이다. 진리의 신은 자신의 규율을 어기는 사람들은 가차 없이 내친다. 그의 관심사는 오로지 악한 사람들을 처벌하는 것뿐이다. 은혜의 여신이 베푸는 긍휼은 눈곱만큼도 찾아볼 수 없다. 때로 진리의 신은 무정함의 극치를 보여 준다. 쉽게 말해 진리의 신에게서는 관계적인 측면을 결코 발견할 수 없다. 사람들이 실족하면 진리의 신은 고함을 지르거나 이들을 집어던져 버린다.

비지는 은혜의 여신에게서 규율과 규칙을 찾을 수 없어서 아쉬워했듯이, 진리의 신에게서는 사랑을 볼 수 없어 안타까워했다.

어떤 면에서 보면, 우리는 그 두 종류의 신을 모두 경험해 봤다. 만사가 다 허용되는 신과, 어떤 것도 허용하지 않는 신. 이 두 종류의 신들은 원래 한 하나님의 성품이다. 우리가 간과하는 것은 그것이 이렇게 서로 다른 신의 모습으로 드러나게 된 까닭이 인간의 타락 사건 때문이라는 사실이다. 죄라는 것이 은혜와 진리를 갈라놓았기 때문에 그 둘이 각기 전혀 다른 모습으로 드러나 보이는 것이다.

은혜 없는 진리

아담과 하와가 에덴동산에서 살 때는 한 하나님 안에서 은혜와 진리가 연합되어 있었다. 그들이 죄를 범했을 때 하나님과 그들 사이에 틈이 생겼고, 은혜로 가득 차고 진리로 충만했던 하나님과의 관계를 상실하게 되었다.

은혜가 사라지자 아담과 하와는 수치심을 느꼈다. 날이 서늘할 때 동산을 거니시던 하나님의 음성이 들려오자 그들은 하나님의 낯을 피했다. 하나님께서 "네가 어디 있느냐"라고 부르셨을 때 아담은 두려워서 숨었다고 대답했다 (창 3:8-10). 그렇게 수치심과 죄책감이 세상으로 들어온 것이다. 인간은 더 이상 안전하지 못하게 되었다.

아담과 하와가 하나님과의 관계에서 떨어져 나온 이후, 은혜와 진리에서도 멀어지게 되었다. 왜냐하면 그 둘은 하나님과의 관계를 통해서만 얻을 수 있는 것이기 때문이다. 하나님께서는 아담과 하와의 타락한 모습을 보시고 그들에게 규율과 지침을 주시기로 결정하셨다. 율법의 모습을 갖춘 진리를 주신 것이다. 율법은 일종의 청사진으로, 인간이 살아가는 데 필요한 기본적인 체계와 같은 것이다. 사람들을 안내하는 역할을 하기도 하고, 때로는 해야 할 것과 하지 말아야 할 것 사이의 분명한 경계선을 그어 주기도 한다.

그런데 한 가지 문제가 있었다. 하나님께서 은혜를 빼놓고 진리만을 주신 것이다. 아담과 하와는 하나님이 정해 놓으신 기준에 맞추어 살려고 노력해야만 했다. 그리고 얼마 지나지 않아 자신들이 결코 그 기준에 합당한 삶을 살 수 없다는 것을 깨달았다. 은혜 없는 진리는 심판이다. 문자 그대로 우리를 지체 없이 지옥으로 보내 버리는 것이다.

바울은 은혜 없는 진리, 즉 율법이 우리에게 어떠한 결과를 가져오는지에 대해 다음과 같이 기록했다.

> 우리가 알거니와 무릇 율법이 말하는 바는 율법 아래에 있는 자들에게 말하는 것이니 이는 모든 입을 막고 온 세상으로 하나님의 심판 아래에 있게 하려 함이라 그러므로 율법의 행위로 그의 앞에 의롭다 하심을 얻을 육체가 없나니 율법으로는 죄를 깨달음이니라(롬 3:19~20).

> 율법은 진노를 이루게 하나니(롬 4:15).

> 율법이 들어온 것은 범죄를 더하게 하려 함이라(롬 5:20).

우리가 육신에 있을 때에는 율법으로 말미암는 죄의 정욕이 우리 지체 중에 역사하여 우리로 사망을 위하여 열매를 맺게 하였더니(롬 7:5).

전에 율법을 깨닫지 못했을 때에는 내가 살았더니 계명이 이르매 죄는 살아나고 나는 죽었도다 생명에 이르게 할 그 계명이 내게 대하여 도리어 사망에 이르게 하는 것이 되었도다(롬 7:9~10).

바울은 또한 갈라디아 교인들을 향해 이렇게 말했다.

무릇 율법 행위에 속한 자들은 저주 아래에 있나니 기록된 바 누구든지 율법 책에 기록된 대로 모든 일을 항상 행하지 아니하는 자는 저주 아래에 있는 자라 하였음이라(갈 3:10).

믿음이 오기 전에 우리는 율법 아래에 매인 바 되고(갈 3:23).

율법 안에서 의롭다 함을 얻으려 하는 너희는 그리스도에게서 끊어지고 은혜에서 떨어진 자로다(갈 5:4).

야고보 또한 다음과 같은 실망스러운 소식을 적고 있다.

누구든지 온 율법을 지키다가 그 하나를 범하면 모두 범한 자가 되나니(약 2:10).

율법, 즉 은혜 없는 진리에 대한 성경의 기록들을 살펴보면 율법은 우리가 할 말을 잃게 만들고, 분노하게 만들며, 죄를 더 짓도록 조장하고, 죄의 정욕을 자극하며, 죽음에 이르게 하고, 저주 아래 놓이게 만들며, 율법에 매이게 하고, 그리스도에게서 끊어지게 하며, 무서운 심판에 이르게 한다. 비지가 진리를 좋아하지 않은 이유가 분명히 있었던 것이다!

은혜 없는 진리는 우리를 파멸시킨다. 율법 아래서는 누구도 성장할 수 없다. 왜냐하면 율법은 하나님과의 관계를 철저하게 조건적인 관계로 제한하기 때문이다. "나는 네가 옳은 일을 할 때만 사랑해 줄 것이다." 진리를 은혜나 관계보다 더 우선시하면 죄책감과 염려, 분노 및 다른 여러 가지 정서적 고통을 겪게 된다.

다음에 소개할 루스의 사례가 바로 그런 경우였다.

선교사 한 분이 스물두 살 된 딸 루스를 억지로 내게 데려왔다. 루스는 대학생이었는데 우울증에 시달리고 있었다. 식욕도 없었고 잠을 제대로 잘 수 없었다. 공부에도 집중하기 힘들어했다.

잠시 동안 이런저런 얘기를 나눈 후 나는 루스에게 "문제가 뭐죠?" 하고 물었다. 루스의 아버지가 팔짱을 낀 채 대신 대답했다.

"문제는 상당히 간단해요. 애가 제대로 살지 못하고 있다는 거죠."

내가 물었다. "그게 무슨 뜻인가요?"

"애는 마약에다 혼숙까지 하고 다닌다니까요." 루스의 아버지가 경멸에 찬 말투로 대답했다. "다니던 대학에서도 잘릴 판이에요. 도대체 앞으로 뭘 하고 살 건지 아무런 대책도 없다고요." 내가 또 다른 질문을 하기도 전에 그는 말을 이었다. "만약 애가 성경을 읽고 교회에 제대로 나갔더라면 지금처럼 우울증을 겪을 일이 없었을 겁니다. 하지만 지금 얘가 하고 싶어 하는 일이라곤 오로지 그 형편없는 친구들과 어울려 다니는 거랍니다."

"만일 선교사님께서 생각하시는 것처럼 따님이 마땅히 해야 할 일들을 제대로 다했다면 어떻게 달라졌을까요?" 내가 물었다.

"그랬다면야 물론 저나 제 아내처럼 행복했겠죠. 주님께서도 당연히 이 아이를 축복해 주셨을 테고요."

루스의 아버지와는 대화를 더 해 봐야 진척이 없을 것 같다는 생각이 들었다. 그래서 간단히 고마움을 표한 후, 루스와 단둘이서 이야기하게 해 달라고 양해를 구했다.

아버지가 방에서 나갔는데도 루스는 여전히 나와 아무런 말도 하지 하려고 했다. '예', '아니요' 하는 짧은 대답만 할 뿐이었다. 결국 내가 이렇게 말했다.

"루스. 내가 만일 당신의 아버지 같은 분과 살아야 했다면 나라도 마약을 했을지 몰라요. 아버지가 당신을 대하는 태도가 우울증과 상관이 있나요?"

루스는 말없이 고개를 끄덕였다. 두 눈에는 눈물이 그렁그렁 고여 있었다.

"당신은 이제 어른이에요. 그리고 여기는 어른들을 위한 병원이고요. 내가 보기에 당신은 자해를 할 것 같지도 않고, 그렇다고 다른 사람을 해칠 것 같지도 않아요. 그러니 원한다면 이제 그만 돌아가셔도 돼요. 하지만 가기 전에 내 생각을 한마디만 말할게요. 내가 선부 다 알지는 못하지만, 당신은 심각한 우울증에 빠진 것 같아요. 아버지 말씀처럼 당신이 뭔가 잘못했기 때문에 우울증에 빠졌다고는 생각하지 않아요. 아마 다른 이유들이 있겠죠. 아버지는 결코 이해할 수 없겠지만, 아주 논리적이고 그럴 수밖에 없는 이유일 거라고 생각해요. 만일 입원을 결정하면 내가 도울 수 있을 거예요. 하지만 그렇게 하더라도 아버지의 강요가 아닌, 순전히 당신 스스로의 선택이어야 해요. 만일 아버지가 어떤 문제로 화가 나신다면, 그건 아버지 문제입니다."

루스는 의자에 뻣뻣한 자세로 앉아서 눈물을 글썽이며 나를 쳐다봤다. 나는 루스에게 잠시 혼자서 생각할 시간을 줬다.

결국 루스는 입원하기로 결정했다. 그리고 내 짐작이 맞았다. 그녀는 아주 오랜 시간 '은혜 없는 진리' 가운데 지내고 있었다. 그 결과 성경에서 말하는 율법주의의 잘못된 폐단을 몸소 겪어야만 했다. 스스로에 대한 나쁜 감정과 패배감에 고통 받고 있었던 것이다.

루스는 어디를 가든 '반드시 해야만 하는 일들'에 둘러싸였고, 어느 곳에서도 있는 모습 그대로 인정받지 못했다. 죄와 사망의 법이 그녀의 삶을 옭아맸고, 그 고통의 사슬에서 벗어나기 위한 몸부림은 너무도 고달팠다.

그녀의 고통을 지켜보는 동안, 성경이 가르쳐 주는 은혜 없는 진리의 폐단을 다시 떠올릴 수밖에 없었다.

진리 없는 은혜

은혜 없는 진리는 치명적이지만, 비지가 발견했듯 진리 없는 은혜 또한 우리의 삶을 성공으로 이끌지 못한다. 비지는 은혜를 숭배하는 교회에 사랑은 넘치지만, 사람들이 아무런 목적 없이 사는 모습을 목격했다. 어쩌면 그 신은 은혜의 여신이라는 이름이 어울리지 않는지도 모른다. 은혜 없는 진리가 사실은 '심판의 신'이듯이, 진리 없는 은혜는 '방종의 여신'이라는 이름이 더 적합할 것이다. 성경은 이렇게 표현한다.

형제들아 너희가 자유를 위하여 부르심을 입었으나 그러나 그 자유로 육체의 기회를 삼지 말고 오직 사랑으로 서로 종 노릇 하라(갈 5:13).

육체의 일은 분명하니 곧 음행과 더러운 것과 호색과 우상 숭배와 주술과 원수 맺는 것과 분쟁과 시기와 분냄과 당 짓는 것과 분열함과 이단과 투기와 술 취함과 방탕함과 또 그와 같은 것들이라 전에 너희에게 경계한 것 같이 경계하노니 이런 일을 하는 자들은 하나님의 나라를 유업으로 받지 못할 것이요(갈 5:19~21).

그런즉 어찌하리요 우리가 법 아래에 있지 아니하고 은혜 아래에 있으니 죄를 지으리요 그럴 수 없느니라 너희 자신을 종으로 내주어 누구에게 순종하든지 그 순종함을 받는 자의 종이 되는 줄을 너희가 알지 못하느냐 혹은 죄의 종으로 사망에 이르고 혹은 순종의 종으로 의에 이르느니라(롬 6:15~16).

그러므로 땅에 있는 지체를 죽이라 곧 음란과 부정과 사욕과 악한 정욕과 탐심이니 탐심은 우상 숭배니라(골 3:5).

너희가 음란과 정욕과 술취함과 방탕과 향락과 무법한 우상 숭배를 하여 이방인의 뜻을 따라 행한 것은 지나간 때로 족하도다(벧전 4:3).

훈계를 저버리는 자에게는 궁핍과 수욕이 이르거니와 경계를 받는 자는 존영을 받느니라(잠 13:18).

은혜 없는 진리가 이끌던 루스의 가정이 부정적인 결과를 경험한 것처럼, 진리 없는 은혜로만 움직이는 가정 또한 끔찍한 결과를 초래할 수 있다.

샘은 마약을 과다 복용하는 우발적 사고로 우리 병원에 입원했다. 자신이 도대체 얼마나 많은 양의 마약을 흡입했는지조차 기억하지 못할 정도로 다량을 흡입했던 것이다. 샘은 스물여덟 살이었지만 옷차림은 마치 십대 청소년 같았다. 찢어진 청바지와 색이 바랜 '하드록 카페' 티셔츠에 발목까지 오는 끈 풀린 테니스화를 신고 있었다.

몇 번의 초기 상담 과정에서 알게 된 사실은, 샘은 아이큐가 천재 수준이었는데도 두 곳의 대학에서 퇴학당했으며 직장에도 제대로 적응하지 못했다는 것이다. 인간관계 역시 문제가 많았다. 일단 누군가와 사귀기 시작하면 상대방에게 완전히 몰입해서 그 밖의 모든 일에는 무책임해지기 일쑤였다. 누구와 사귀든 상대방을 숨 막히게 했고, 질려 버린 상대는 결국 이별을 고하고 떠나곤 했다. 샘이 입원하던 그 즈음에도 최근까지 사귀던 여자 친구가 곁을 떠난 터였다.

샘에게 가족에 대하여 물었더니 아버지는 샘이 네 살 되던 해에 돌아가셨다고 했다. 그 일 때문에 어머니는 오랫동안 다른 사람들과 접촉을 꺼렸고 우울증에 빠지기도 했다. 어머니는 재혼도 하지 않고 혼자 살았다. 대신 아들에게 아버지 노릇까지 해 주려는 마음에 샘이 원하는 건 뭐든 다 들어 주려고 노력했다.

샘의 표현대로라면, 그는 아주 안락하고 사치스러운 삶을 살아온 셈이다. 특별히 하는 일도 없으면서도 엄청난 액수의 용돈을 받았고, 무슨 잘못을 하든 어머니는 훈계하는 법이 없었다. 절도나 난동, 마약 소지 등의 혐의로 구치소에 수감되어 어머니가 보석금을 내고 풀어 준 적도 몇 번이나 있었다.

처음에는 병원에서까지 샘의 좋지 않은 생활 방식이 그대로 지속되었다. 그는 늦잠을 자거나 공동체 활동에 빈번하게 빠졌고, 치료를 위해 내 준 과제들도 제대로 하지 않았으며, 머리조차 제대로 빗지 않았다. 그처럼 통제와 절제가 없는 생활 때문에, 다시 말해 훈련과 진리가 결여된 인생의 방식 때문에 샘의 삶은 엉망진창이 되어 버렸다.

하지만 병원 직원들은 샘의 어머니처럼 관대하지 않았다. 몇 번에 걸친 강력한 생활 지도와, 고통스럽지만 문제와 직면하는 과정을 통해 샘도 자신의 책임을 수행하는 법을 배워 가게 되었다. 게다가 주어진 일에 최선을 다하고 책임을 진다는 것이 인생을 훨씬 더 즐겁게 만든다는 사실에 자신조차 놀라고 말았다.

성경은 비지가 말하는 두 종류의 신들 중 어느 쪽의 편도 들어 주지 않는다. 은혜 없는 진리의 신이나 진리 없는 은혜의 여신 모두 성경이 말하는 하나님의 모습과 거리가 멀다. 외계인 비지가 최종적으로 제안했던 신의 모습, 즉 은혜와 진리를 섞어 놓은 것이 바로 좋은 신의 성품이다. 하지만, 그것은 비지가 처음으로 생각해 낸 것이 아니다. 요한복음에는 이런 구절이 나온다. "말씀이 육신이 되어 우리 가운데 거하시매 우리가 그의 영광을 보니 아버지의 독생자의 영광이요 은혜와 진리가 충만하더라……우리가 다 그의 충만한 데서 받으니 은혜 위에 은혜러라 율법은 모세로 말미암아 주어진 것이요 은혜와 진리는 예수 그리스도로 말미암아 온 것이라"(요 1:14, 16~17).

위 구절은 사람들이 어떻게 실족하고 또 어떻게 회복하는가를 모두 보여준다. 실패는 율법을 따라오고, 구원은 예수님을 통해 온다. 은혜와 진리라는 두 가지 요소가 영적 성장에 중요하다는 사실은 오직 예수님을 통해서만 깨달을 수 있다. 또한 아담이 태초에 하나님과 누렸던 것과 같은 관계도 오직 예수 그리스도를 통해서만 형성할 수 있다. 즉 진실하신 그분(진리)과 어떤 상황에서도 깨어질 수 없는 관계(은혜)를 맺게 되는 것이다.

지금까지는 은혜와 진리가 분리되었을 때 발생하는 파괴적인 현상을 알아보았다. 이제는 은혜와 진리가 함께할 때 어떤 일이 일어나는가를 살펴보도록 하자.

은혜와 진리가 함께할 때

은혜와 진리가 함께하면 타락의 결과로 빚어진 상태, 즉 하나님과 분리되고 다른 사람들과 분리됨으로써 발생하는 문제들을 회복하고 돌이킬 수 있다. 은혜와 진리는 우리를 고립에서 불러내 '관계' 속으로, 또한 진정한 자아로 초대한다. 다시 말해 나의 나쁜 모습들까지도 모두 포함해서 '진정한 나'의 모습이 될 수 있도록 하는 것이다. 다른 사람과의 관계 속에서 안전함을 느끼는 것과, 그 관계 속에서 있는 모습 그대로 받아들여지는 것은 사뭇 다른 이야기다.

은혜만 있다면 정죄받지 않을 수 있어 안전하다고 느끼겠지만 진정한 친밀감은 경험할 수가 없다. 은혜를 베풀 때 진리도 함께 나누며(우리가 누구인지, 상대방이 누구인지, 그리고 우리의 환경이 어떠한지에 대한 진리), 자신의 진정한 자아로 반응할 때 비로소 진정한 친밀감이 생겨난다. 그렇게 진정한 친밀감은 언제나 진리라는 친구와 함께 찾아온다.

요한복음 8장 3~11절에 등장하는 간음한 여인에 대한 예수님의 반응은 안전함과 친밀감이 어떻게 함께 갈 수 있는지를 보여 주는 아주 좋은 예다.

예수님께서 새벽에 사람들을 가르치시려 회당에 가셨다. 예수님이 회당에 앉으시는데 서기관들과 바리새인들이 간음한 여인을 잡아다 사람들 앞에 세웠다.

"선생이여 이 여자가 간음하다가 현장에서 잡혔나이다 모세는 율법에 이러한 여자를 돌로 치라고 명하였거니와 선생은 어떻게 말하겠나이까."

그들의 의도는 예수님을 함정에 빠뜨리려는 것이었다. 당시 로마법에 의하면 유대인들은 사형을 집행할 수 없게 되어 있다. 따라서 만일 예수님께서 "그 여인을 돌로 치라"고 말씀하셨다면 로마의 법을 어기게 되는 것이었다. 그렇다고 주님이 "그 여인을 돌로 치지 말라"고 말씀하신다면 유대인들의 법을 어긴 셈이 되어 곤경에 처하실 수 있었다.

하지만 예수님은 그들이 파 놓은 함정에 빠지지 않으셨다. 몸을 굽히고 손가락으로 땅에 뭔가를 쓰셨다. 모인 사람들이 예수님께 계속 대답을 추궁하자 일어나셔서 이렇게 말씀하셨다. "너희 중에 죄 없는 자가 먼저 돌로 치라."

이 말씀을 듣고 하나둘씩 슬그머니 도망치기 시작했다. 얼마 지나지 않아 예수님과 그 여인만 남게 되었다. 예수님이 여인에게 물으셨다. "여자여 너를 고발하던 그들이 어디 있느냐 너를 정죄한 자가 없느냐."

"주여 없나이다." 그녀가 대답했다.

이윽고 주님은 "나도 너를 정죄하지 아니하노니 가서 다시는 죄를 범하지 말라" 하고 선포하셨다.

이 장면을 통해 예수님은 주님 안에 있는 은혜와 진리를 아는 것이 어떤 의미인지를 시현하셨다. 주님은 이 여인에게 용서와 포용의 형식으로 은혜를 베풀어 주셨다. 사실상 그 여인이 자신의 죄 때문에 죽지 않아도 된다고 말씀해 주신 것이다. 그 여인은 받아들여졌고 주님과 분리될 필요가 없었다. 주님은 또한 여인이 주변 사람들과의 관계에서도 분리되지 않을 수 있다는 은혜의 힘을 보여 주셨다.

바리새인들도 그 여인과 별로 다른 것이 없었다. 그 여인도, 바리새인들도 모두 죄인이었다. 예수님은 똑같은 사람으로서 그 여인과 교제하도록 바리새인들을 초대하셨지만 그들은 거절했다. 은혜는 우리가 하나님과 함께할 수 있도록 하는 능력이 있다. 또한 은혜는, 다른 사람들이 받아들여 주기만 한다면 그들과도 교제할 수 있도록 해 준다.

하지만 예수님은 단순히 용납하는 것으로 그치시지 않았다. 주님은 죄의 욕망과 음행으로 가득한 그 여인의 있는 모습 그대로를 받아 주셨다. 그러고 나서 미래를 향한 새로운 지침을 주셨다. "가서 다시는 죄를 범하지 말라." 용납과 새로운 지침, 이 두 가지 요소가 함께 연합할 때 진정한 자아를 관계 속으로 인도할 수 있다. 진정한 치유가 일어나는 유일한 방법인 것이다.

예수님은 요한복음 4장 23~24절에서 그것을 이렇게 표현하신다. "아버지께 참되게 예배하는 자들은 영과 진리로 예배할 때가 오나니 곧 이 때라 아버지께서는 자기에게 이렇게 예배하는 자들을 찾으시느니라 하나님은 영이시니 예배하는 자가 영과 진리로 예배할지니라." 우리는 하나님을 예배할 때 관계와 진실함 가운데 거해야 한다. 그렇지 않은 것은 모두 예배가 아니다.

안타까운 일은 우리가 모두 죄인이라는 사실 때문에 그리스도 앞으로 나오지만, 그 후부터는 자신이 죄인이 아니라는 것을 증명하기 위해 인생의 대부분을 허비한다는 사실이다. 우리의 진짜 모습이 무엇인지를 감추기 위해 살아가는 것이다.

진정한 자아와 거짓 자아

하나님과 다른 사람들과의 관계 속으로 진정한 자아의 모습을 가지고 들어가면 믿을 수 없는 일이 벌어진다. 하나님께서 창조하실 때 의도하셨던 바로 그 모습으로 성장하기 시작하는 것이다. "온 몸이 머리로 말미암아 마디와 힘줄로 공급함을 받고 연합하여 하나님이 자라게 하시므로 자라느니라"(골 2:19)는 말씀처럼, 오직 우리가 머리 되신 예수 그리스도께 연결되고 다른 지체들에게 온전히 연결될 때만 가능한 일이다. 예수 그리스도 안에서 은혜와 진리가 함께 만나는 깃만이 우리의 유일한 희망이며 그 소망은 우리를 결코 실망시키지 않는다.

내 친구 제이크는 알코올 중독으로 재활 치료를 받고 있다. 제이크는 이렇게 말했다.

"교회 사람들이나 예수 믿는 친구들은 술 마시는 것은 잘못된 일이고, 내가 회개해야 한다고 늘 말하지. 그 사람들은 내가 술을 끊으려고, 신실한 그리스도인이 되려고 얼마나 노력했는지를 몰라.

그러다가 알코올 중독자 모임에 참석했는데, 거기서는 내 자신의 무력함을 솔직하게 인정할 수 있었어. 그곳 사람들은 내가 변화할 것을 기대하지 않았어. 오히려 내 힘만으로는 결코 변할 수 없다는 사실을 가르쳐 주었지.

내가 할 일은 알코올 중독자라는 사실을 고백하는 것뿐이었어. 그러면 하나님께서 나를 변화시키실 거라는 거야. 하나님과 다른 사람들이 나를 있는 그대로 받아들여 준다는 걸 알았을 때 비로소 희망이 생겼어. 나 자신이 누구인지 제대로 알게 되었고, 도움을 청할 수 있게 된 거지. 그게 나를 변화시킨 거야."

하나님이 지으신 모습 그대로의 진정한 자아를 하나님과 다른 사람들과의 관계 속에서 감추려고 하면 문제가 발생한다. 진정한 자아를 감추면 거짓 자아가 드러나기 때문이다. 거짓 자아는 이 세대를 본받는 모습이다(롬 12:2 참조). 말하자면, 다른 사람들이 자신을 어떻게 볼 것인가에 맞추어 꾸며서 내놓은 전시용 모습인 것이다. 바울은 거짓 자아의 모습을 이렇게 말한다.

> 오직 너희는 그리스도를 그같이 배우지 아니하였느니라 진리가 예수 안에 있는 것 같이 너희가 참으로 그에게서 듣고 또한 그 안에서 가르침을 받았을진대 너희는 유혹의 욕심을 따라 썩어져 가는 구습을 따르는 옛 사람을 벗어 버리고 오직 너희의 심령이 새롭게 되어 하나님을 따라 의와 진리의 거룩함으로 지으심을 받은 새 사람을 입으라 그런즉 거짓을 버리고 각각 그 이웃과 더불어 참된 것을 말하라 이는 우리가 서로 지체가 됨이라(엡 4:20~25).

거짓과 거짓 자아의 모습으로 자신을 나타내는 한 은혜와 진리는 결코 우리를 치유할 수 없다. 거짓 자아는 자기만의 방법으로 우리를 '치유'하려 노력한다. 그런 까닭에 항상 거짓된 해결책만을 가져오게 된다. 하나님이 창조하신 모습으로 자라 가야 할 진정한 자아의 모습은 감추어지고 은혜와 진리는 멀어지는 것이다.

죄책감이라는 장애물

은혜와 진리는 모든 성장의 장애물인 죄책감을 해결한다. 이 때문에 은혜와 진리가 치유를 위한 가장 좋은 조합이 될 수 있는 것이다. 다른 사람이 우리에게 상처를 입혔거나, 반대로 우리가 누군가에게 죄를 지었거나, 혹은 이 두 가지 상황이 함께 벌어지면 우리는 정서적으로 어려움을 겪게 된다. 이렇게 사랑과 순종이 결핍된 결과 우리는 죄책감의 세계로 자신을 숨기게 된다.

앞서 아담과 하와 역시 자신들의 죄와, 그 결과 변질된 자신들의 모습과, 거기서 비롯되는 죄책감과 수치심 때문에 자신을 감추고 숨겨야만 했다.

죄책감과 수치심은 언제나 우리를 감추고 숨게 만든다. 그렇게 되면 우리는 필요한 도움을 받을 수가 없다. 하나님의 축복을 누리기 위해 심령이 가난해질 수 없다는 이야기다. 은혜가 우리를 찾아와, 우리의 진정한 자아의 모습이 어떠하든 우리에게 정죄함이 없다고 말해 줄 때 죄책감의 문제가 해결되고 비로소 치유를 경험할 수 있게 된다.

때로는 교회가 숨고자 하는 우리의 성향을 부추기기도 한다. 내 친구 제이크의 경우도 알코올 중독자 치료 모임에 참여하면서부터 감추고 숨으려는 노력을 멈출 수 있었다. 자신의 실패를 부끄러워하지 않아도 되며, 죄가 용서받았다는 느낌을 받을 때 진리와 은혜가 삶 속에서 효과적으로 작용할 수 있는 것이다.

율법적인 교회에서는 성도의 삶에 문제가 있다는 사실 자체를 용납하지 않으며 이를 죄악으로 여긴다. 반대로 알코올 중독자 치료 모임에서는 오히려 완벽하다는 것이 용납되지 않는다. 문제가 없다는 것은 자신의 문제를 인정하지 않는다는 이야기일 뿐이기 때문이다.

전자의 경우 사람들이 겉으로 멀쩡해 보일수록 내면의 문제는 심각한 상태일 수 있고, 후자의 경우는 겉으로 드러내는 모습이 형편없을수록 내면은 점점 더 나아진다. 물론 교회가 다 나쁜 것이 아니며, 알코올 중독자 치료 모임이라고 해서 다 좋은 곳만 있는 것도 아니다. 하지만 한 가지 분명한 것은 은혜와 진리가 결핍된 교회에서는 성도들이 치유받기 위해 다른 곳을 찾아 떠나야 하는 일이 생긴다는 것이다.

외계인 비지가 속한 행성에서 왜 한 종류의 신만을 섬기지 않기로 결정했는지 그 이유는 분명하다. 그러한 종교는 아무런 소용이 없기 때문이다. 한쪽은 규율과 지침 없는 용납만을 강조했고, 다른 한쪽은 관계성 없는 규율과 지침만을 내세웠다. 이 둘 다 비지와 외계인들에게는 흡족하지 않았다.

오직 은혜와 진리가 함께 작용할 때 그 안에 진정한 예수님의 임재가 가능하다. 또한 진정한 예수님의 임재가 있을 때만 우리를 창조하신 창조주를 닮아 가는 성장이 비로소 가능해진다.

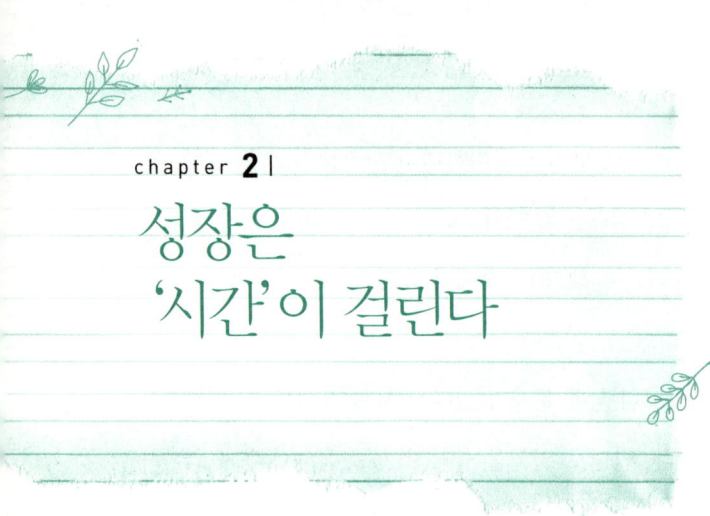

chapter **2** |
성장은 '시간'이 걸린다

한 사람이 포도원에 무화과나무를 심은 것이 있더니 와서 그 열매를 구하였으나 얻지 못한지라 포도원지기에게 이르되 내가 삼 년을 와서 이 무화과나무에서 열매를 구하되 얻지 못하니 찍어버리라 어찌 땅만 버리게 하겠느냐 대답하여 이르되 주인이여 금년에도 그대로 두소서 내가 두루 파고 거름을 주리니 이 후에 만일 열매가 열면 좋거니와 그렇지 않으면 찍어버리소서 하였다 하시니라(눅 13:6~9).

예수님이 말씀하신 이 비유에서, 나무의 주인은 3년 동안이나 나무가 열매를 맺지 못하자 실망을 넘어 분노했다. 그래서 "찍어 버리라!"고 명령했다.

우리도 종종 실패를 경험할 때마다, 즉 현실에 비추어 '열매 맺지 못하는 삶'을 살고 있다고 느낄 때마다 우리 자신을 그렇게 취급한다. 우리는 삶 속에서 원만한 결혼 생활을 유지하고 자녀들을 완벽하게 길러 내며, 신실한 친구들을 사귀고, 맡겨진 일들을 실수 없이 완벽하게 처리할 수 있기를 기대한다.

그러다 실패하면 우울해지고 두려움에 사로잡히거나 염려로 가득해진다. 그리고는 이렇게 말하면서 자기 자신을 찍어 버린다. "충분히 할 수 있는 일인데도 못했어." "그렇게 화를 내지 말았어야 하는데." "내가 사람들에게 더 가까이 다가갈 수도 있었는데……." 이쯤 되면 결국 스스로 무너지게 되어 있다. 성경 속 무화과나무의 주인처럼 은혜가 빠진 진리만을 적용하는 것이다. 우리는 스스로 성장을 원하면서도 종종 자신을 너무 조급히 판단하고, 때로는 문제가 무엇인지 파악조차 하기 전에 혹독하게 자신을 깎아내린다.

때로는 진리 없이 은혜만을 고집하기도 한다. "어떻게 되든 무슨 상관이야." "그게 내 최선이었다고." "그 사람이 그렇게 나오는데 그럼 내가 어떻게 해?" 열매 없는 나무가 우리 삶의 자리를 차지하고 있는 것이다.

우리는 종종 다른 사람들과 올바른 관계를 맺지 못하거나, 분노를 제대로 조절하지 못하거나, 자녀들을 제대로 양육하지 못하면서도 하나님이 우리를 위해 준비하신 맛있는 열매를 방치하거나, 혹은 우리의 삶에 문제가 있다는 사실 자체를 부인함으로써 더 파괴적이고 비참한 결과를 초래하곤 한다.

이 양극단의 실수를 우리는 모두 저지른다. 어떤 때는 "그 따위 나무 찍어 버리라"고 소리를 지르기도 하고, 또 어떤 때는 일방적으로 무시하기도 한다. 그러나 한 가지 분명한 사실은 이렇게 되면 결국 성장을 경험하지 못하게 된다는 것이다.

앞에서도 살펴보았듯 우리에게는 전혀 다른 해결 방법이 있다. 바로 성장을 촉진시키기 위해 진리라는 가지와 은혜를 접붙이는 것이다. 예수님의 비유를 잘 살펴보면, 은혜와 진리는 "두루 파고" "거름을 주"는 상징적 행동으로 각기 표현되어 있다. 우리는 하나님의 진리라는 삽을 사용해서 영혼의 토양을 황폐하게 만드는 거짓과 죄와 상처라는 잡초들을 뽑아 버려야 한다. 또한 땅을 옥토로 만들기 위해 사랑과 관계라는 거름을 뿌려야 한다. 은혜와 진리는 우리를 올바른 방향으로 향하게 하고 지속적인 변화와 성장을 위해 필요한 양분을 공급한다.

하지만, 성경은 은혜와 진리라는 요소가 열매 맺기 위해서는 '시간'이라는 세 번째 중요한 열쇠가 필요하다는 사실을 일깨워 준다.

8절과 9절을 다시 한 번 살펴보자. "대답하여 이르되 주인이여 금년에도 그대로 두소서 내가 두루 파고 거름을 주리니 이 후에 만일 열매가 열면 좋거니와 그렇지 않으면 찍어버리소서." 물론 여기서 과수원지기는 믿음의 주요, 온전케 하시는 우리 주님을 상징한다. 주님은 농부로서 무엇을 해야 하는지 잘 알고 계셨고, 거름을 주더라도 시간이 걸려야 그 효과가 나타난다는 사실 또한 알고 계셨다.

물론 시간만 지난다고 해서 저절로 나무가 자라고 열매를 맺는 것이 아니다. 시간이라는 요소와 은혜와 진리가 함께 어우러져야만 한다. 이 세 가지 중요한 성장의 요소에 우리가 책임감 있는 반응을 보일 때, 치유가 일어날 뿐 아니라 열매도 맺게 되는 것이다.

시간은 단순히 하나님께서 우리에게 주신 약간의 여유가 아니다. 하나님의 사랑은 우리가 한순간도 불필요하게 죄에 머물러 있기를 원하지 않으신다. 시간이라는 요소는 사치가 아닌, 꼭 필요한 도구다.

구속의 시간

에덴동산에서 최초의 부부가 하나님과 영원의 관계를 누리며 살았다. 아담과 하와는 악이 무엇인지조차 몰랐다. 모든 것이 완벽했다.

성경은 하나님께서 "그 땅에서 보기에 아름답고 먹기에 좋은 나무"들이 나게 하셨다고 기록한다(창 2:9). 그러나 동산 중앙에는 두 종류의 중요한 나무가 있었는데 하나는 생명나무였고, 또 다른 하나는 선악을 알게 하는 나무였다. 하나님께서는 아담이 선악을 알게 하는 나무 외에 동산에 있는 모든 나무의 실과를 먹을 수 있다고 말씀하셨다.

하지만 아담과 하와는 순종하지 않았다. 그들은 선악을 알게 하는 나무의 열매를 먹었고, 끔찍한 일이 벌어졌다. 처음으로 더 이상 모든 것이 '온전하지' 않게 되었다. 인류가 선과 악을 알게 된 것이다. 히브리어로 '안다' 라는 단어는 아담이 하와와 "동침"했다는 표현에 사용된 단어와도 같다(창 4:1). 이는 안다는 것의 총체적 경험을 뜻하는 것이다. 악을 알게 되고 그 결과 고통 속에 놓이게 되는 것. 바로 하나님께서 사람들이 경험하지 않기를 바라셔서 막으려 했던 것이었다. 하나님은 그것이 사람에게 상처를 준다는 것을 아셨다.

아무튼 하와는 사탄에게 속아 넘어갔다. 사탄은 지혜와 전지의 열매를 하와에게 내밀었고(창 3:6 참조), 아담과 하와 부부는 악과 고통을 받아들였다.

하나님은 완벽한 장소에 완벽한 피조물들이 영원을 누릴 수 있도록 창조하셨다. 그런데 갑자기 악이 등장한 것이다. 하나님은 어떻게 반응하셨는가? "하나님이 이르시되 보라 이 사람이 선악을 아는 일에 우리 중 하나 같이 되었으니 그가 그의 손을 들어 생명 나무 열매도 따먹고 영생할까 하노라 하시고 여호와 하나님이 에덴 동산에서 그를 내보내어 그의 근원이 된 땅을 갈 게 하시니라 이같이 하나님이 그 사람을 쫓아내시고 에덴 동산 동쪽에 그룹 들과 두루 도는 불 칼을 두어 생명 나무의 길을 지키게 하시니라"(창 3:22-24).

하나님은 즉각적인 행동을 취하셨다. 아담과 하와를 영원한 고통으로부터 보호하시기 위해 영원이라는 시공에서 쫓아내시고, 두루 도는 불 칼을 두어 생명나무에 접근하지 못하도록 지키시고, 지금 우리가 살고 있는 '구속의 시간'이라고 불리는 새로운 장소로 보내셨다. 하나님은 문제를 고치실 수 있으셨다. 타락의 결과를 되돌릴 수 있으셨던 것이다. 자신의 피조물을 구원하시고 인간들이 다시 흠 없고 거룩해진 후에 영원의 시간 속으로 돌아오게 하실 수 있었다.

이 얼마나 기가 막힌 계획인가? 하나님께서는 창세기 3장 15절에서 이 계획을 어떻게 성취하실 것인가 하는 실마리를 남겨 놓기도 하셨다. 여인의 후손이 뱀의 머리를 상하게 할 것이라는 그 약속은 사탄을 이기신 그리스도를 통해 성취되었다. 히브리서의 기자가 그것을 "큰 구원"이라고 부른 데는 이유가 있었다.

하나님은 우리를 영원한 고통으로 밀어 넣게 될 생명나무의 열매를 먹지 못하도록 막으셨을 뿐 아니라, 우리를 고치실 수 있는 시간 속으로 몰아가셨고, 다시 하나님과 관계 맺을 수 있도록 돌아오게 하셨다!

철학자들과 물리학자들은 시간의 본질에 대해 오랜 시간 논쟁을 해 왔다. 하지만 여기서는 편의상 구속의 시간을 '구원의 목적을 위해 존재하는 인큐베이터'라고 정의하도록 하자. 그 인큐베이터는 하나님께서 친히 사랑으로 잘못된 것을 고치실 수 있는 장소이다. 또한 그곳은 하나님이 일하시는 동안

임시로 악이 존재할 수 있는 곳이기도 하다.

이 상황을 조금 다르게 생각해 보자. 하나님이 창조하신 피조물이 병들었다. 하나님은 그 피조물을 수술하셔야 한다. 그래서 우리를 구속의 시간이라는 수술실로 데리고 들어가신다. 우리의 혈관에 은혜와 진리라고 하는 생명의 피를 수혈해 주신다. 이 수술로 환자에게서 악을 제거하고 거룩한 상태로 회복된 환자를 다시 영원으로 데리고 오시는 것이다.

이 수술이 얼마나 오래 걸릴지 우리는 모른다. 우리가 아는 것은 우리가 이 수술에 적극적으로 참여해야 하며, 또한 수술의 과정 동안 우리가 마취 상태로 있는 것이 아니라는 사실이다. 그 때문에 하나님의 형상으로 자라 가는 일이 때로 그토록 고통스럽게 느껴지는 것이다.

성장의 필수 요소인 구속의 시간은 영원토록 지속되지 않는다. 바울은 우리에게 주어진 시간이 얼마인지 알 수 없기 때문에 시간을 잘 사용해야 한다고 말한다. "그런즉 너희가 어떻게 행할지를 자세히 주의하여 지혜 없는 자 같이 하지 말고 오직 지혜 있는 자 같이 하여 세월을 아끼라 때가 악하니라"(엡 5:15~16). 성경은 하나님께서 어떤 시점에선가 이 구속의 시간을 끝내실 것이며, 영원의 시간으로 우리를 안내하시리라고 가르친다.

왜 그토록 오랜 시간이 걸리는 걸까?

시편 1편은 우리를 시냇가에 심긴 나무에 비유한다. 이에 따르면 우리의 성장은 각기 다른 '계절'을 거치게 된다. 심는 계절이 있고(봄), 잎이 무성해지는 계절이 있고(여름), 열매는 거두는 계절이 있는가 하면(가을), 마침내 죽는 계절이 있다(겨울). 어떤 그리스도인들은 매일매일이 열매를 거두는 계절이기를 원한다.

심리치료사나 상담사를 찾은 환자들은 "사람이 나아지는 데 왜 그렇게 시간이 오래 걸리는 겁니까?"라는 질문을 종종 던지곤 한다. 그 질문에 대한 궁극적인 대답은, 에덴동산에서 잃어버린 모든 것을 회복시키는 하나님의 방법이 바로 시간이기 때문이다.

은혜와 진리라는 하나님의 요소들로 땅을 가꾸고, 그 결과를 얻으려면 시간이 지나야만 한다. 때로는 그리스도인들 가운데 참을성 없는 과수원 주인 같은 사람들이 있다. "잘라 버리라"고 소리를 지르고, 다른 사람들에게 그릇된 종의 멍에를 지우기도 한다.

전도서를 기록한 저자는 모든 것에 때가 있음을 알았다.

> 날 때가 있고 죽을 때가 있으며
> 심을 때가 있고 심은 것을 뽑을 때가 있으며
> 죽일 때가 있고 치료할 때가 있으며
> 헐 때가 있고 세울 때가 있으며
> 울 때가 있고 웃을 때가 있으며
> 슬퍼할 때가 있고 춤출 때가 있으며
> 돌을 던져 버릴 때가 있고 돌을 거둘 때가 있으며
> 안을 때가 있고 안는 일을 멀리 할 때가 있으며
> 찾을 때가 있고 잃을 때가 있으며

> 지킬 때가 있고 버릴 때가 있으며
>
> 찢을 때가 있고 꿰맬 때가 있으며
>
> 잠잠할 때가 있고 말할 때가 있으며
>
> 사랑할 때가 있고 미워할 때가 있으며
>
> 전쟁할 때가 있고 평화할 때가 있느니라"(전 3:2~8).

모든 일은 제각기 적당한 때에 일어난다. 바울도 고린도 교인들에게 편지를 쓸 때 그 사실을 강조했다. "형제들아 내가 신령한 자들을 대함과 같이 너희에게 말할 수 없어서 육신에 속한 자 곧 그리스도 안에서 어린 아이들을 대함과 같이 하노라 내가 너희를 젖으로 먹이고 밥으로 아니하였노니 이는 너희가 감당하지 못하였음이거니와 지금도 못하리라"(고전 3:1~2).

만일 그리스도인의 성장이 다양한 단계를 거쳐야 함을 인정하지 못하면, 그때부터 문제에 직면하게 된다. 우리는 한 단계에서 성숙을 경험해야만 비로소 그 다음 단계로 넘어갈 수 있다. 다음 단계로 발전하기 위해서는 은혜와 진리와 더불어 시간이라는 요소가 균형 있게 작용해야 한다.

이를테면 갓난아기는 소화 기능이 제대로 발달하기 전까지는 단단한 음식물을 먹을 수 없다. 6개월밖에 안된 아기는 스스로 걸을 수 있을 만큼 성장하기 전에는 원하는 곳까지 혼자 이동할 수 없다. 집을 지을 때도 기초 공사를 한 기반이 다 굳어진 후에야 비로소 그 위에 기둥을 세울 수 있는 것이다. 하나님은 그와 같은 발달 과정을 알고 계신다. 하나님께서 그렇게 설계하셨기 때문이다. 하나님은 시간을 사용하신다.

그러나 사람들은 조급하게 서두른다. 예수님의 형제들이 예수님께 갈릴리를 떠나 유대로 가라고 설득했을 때 예수님은 "내 때는 아직 이르지 아니하였거니와 너희 때는 늘 준비되어 있느니라"고 말씀하셨다(요 7:6). 예수님은 더 큰 계획, 즉 하나님 아버지의 구원 계획을 따르고 계셨다. 유대 땅에 있는 유대인들이 예수님을 죽이려는 계획을 하고 있었기 때문에 주님은 일부러 유대에서 멀리 떨어져 계셨던 것이다.

나중에 제자들에게 주님께서 "많은 고난을 받고 장로들과 대제사장들과 서기관들에게 버린 바 되어 죽임을 당하고 사흘 만에 살아나야 할 것"(막 8:31)을 비로소 가르치시기 시작했을 때, 베드로가 예수님을 붙들고 항변했다. 그때 예수님께서 베드로를 꾸짖으시며 아주 엄한 표현을 사용하셨다. "사탄아 내 뒤로 물러가라 네가 하나님의 일을 생각하지 아니하고 도리어 사람의 일을 생각하는도다"(막 8:33).

예수님은 자신의 사역에 시간이 필요하며, 고난당하는 과정을 통과해야만 함을 알고 계셨다. 하나님의 영원한 아들이셨음에도 주님은 "받으신 고난으로 순종함을 배워서 온전하게 되셨은즉 자기에게 순종하는 모든 자에게 영원한 구원의 근원이" 되셨다(히 5:8-9). 우리의 성장 모델은 주님이다. 그렇다면 우리 또한 모든 과정을 통과해야만 한다. 광야를 통과하는 데는 시간이 필요하건만 사람들은 항상 즉각적이고 **빠른** 해결책을 원한다.

마귀가 예수님을 어떻게 시험했는지 생각해 보자. 마귀는 예수님께 배고픔을 벗어날 즉각적인 방법, 즉각적인 영광, 즉각적인 안전을 제시했다. 예수님은 세 번 다 거절하셨다. 예수님은 그처럼 좋은 것들을 얻으려면 하나님께서 친히 준비하신 과정을 통과해야만 된다는 사실을 알고 계셨다.

우리는 언제나 지름길을 찾고 싶은 유혹을 받는다. 그러나 지름길은 종종 실패를 부른다. 이것이 바로 사탄의 목표이다. 사탄은 손쉽게 돈을 벌어 벼락부자가 될 계략을 꾸미도록 유혹한다. 그러나 하나님은 오랫동안 변함없이 성실한 사람에게 복을 주신다. "충성된 자는 복이 많아도 속히 부하고자 하는 자는 형벌을 면하지 못하리라"(잠 28:20). 또한 사탄은 성적인 욕망을 통해 즉각적인 친밀감을 이루도록 유혹하지만, 하나님께서는 우리가 성실한 사랑의 관계를 만들어 나가기를 원하신다.

씨 뿌리는 자의 비유를 통해 예수님은 깊이가 없는 빠른 성장에 대해 경고하신다. 돌밭에 떨어진 씨는 "흙이 깊지 아니하므로 곧 싹이 나오나 해가 돋은 후에 타서 뿌리가 없으므로"(마 13:5~6) 말라 버렸다. 뿌리를 견고하게 내리지 않은 빠른 성장은 일시적이며 오래가지 못한다. 발달심리학자들은 나이에 걸맞지 않는 행동을 하는 아이들에게 우려를 표한다. 지나치게 빨리 성장하고 있다는 의미이기 때문이다. 하나님의 방법은 언제나 시간을 필요로 한다.

나는 뿌리 깊은 문제로 상담을 요청하는 사람들을 대할 때마다 이 사실을 새삼 깨닫는다. 상담 요청을 받으면 일차적인 평가를 해 본 후, 그 문제를 해결하기 위해 어느 정도의 시간이 필요한지를 가늠해 본다. '신속한 문제 해결'을 바라는 사람들은 이렇게 말한다. "어휴, 그건 너무 길어요. 그렇게 오래 기다릴 순 없어요. 더 빨리 치료해 주실 수 있는 분을 소개해 주시겠습니까?"

단기 치료가 궁극적인 해결책이 될 수 없다고 설명을 해 주어도 조언을 받아들이지 않는 사람들에게는, 요구대로 신속한 문제 해결을 중시하는 치료사를 소개해 주게 된다. 그런데 대부분은 1~2년 안에 나를 다시 찾아와서는 이렇게 말한다. "처음 얼마간은 상담을 받고 나아지는 듯하더니 시간이 지나고 다시 우울증이 찾아왔어요. 더 많은 도움이 필요할 것 같네요."

유감스럽게도 그런 사람들은 자신이 실패했다고 생각한다. 지금쯤이면 나아졌어야 하기 때문이다. 사실상 시간이 소요되지 않는 성장은 처음부터 실패가 예견된 것이다. 단기 치료는 문제의 본질을 파악해서 어디가 잘못되었는지를 짚어 내거나, 어떤 방향으로 문제를 해결해야 하는지를 제시해 줄 수 있다. 그러나 진정한 성장은 언제나 시간이 필요하다는 사실을 잊지 말아야 한다.

내가 좋아하는 오랜 격언 중에 '두 점 사이의 가장 긴 거리가 바로 지름길이다' 라는 말이 있다. 때로는 짧은 지름길을 택했기에 애초부터 먼 길을 택했을 때보다도 더 긴 시간이 소요될 때가 있다. 무엇인가를 '당장' 원할 때는 나중에 반드시 값을 치러야 한다는 사실을 기억하라.

영적, 정서적 성장은 시간이 걸린다. 종종 진정한 변화는 언제 어떻게 그 변화가 자신에게 일어났는지조차 알아채지 못할 정도로 오랜 시간에 걸쳐 일어난다.

스탠은 분노를 제대로 통제하지 못해서 치료를 받기 위해 찾아왔다. 그는 오랫동안 분노를 다스려 보려고 나름대로 노력을 했다. 회개도 자주 했고, 기도는 더 많이 했으며, 분노에 관한 성경공부도 했다. 그러나 스탠은 문제의 증상에만 초점을 맞추고 있었다. 초점을 바꿔 분노의 원인을 발견하고 '두루 파는' 작업을 한 후에야 그의 삶에 변화가 일어나기 시작했다.

스탠은 감추어진 분노의 원인들을 찾아내기 위해 그룹 치료를 신청했다. 비슷한 문제로 갈등을 겪고 있는 다른 회원들이 그를 기쁘게 맞아 주었다. 그 사람들을 통해 스탠은 서서히 자신에 대한 불편한 진실을 직면할 수 있게 되었다. 그의 내면 깊숙한 곳에는 외로움의 빈자리가 있었다. 그곳에는 자신이 사랑받고 있지 못한다는 느낌이 감추어져 있었다.

스탠은 사랑받지 못한다는 생각 때문에 다른 사람들이 자기를 사랑하도록 자꾸만 무언가를 해 주려고 노력했다. 가족이나 친구, 혹은 처음 만나는 사람이라도 어떤 부탁이든 꼭 들어주어야 한다고 생각했다. 하지만 얼마 지나지 않아 항상 '예'라고 말하는 것이 억울하게 생각되었다.

사람들에게 사랑받고 용납받는다는 느낌이 들면서부터 스탠은 '아니'라고 말할 수 있을 만큼 강해졌다. 힘이 커짐에 따라 분노의 감정이 줄어드는 것을 느꼈다. 그는 자신이 점점 더 여유 있고 너그러워지는 것을 경험하기 시작했다.

어느 날 스탠은 얼굴에 웃음꽃을 피운 채 그룹 상담을 하러 왔다. "오늘 아내가 제게 할 일을 엄청나게 많이 알려 주더군요. 그런데도 이상하게 그냥 웃음이 났어요. 화도 전혀 나지 않았고요. 아내도 나를 따라 웃기 시작했죠. 어쩌다 그렇게 되었는지 모르지만 아무튼 그랬어요."

스탠이 성장할 수 있었던 까닭은 은혜와 진리, 그리고 시간이라는 성장의 요소를 균형 있게 경험했기 때문이다. 소그룹 멤버들이 베풀어 준 은혜는 자신을 진실하게 바라볼 수 있는 안전한 장소를 제공해 주었다. 그 결과 스탠은 어느 봄날 피어난 꽃을 처음 본 농부처럼 순간순간 놀라게 되었다. 자신도 모르는 사이 어느 날 갑자기 뚝딱 꽃이 핀 것만 같았다. 열매도 바로 이러한 과정을 통해 성장한다. 성장에 필요한 요소들이 시간과 결합하면, 우리가 통제하려 들지 않아도 저절로 자라게 되어 있는 것이다.

스탠이 자신의 변화를 설명하며 어떻게 그런 일이 생겼는지 모르겠다고 했을 때, 예수님께서 하나님 나라에 대해 설명하신 말씀이 생각났다.

> 또 이르시되 하나님의 나라는 사람이 씨를 땅에 뿌림과 같으니 그가 밤낮 자고 깨고 하는 중에 씨가 나서 자라되 어떻게 그리 되는지를 알지 못하느니라 땅이 스스로 열매를 맺되 처음에는 싹이요 다음에는 이삭이요 그 다음에는 이삭에 충실한 곡식이라 열매가 익으면 곧 낫을 대나니 이는 추수 때가 이르렀음이라(막 4:26~29).

이 본문은 성장 과정에 대한 중요한 진리를 말해 준다. 자람은 우리의 의지로 어쩔 수 있는 것이 아니다. 그것은 오직 은혜와 진리와 시간이 균형 있게 작용했을 때만 가능하고, 바로 그때 하나님께서 자라게 하시는 것이다. 이를테면, 우리가 우울증에 빠졌을 때 우울증에서 벗어나려고 노력하는 것은 사실 아무런 소용이 없다. 하지만 우리의 영혼이라는 토양 위에 은혜와 진리 그리고 시간이라는 양분을 주어 땅을 가꾸는 것은 도움이 된다. 그럴 때 우리는 서서히 더 큰 기쁨의 단계로 변화해 나갈 수 있다.

좋은 시간과 나쁜 시간

시간은 분명 성장을 위한 중요한 요소이다. 하지만 시간이 흐르면서 좋아지는 경우가 있는가 하면, 어떨 때는 시간이 흐를수록 오히려 더 나빠지기도 한다. 대체 왜 그런 걸까? 그것은 시간에도 '좋은 시간'과 '나쁜 시간'이 있기 때문이다.

우리의 관점으로 보면 시간은 현존하는 경험이다. 시간은 앞이나 뒤로 가게 할 수 없다. 바로 이 순간이 바로 우리가 존재할 수 있는 유일한 시점이다. 시간 속에 산다는 것의 진정한 의미는 현재의 시간을 경험한다는 것이다. 우리가 만약 자신의 경험을 인식하지 못하거나 우리의 어떤 측면을 체험하고 있지 못하다면, 그 부분은 시간에서 제거된 것이며 또한 시간의 영향을 받지 않는다.

변화는 '좋은 시간'에만 발생한다. 좋은 시간이란 은혜와 진리가 우리의 경험에 영향을 줄 수 있는 시간을 의미한다. 우리 삶의 어떤 부분이라도 시간에서 떼어 놓으면 은혜와 진리가 그것을 변화시킬 수 없다. 경험의 밖에 남겨 둔 부분은 '나쁜 시간'에 방치한 셈이며, 결코 변화될 수 없다. 우리가 경험이라는 곳으로 끌어오지 않은 삶의 영역에는 은혜와 진리가 영향을 줄 수 없는 것이다.

달란트 비유는 유익한 시간과 유익하지 못한 시간의 차이를 잘 설명해 준다. 어떤 사람이 여행을 가게 되었는데, 떠나기 전에 자신의 종들을 불러 가진 재산을 나누어 주었다. 한 사람에게는 다섯 달란트를, 한 사람에게는 두 달란트를, 또 한 사람에게는 한 달란트를 주었다. 오랜 시간이 지난 뒤 주인이 돌아왔는데 첫 번째 종은 다섯 달란트를 더 남겼고, 두 번째 종은 두 달란트를 더 남긴 반면, 세 번째 종은 그 돈을 땅에 파묻어 두었다가 주인에게 그대로 넘겨주었다.

주인은 두 종에게는 상을 주었지만 세 번째 종에게는 이렇게 말했다.

"악하고 게으른 종아 나는 심지 않은 데서 거두고 헤치지 않은 데서 모으는 줄로 네가 알았느냐 그러면 네가 마땅히 내 돈을 취리하는 자들에게나 맡겼다가 내가 돌아와서 내 원금과 이자를 받게 하였을 것이니라"(마 25:26-27).

받은 달란트로 더 많은 이윤을 남기는 데 성공한 종 두 명은 그 달란트를 체험과 시간 속으로 가지고 들어갔다. 받은 것을 사용했던 것이다. 반면 세 번째 종은 자기 달란트를 경험 밖에 두었고 시간이 영향을 줄 수 없는 곳에 숨겨 두었다. 그런 까닭에 아무것도 남기지 못하게 된 것이다. 우리들에게도 종종 그와 같은 일이 벌어진다. 우리 삶의 어떤 부분을 시간으로부터 끄집어 내어 경험의 바깥에 두고 '나쁜 시간' 속에 묻어 두기 때문에, 그냥 그대로 남아 있게 된다. 캐서린이 바로 그런 경우였다.

서른한 살의 변호사인 캐서린은 성취욕이 과도한 여성이었다. 그녀는 긴 업무 시간 외에도 여러 건의 무료 변론을 자원해서 맡았다. 회사에서는 가장 환상적인 직원이었다. 윗사람이 시키는 일이라면 무엇이든 해냈다. 그러다 갑자기 뭔가 폭발했다. 아무런 이유도 없이 극심한 공포감이 그녀를 엄습했다. 그때부터 캐서린은 점심 약속도 못 지켰고, 식료품을 구입하러 가지도 못하고, 심지어 집 밖으로 나가는 것조차 두려워했다.

캐서린이 병원에 찾아왔을 때 우리는 그녀의 증세를 '공황장애'라고 진단했다. 몇 번의 상담 치료를 통해 그녀의 숨겨진 부분을 발견해 냈고, 캐서린은 자신의 이상한 감정을 설명하기 시작했다. 그녀는 사춘기 소녀처럼 느끼기 시작했다. 밖에 나가 놀고, 장난을 치고, 즉흥적이고 충동적으로 행동하며, 어린아이처럼 굴고 싶다고 했다. 또한 병원에서 의사나 간호사들을 약 올리고 싶은 충동도 느끼고 남자들에게 추파를 던지고 싶어진다고 말했다.

치료를 하면서 우리는 캐서린의 청소년기에 어떤 일이 있었는지에 초점을 맞추었다. 캐서린이 열두 살 때 부모님이 이혼을 했고 어머니는 가족 곁을 떠나 버렸다. 맏딸이었던 캐서린은 갑자기 어른이 되어야만 했다. 그녀는 가족을 돌보는 엄마의 역할을 떠맡았다. 그렇게 그녀는 작은 어른이 되었고 십대 소녀로서 할 수 있는 일들을 경험할 기회를 잃어버렸다. 그녀의 십대 시절은 파묻혀 버렸다. 그 잃어버린 시간은 캐서린의 나머지 부분과 발맞추어 성장하지 못한 것이다. 그 결과 그녀는 청소년기에 마쳤어야 할 과업들을 이루지 못했다.

남학생들에게 관심을 보이거나 관계를 형성할 기회가 없었기에, 어른이 되어서도 제대로 된 이성교제를 할 수 없었다. 직장에 좋은 남자 동료들이 많았지만 어떤 성적 매력도 느끼지 못했고 진정한 교제를 시작하기가 힘들었다.

캐서린은 묻어 두었던 열두 살 시절의 경험을 맛보기 시작하고 또한 그것을 자신의 모습 일부로 받아들이기 시작했을 때, 비로소 자신의 다른 부분들과 함께 성장하기 시작했다.

병원에서 퇴원한 후 그녀는 자신의 삶을 더 즐기고 누릴 수 있게 되었다. 세상에 대한 지나친 책임감을 벗어던졌고 데이트도 시작했다. 또한 직장 상사나 높은 사람들에게 '아니요'라고 말할 수 있는 방법을 배웠고, 더 많은 선택의 기회를 경험했다. 심지어 하나님에 대한 이미지도 바뀌었다. 요구는 적게 하시면서 사랑은 많이 주시는 하나님으로 볼 수 있게 된 것이다.

열두 살짜리 모습의 그녀가 시간과 경험에 자신을 내맡겼더니, 은혜와 진리의 경험에 시간이 더해져서 그녀를 변화시킨 것이다. 캐서린은 열두 살 시절로 돌아가 20년 전에 완수하지 못한 채 남아 있던 청소년 시기의 과업을 완수했다. 시간은 다시 한 번 성인이 된 캐서린의 편이 되어 주었다. 그녀는 결국 시간이나 경험을 피해 땅속에 묻히지 않았다.

캐서린의 경우 그녀 삶의 일부분은 시간 밖으로 벗어나 있었다. 매우 중요한 발달 시기에 어머니를 잃었기에 청소년 시기의 갈등을 풀어 가는 데 아무 도움을 받을 수 없었다. 청소년기의 과업을 제대로 완수하지 못한 성인은 특히 권위나 성적인 문제를 대할 때 취약할 수밖에 없다.

정도는 다르겠지만 이것은 우리 모두에게 해당하는 이야기다. 발달과제를 잘 완수하려면 좋은 부모의 도움이 필요하다. 부모가 없거나 학대하는 부모를 둔 경우에는 성취되지 못한 삶의 일부 영역이 시간 밖으로 밀려 나간다. 그것은 땅속으로 묻히게 되고, 좋은 시간 속으로 들어와 은혜와 진리에 영향을 받기 전까지는 정상적인 발달을 이룰 수 없다. 진정한 자아가 은혜의 관계 속에 들어오면 그제서야 오랜 시간에 걸쳐 발달할 수 있게 된다.

캐서린의 진정한 자아는 열두 살에서 멈추어 있었고 대신 거짓 자아가 어른 행세를 했다. 진정한 자아가 노출되자 그녀는 한 인격체로 통합될 수 있었고, 비로소 '진정한 어른'이 될 수 있었다. 더 이상 가짜 노릇을 할 필요가 없어진 것이다.

어떤 사람들은 스스로 좋은 시간을 떠나 버리기로 결심하며, 그 구체적인 시점을 기억하기도 한다. 목사인 톰은 자신의 경험을 이렇게 설명했다.

"형들과 다른 애들은 할 줄 아는 것을 나는 할 줄 몰랐기 때문에 놀림 받았던 기억이 납니다. 그때 나는 힘도 세지 못했고 겁이 많이 났어요. 형과 친구들이 내 욕을 했을 때 받은 상처가 너무 커서 속으로 이렇게 다짐하기까지 했습니다. '나는 절대 친구를 사귀지 않을 거야. 너무 고통스럽고 상처만 받으니까.' 그때가 아마 여덟아홉 살쯤이었을 거예요. 그때부터 나는 외톨이가 되었지요."

톰이 어른이 되었을 때쯤에는 외로움의 정도가 더욱 심하게 그를 압도했다. 자라 가면서 중요한 발달과제를 놓쳤기 때문이다. 그 결과 직장에서도 실패했고 결혼 생활도 건강하지 못했다. 치유 과정을 통해 열심히 노력한 결과 톰은 자신이 여덟 살 때 시간 밖으로 몰아냈던 어린아이로서의 연약함과 신뢰를 회복하기 시작했다. 그리고 삶이 변화되었다. 하나님께서 허락하신 성품이 점차 계발되었고, 잃어버렸던 재능과 은사에 대한 신뢰도 되찾은 것이다.

톰처럼 좋은 시간을 떠나겠다고 작심했던 일을 기억하지 못하는 경우도 많지만, 어쨌든 많은 사람들이 고통과 상처로 인해 스스로 땅속으로 들어가곤 한다. 그렇게 시간 밖으로 떠밀려 나와서 진정한 자아를 경험할 수 없는 고립된 공간으로 들어가는 것이다.

한 사람의 삶의 일부분이 시간 속으로 파묻히면 그 사람의 정서적, 심리적 성숙은 그 시점에서 멈추어 버린다. 내가 아는 한 여성은 가족으로부터 정서적으로 독립하지 못했고, 그 결과 다른 사람들과의 관계에서도 독립적이지 못했다. 누군가가 어떤 요구를 할 때마다 반드시 들어주어야 할 것 같은 부담감을 느꼈다. 그녀는 정서적 발달 과정 가운데 사람들과의 관계 속에서 '선택할 수 있는 능력'을 제대로 훈련하지 못했고 그 부분을 건너뛰었기 때문에 그 기능이 땅속에 파묻혀 버린 것이다.

그 결과 그녀가 받은 달란트는 이익을 남기지 못했다. 그녀가 부모에게 '아니요'라고 말하는 법을 배울 때까지는 자신의 삶 속에서 아무런 영향력도 발휘할 수 없었다. 바로 그 부분을 경험 속으로 끄집어낸 후에야 다른 사람들과의 관계 속에서 더 성숙하게 행동할 수 있었다.

또 다른 여성은 청소년 시기에 폭력을 일삼던 아버지 때문에 아주 냉소적이고 분노에 찬 사람이 되었다. 아버지가 어찌나 폭력적이었던지 그녀는 방에서 나올 엄두도 내지 못했다고 한다. 청소년 시절을 마무리할 무렵 그녀는 예수를 믿게 되었고 착하게 살아야겠다고 결심했다. 그렇게 분노한 소녀의 모습은 슬그머니 땅속으로 파묻혔다.

오랜 시간이 지난 후, 상담 치료를 하던 중에 분노한 소녀의 모습은 겉으로 표출되었다. 그녀는 자신의 '뒤틀린 시간'에 대해 설명했다. 그리고 잃어버린 그 시절을 다시 시간 속으로 가지고 들어오면서 자신의 놀라운 사춘기 시절을 경험하게 되었다. 그녀는 더 많이 즐길 수 있었고 창의적이 되었으며 자신을 통제하는 어머니로부터 정서적으로 독립할 수도 있게 되었다.

침체는 마약이나 알코올과 같은 약물중독자들에게서도 흔히 나타나는 증상이다. 그들의 정서적 발달은 중독을 통해 일상을 탈출하려는 시도를 시작한 나이에서 멈춰 버린다. 자신의 삶에 참여하지 않을 때 더 이상의 성장도 없다.

성경은 좋은 시간과 나쁜 시간을 다음과 같이 대조적으로 비교한다.

> 잠자는 자여 깨어서 죽은 자들 가운데서 일어나라 그리스도께서 너에게 비추이시리라(엡 5:14).

하나님께서는 우리를 어두움에서 불러내어 예수님과 그분의 몸 된 교회를 경험하도록 하신다. 그 좋은 시간이 우리를 변화시키며 우리가 필요한 만큼 발달할 수 있게 해 준다. 만일 우리가 감추고 뒤로 숨으면 그 시간은 나쁜 시간이 되고 만다.

우리를 사랑해 주고, 또한 우리의 발달에 관심을 갖는 사람들에게 자신을 열어 보이는 일을 시작하는 것은 지금이라도 늦지 않았다. 우리 삶의 잃어버린 부분들은 발생 순서대로 저장되기 때문에 언제든 바로 그 나이로 되돌릴 수 있다. 하나님은 과거에 우리가 받지 못했던 양육, 학창 시절 놓쳤던 멘토링, 십대 시절에 꼭 필요했던 우정을 현재의 인간관계를 통해 채워 주신다. 하나님은 우리를 돌보아주시겠다고 분명히 약속하셨다.

> 그의 거룩한 처소에 계신 하나님은 고아의 아버지시며 과부의 재판장이시라 하나님이 고독한 자들은 가족과 함께 살게 하시며 갇힌 자들은 이끌어 내사 형통하게 하시느니라 오직 거역하는 자들의 거처는 메마른 땅이로다(시 68:5~6).

하나님께서는 우리의 시간을 구속할 수 있으시고, 또 그렇게 해 주셨다. 주님은 주님의 몸인 교회를 통해 우리 삶의 다른 영역들을 계발하는 데 필요한 것들을 공급해 주신다.

또 한 번의 기회

모든 '첫 경험'을 무서워할 필요는 전혀 없다. 시간은 경험이기 때문에 현재의 시간에서도 얼마든지 과거의 잃어버린 삶의 영역에 영향을 끼칠 수 있다. 자신의 과거 자아상, 즉 외롭고 상처 받은 어린 자신의 자아상을 현재 시점에서도 얼마든지 다룰 수 있다는 이야기다. 과거에 우리의 상태가 어떠했든지 그때의 모습은 현재도 우리 안에 살아 존재한다. 우리가 살아 있는 한 그 어린아이의 모습이 우리 안에 계속 존재하는 것이다.

자신이 특정한 상황에 상처 받은 아이처럼 반응할지도 모른다. 그것은 시간의 영역 바깥에 따로 묻혀 있었기에, 하나님의 은혜와 진리를 경험해 본 적이 없는 모습이다. 그 상태를 체험 가운데로 끌어오지 못한다면 성장을 경험할 수 없다. 어떤 이들은 은혜 없는 진리를 내세우며 "어린아이처럼 유치하게 굴지 말라"고 말하기도 한다. 하지만 그러한 조언은 그 사람이 필요한 것을 결코 채워 주지 못한다.

하나님이 시간을 구속하실 수 있다는 말은, 하나님께서 친히 우리의 과거를 달라지게 하실 수 있다는 의미이다. 영아기 때 신뢰를 형성하는 일이나, 유아기에 적절한 한계를 설정하는 일, 유년기에 용서와 역할에 대해 배우는 일, 그 밖에 청소년기에서 성인기로 넘어가는 과정에서 분리를 경험하는 일 등을 성인이 된 현재 시점에서도 모두 다룰 수 있다. 우리 모두 다시 성장할 수 있다는 말이다.

만일 우리의 상처가 시간으로부터 분리된 것이 원인이라면, 한 번도 오염되지 않은 무한한 가능성을 안고서 '하나님의 형상을 닮아 가는 일'을 시작할 수 있다. 그 상처들을 은혜를 베푸는 관계 속으로 끌어와 경험의 빛을 비치게 함으로써 우리는 성숙할 수 있고 하나님이 준비하신 완벽한 과정을 거쳐 회복할 수 있는 것이다.

은혜, 진리, 시간이 균형을 이룰 때

지금까지 우리는 진리 없는 은혜, 은혜 없는 진리, 은혜와 진리가 빠진 시간이 어떤 결과를 불러오는가를 살펴보았다. 위의 세 가지 요소가 모두 함께 균형을 이룰 때 우리는 진정한 자아의 모습으로 사랑받고 용납되는 경험을 할 수 있으며, 또한 하나님의 형상을 닮아 가는 성장을 이룰 수 있다.

은혜, 진리, 그리고 시간이 함께 균형을 이루면 야고보가 말한 것과 같은 인내를 이룰 수 있게 된다. "내 형제들아 너희가 여러 가지 시험을 당하거든 온전히 기쁘게 여기라 이는 너희 믿음의 시련이 인내를 만들어 내는 줄 너희가 앎이라 인내를 온전히 이루라 이는 너희로 온전하고 구비하여 조금도 부족함이 없게 하려 함이라"(약 1:2~4).

시간과 마찬가지로 인내에도 좋은 인내가 있고 나쁜 인내가 있다. 우리가 어려움을 겪을 때, 그것을 통해 진정한 자아가 성장을 경험하고 있는지 아니면 가짜 자아가 그저 버텨 내고 있는 것인지를 자문해 보아야 한다. 만일 우리의 진정한 자아가 은혜의 관계 속에서 하나님의 수술대 위에 놓여 있는 것이라면 고통을 통과하는 시간을 통해 온전해지는 경험을 하게 될 것이다.

예수님은 베드로의 현재 상태를 꾸짖으시며 미래의 실패를 예견하셨지만, 동시에 조금 먼 미래에 성숙하게 될 것도 내다보셨다. "시몬아, 시몬아, 보라 사탄이 너희를 밀 까부르듯 하려고 요구하였으나 그러나 내가 너를 위하여 네 믿음이 떨어지지 않기를 기도하였노니 너는 돌이킨 후에 네 형제를 굳게 하라 그가 말하되 주여 내가 주와 함께 옥에도, 죽는 데에도 가기를 각오하였나이다 이르시되 베드로야 내가 네게 말하노니 오늘 닭 울기 전에 네가 세 번

나를 모른다고 부인하리라 하시니라"(눅 22:31-34).

시간을 초월하신 예수님은 베드로의 현재 모습을 볼 수 있으셨다. 또한 어떻게 실족할 것인지, 그리고 실족한 이후 어떻게 성숙하여 다른 사람들이 같은 문제로 실족했을 때 어떻게 돕게 될 것인지조차 다 보고 계셨다. 그리고 이 모든 것을 아시면서도 베드로를 있는 그대로 받아 주셨다.

주님은 우리의 불완전한 모습을 고치기 위해서는 시간이 필요함을 알면서도 지금 우리를 있는 모습 그대로 받아 주신다. 우리의 실패와 부족함은 주님께 전혀 새삼스러운 것이 아니다. 우리가 실수를 해도 주님은 당황하지 않으신다. 우리가 실패에 당황하는 것은 스스로를 과대평가한 나머지 너무 높은 기대를 품고 있기 때문이다. 우리는 시간이라는 과정을 거쳐 자유롭게 진리를 성취해 갈 수 있는 은혜 위에 서 있다.

2부
단절된 관계를 회복하라

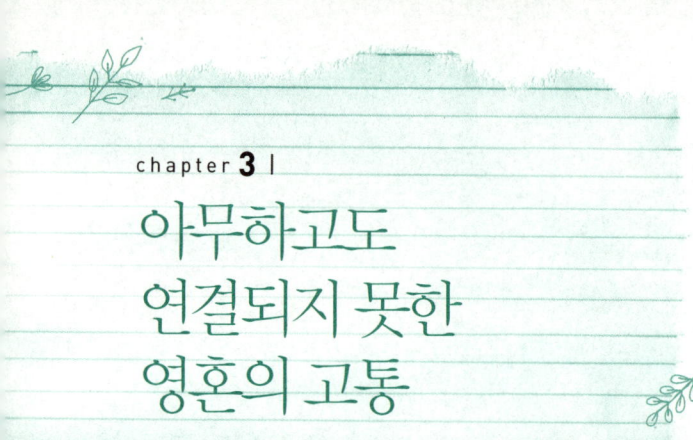

chapter 3 |
아무하고도 연결되지 못한 영혼의 고통

　　응급실 로비에서 구급차를 기다리며 서 있었다. 경찰이 전화로 자살 시도자에 대해 알려 준 정보라고는 나이와 환자의 성별뿐이었다. 그래서 더욱 그 환자의 자살 동기가 궁금해졌다.

　도대체 왜 서른다섯 살밖에 안된 여자가 자살을 하려 했을까. 주님을 알지 못해서 그랬을까? 남편이 그녀를 버리고 도망이라도 간 걸까? 아니면 자녀에게 무슨 일이 있었나? 도대체 무엇 때문에 죽음만이 자신의 문제를 해결할 유일한 방법이라고 생각했을까?

　구급차가 빨간불을 번쩍이며 도착했다. 사람들이 그 여자를 응급실로 데리고 들어오자, 여자의 헝클어진 금발머리와 원망 섞인 눈빛이 힐긋 내 시야에 들어왔다. 그녀의 눈빛은 싸우고 있었다. 살기 위해 싸우는 것이 아니라, 죽을 수 있는 권리를 달라는 싸움이었다.

"저리 비켜!" 그녀가 간호사들을 밀치며 소리 질렀다. "니들이 뭔데 날 죽지도 못하게 하는 거냐고! 죽게 내버려 둬, 제발. 이건 내 목숨이라고! 니들이 나에게 이럴 권리가 어디 있어! 하지 마, 그냥 좀 놔둬! 이러지 말란 말이야……." 그녀의 두 눈이 풀리고, 깊은 혼수상태에 빠졌다.

다음날 아침 심리 검사를 하기 위해 그녀의 병실로 갔다. 안색이 창백했고 피곤해 보였지만, 꽤 아름다운 외모를 가진 사람이라는 걸 알 수 있었다.

"좀 어때요?" 내가 물었다.

"당신들 덕분에 아주 끔찍하죠." 그녀가 팔짱을 낀 채 나를 노려보았다.

"누가 어젯밤에 불편하게 해 드렸나 보죠?"

"날 살렸잖아요. 그걸로 이미 충분히 불편해요. 내가 바라는 건 그저 죽어 버리는 거였다고요. 그런데 이젠 그것도 내 마음대로 못하게 되었잖아요."

그 후 몇 주 동안 상담 치료를 하면서 조앤의 삶에 대해 더 많은 것을 알게 되었다. 그리고 내 의문들도 하나둘씩 풀리기 시작했다. 그녀는 예수를 믿는 사람이었다. 사실 교회에서 꽤 헌신적인 리더이기도 했다. 그녀의 남편은 존경받는 목사였다. 아름다운 네 명의 자녀를 두었고, 친한 친구들도 많았다. 그런데도 기를 쓰고 자살하려 했던 것이다.

조앤의 내면세계는 겉모습과는 판이하게 달랐다. 겉으로 드러난 모습은 장밋빛 인생이었지만 속은 칠흑같이 어두웠다. 하루하루의 일상이 뼛속까지 암울했다. 매일 아침 잠자리에서 일어날 때마다 우울증 때문에 가슴에 통증이 느껴질 정도였다. 공허함밖에 없었다. 남편, 아이들, 친구들마저 다 부질없게 느껴졌다. 사실 그녀를 더 비참하게 만드는 건 사람들이었다. 조앤은 사람들이 하는 말 속에 보이지 않는 증오의 독이 서려 있는 것을 느꼈다.

길고 지겨운 날들이 끊임없이 반복되었다. 그녀는 잠잘 생각을 할 때만 유일하게 편안함을 느꼈다. 하지만 지난 몇 달간은 잠도 제대로 잘 수 없었다. 잠이 든 지 몇 시간 되지 않아 깨어나기 일쑤였고 그러고 나면 멀뚱멀뚱 천장만 쳐다봤다. 다른 방으로 가서 성경을 펼쳐 놓고 읽어도 보고 기도도 해 봤지만 소용이 없었다. 심지어는 하나님도 자신을 버린 것만 같았다.

도대체 뭐가 잘못된 걸까? 겉으로는 모든 걸 다 가지고 있는 듯 보이는 사람이 어째서 속으로는 자살을 하고 싶을 정도로 외로웠던 것일까? 병원에 있는 동안 그 이유들이 명확해졌다. 조앤은 고립되어 있었다. 수많은 사람들이 함께했지만 그녀는 여전히 외로웠다. 하나님과의 관계도 단절되었고 사람들과의 관계에서도 제대로 공급받지 못하고 있었다. 조앤은 말 그대로 생지옥에서 살고 있었던 것이다.

그녀는 살아 있는 것이 지겨울 정도로 지독한 우울증을 앓고 있었다. 하지만 우울증은 조앤의 진짜 문제가 아니었다. 지난 35년 동안 조앤이 하나님이나 다른 사람들과 아무런 관계를 맺지 못하게 만드는 뭔가가 있었다. 성장 과정에서 아주 기본적인 발달과제를 성취하지 못한 것이다. 그녀는 유아기 때 당연히 배웠어야 할 다른 사람들과 관계 맺는 기술을 배우지 못했다. 그래서 다른 사람들과 유대감을 형성하는 법을 알지 못했던 것이다.

유대감을 형성한다는 것은?

유대감을 형성한다는 것은 다른 사람과 정서적 애착 관계를 맺는 것을 의미한다. 이는 또한 다른 사람과 깊은 단계의 관계를 형성하는 능력을 뜻한다. 두 사람이 서로 유대감을 형성할 때는 거절당할지도 모른다는 두려움이 없는 상태에서 서로의 가장 깊은 생각과 꿈, 감정을 공유하게 된다.

작은 회사의 최고재정책임자로 있는 스물일곱 살 청년 로비가 밥도 못 먹고 잠도 잘 수 없을 정도로 심한 우울증을 앓고 있다며 상담을 받기 위해 나를 찾아왔다. 어떤 날에는 너무 힘들어 직장에 출근도 못할 정도로 심각하다고 했다.

"친한 친구들이 있나요?" 첫 번째 치료 상담 시간에 이렇게 물었다. "친구는 많죠." 그가 대답했다. "회사에 함께 일하는 동료들도 많고, 교회에서도 봉사활동에 많이 참여하거든요. 내 주변에 사람들이 많다고 생각하는 편인데요."

"당신이 지난 몇 주간 무엇 때문에 힘들어했는지 물어보려면 내가 누구에게 전화를 걸면 될까요?" 내가 물었다.

"그게 무슨 뜻이죠?"

"친한 친구라고 한다면 나에 대해 진짜 많이 알고 있는 사람, 내가 언제 무엇 때문에 힘들어하고, 어떻게 도와줘야 할지를 아는 사람을 말하는 거죠."

"말도 안 돼요. 내가 우울증에 걸렸다는 걸 누구한테 말해요? 아무에게도 말할 수 없어요. 만일 말하면 사람들은 나한테 무슨 심각한 문제가 있다고 생각할 거예요."

"예, 심각한 문제가 있고말고요. 지금 당신은 심한 우울증 때문에 제대로 생활을 할 수도 없는 상황이에요. 그런데 당신 주변 사람들 중 당신이 지금 어떤 기분인지 아는 사람이 아무도 없단 말이에요. 어떻게 그런 진공상태에서 나아질 수 있을 거라고 기대를 하죠?"

로비는 당황했다. "저는 박사님이 지금 무슨 말씀을 하시는 건지 모르겠어요."

내가 말하고자 했던 것은 유대감 형성에 관한 이야기였다. 유대감 형성은 이 세상에서, 그리고 우리 인생에서 가장 중요하고 또 기초적인 것들 중 하나다. 그것은 인간의 기본 욕구이다. 하나님은 우리가 관계에 목말라 하도록 지으셨다. 우리는 하나님과의 관계, 그리고 다른 사람들과의 관계를 그리워하는, 뼛속 깊은 곳까지 관계적인 존재로 지음을 받았다.

튼튼하게 결속된 유대 관계가 없다면 사람들은 아마 심리적이고 정서적인 문제에 빠져 허우적거리게 될 것이다. 다른 사람들과 연결되지 않고서는 사람의 영혼이 결코 피어날 수 없다. 우리가 어떤 성격의 사람이든, 혹은 어떤 업적을 성취했든 상관없이 하나님과 또한 다른 사람들과 견고한 정서적 연계를 맺지 못한다면 조앤이나 로비처럼 영혼의 질병에 걸려 고통 받게 될 것이다.

하나님이 지으신 이 우주에서 힘과 양분의 공급 없이 자랄 수 있는 것은 아무것도 없다. 성경은 성장을 이야기할 때마다 식물에 비유한다. 식물들이 제대로 자라기 위해서는 바깥 세계와 잘 연결되어 있어야 한다. 식물이 자라는 과정을 생각해 보자. 줄기는 뿌리에 연결되어 있다. 그 뿌리는 수분과 양분을 줄기까지 잘 빨아올려 운반할 수 있도록 땅속의 흙과 연결되어 있다. 또한 줄기는 가지들과 연결되어 거기 달린 잎들이 광합성을 통해 빛 에너지를 화학

에너지로 전환해야만 나무에 영양분을 충분히 공급할 수 있다.

요한복음 15장은 이러한 나무의 비유를 아주 잘 설명해 준다. "나는 포도나무요 너희는 가지라 그가 내 안에, 내가 그 안에 거하면 사람이 열매를 많이 맺나니 나를 떠나서는 너희가 아무 것도 할 수 없음이라 사람이 내 안에 거하지 아니하면 가지처럼 밖에 버려져 마르나니 사람들이 그것을 모아다가 불에 던져 사르느니라"(요 15:5-6). 또한 12절에 보면 예수님은 우리가 서로서로 관계를 잘 형성해야 함을 이렇게 강조하신다. "내 계명은 곧 내가 너희를 사랑한 것 같이 너희도 서로 사랑하라 하는 이것이니라."

하나님과, 또한 다른 사람들과 그러한 연결 관계가 없다면 마치 포도나무에서 잘려진 나뭇가지처럼 우리는 서서히 시들고 결국에는 죽게 될 것이다. 조앤과 로비는 이와 같은 정서적 단절 때문에 극심한 우울증에 빠져들었고 결국 도와달라고 비명을 지르게 되었다.

성경이 말하는 관계의 기초

유대감을 형성하고 싶어 하는 우리의 욕구가 왜 그토록 강한 것일까? 또한 유대감 형성에 실패할 때 우리 삶은 왜 그토록 처참해지고 위협을 받게 될까?

하나님은 관계의 하나님이시다. 그리고 관계를 바탕으로 우주를 지으셨다. 모든 살아 숨 쉬는 것들은 어떤 것이라도 다른 개체와의 관계 속에서 살아가게 되어 있다.

하나님은 홀로 계시지 않는다

하나님은 한 분이신데 누구와 관계를 맺으시는 걸까? 답은 하나님은 홀로 존재하지 않으신다는 것이다. 하나님은 항상 그래 오셨듯이 관계 속에 존재하신다. 하나님의 삼위가 한 하나님 안에 존재하신다. 곧 성부 하나님, 성자 하나님, 그리고 성령 하나님이시다.

이 삼위일체의 관계는 "우리의 형상을 따라 우리의 모양대로" 사람을 만들자고 말씀하셨던 창세기 1장에서 그 힌트를 찾아볼 수 있다. 또한 예수님께서도 요한복음 17장 24절에서 시공을 초월하신 아버지 하나님과의 관계의 본질을 "아버지께서 창세 전부터 나를 사랑하시므로"라는 말로 표현하셨다. 창세전부터 하나님은 유대 관계 속에 계셨다. 아들 예수님과 애착의 관계를 갖고 계셨던 것이다.

아버지 하나님과의 관계를 예수님께서 어떻게 설명하시는지 들어 보라.

> 내가 비옵는 것은 이 사람들만 위함이 아니요 또 그들의 말로 말미암아 나를 믿는 사람들도 위함이니 아버지여, 아버지께서 내 안에, 내가 아버지 안에 있는 것 같이 그들도 다 하나가 되어 우리 안에 있게 하사 세상으로 아버지께서 나를 보내신 것을 믿게 하옵소서 내게 주신 영광을 내가 그들에게 주었사오니 이는 우리가 하나가 된 것 같이 그들도 하나가 되게 하려 함이니이다 곧 내가 그들 안에 있고 아버지께서 내 안에 계시어 그들로 온전함을 이루어 하나가 되게 하려 함은 아버지께서 나를 보내신 것과 또 나를 사랑하심 같이 그들도 사랑하신 것을 세상으로 알게 하려 함이로소이다(요 17:20~23).

계속해서 반복되는 "안에"라는 단어와 "하나"라는 단어에 주목하라. 예수님께서는 관계를 강조하신 것이다. 자신과 하나님 아버지와의 관계, 그리고 우리와 주님과의 관계를 강조하셨다. 밀접한 관계는 존재적 진리, 즉 우리가 하나님의 형상을 닮았다는 가장 근본적인 진리의 기초인 것이다.

사랑이신 하나님의 형상대로 지음 받았다

하나님의 성품을 알기 위해 성경을 찾아보면 아주 특별한 내용을 발견하게 된다. 사도 요한은 "하나님은 사랑이시라"고 기록한다. 그리고 계속해서 "사랑 안에 거하는 자는 하나님 안에 거하고 하나님도 그의 안에 거하시느니라"고 말한다(요일 4:16). 가장 본질적인 성품과 행위에 있어서, 하나님은 사랑이시다. 우리가 하나님의 형상대로 지음을 받았다는 점에서 본다면 인간의 인간됨, 그리고 그리스도인 됨의 가장 기본적인 요소 또한 사랑이다.

사도 요한은 "사랑하는 자들아 우리가 서로 사랑하자 사랑은 하나님께 속한 것이니 사랑하는 자마다 하나님으로부터 나서 하나님을 알고"라고 기록했다(요일 4:7). 사랑이야말로 하나님의 정체성을 가장 잘 설명하는 요소이다. 그렇다면 사랑은 우리의 정체성을 설명하는 가장 근본적인 요소이기도 해야 한다.

심지어는 진리도 사랑의 포로다. 예수님은 가장 큰 계명이 무엇이냐는 질문을 받으셨을 때 이렇게 말씀하셨다. "네 마음을 다하고 목숨을 다하고 뜻을 다하여 주 너의 하나님을 사랑하라 하셨으니 이것이 크고 첫째 되는 계명이요 둘째도 그와 같으니 네 이웃을 네 자신 같이 사랑하라 하셨으니 이 두 계명이 온 율법과 선지자의 강령이니라"(마 22:37~40).

하나님께서 관계 가운데 존재하시기 때문에 우리 존재의 기초가 관계에 기인한다는 것을 깨닫는다면, 왜 사랑이 가장 높은 윤리적 덕목이 되는지 이해할 수 있을 것이다. 이때 율법은 사랑의 청사진, 혹은 기초가 된다. 율법은 사랑이 살아가는 구체적인 방식이다.

우리는 하나님의 모양대로 지음을 받았기 때문에 관계는 우리의 가장 기초적인 욕구이기도 하다. 인간을 가장 인간답게 만드는 것이 바로 관계라는 말이다. 하나님과 다른 사람들에 대한 애착의 관계가 형성되지 않는다면 우리는 진정한 자아의 모습을 찾을 수 없다. 온전한 인간이 될 수 없는 것이다.

앞에서 예로 들었던 식물의 경우를 다시 한 번 살펴보자. 만일 나무의 뿌리를 잘라 버리면 그 나무는 양분을 공급받지 못하고 쓰러지게 될 것이다. 또한 어떤 식물을 어두운 차고에 놓아 햇볕을 쬐지 못하게 하면 질병에 걸리고 잘 자라지 못할 것이다. 물을 주지 않아도 그 식물은 곧 시들어 버린다. 어떤 식물이건 간에 바깥세상과의 연계를 끊어 버리면 잘 자라지 못하게 된다는 말이다.

우리가 잘 자라고 형통하려면 사랑 안에 심기고 뿌리내려야 한다. 우리의 변화와 열매 맺는 삶을 촉진하기 위해서는 말 그대로 하나님과 다른 사람들의 사랑을 공급받아야만 한다.

하지만, 우리는 때로 다른 사람들의 도움 없이도 자신의 필요를 스스로 채울 수 있다고 생각하는 경향이 있다. 심리적으로나 영적으로 고립된 상태에서도 얼마든지 자랄 수 있다고 착각하는 것이다. 이처럼 우주의 가장 기본적인 법칙을 위배하면 우리는 심각한 문제에 봉착하게 될 수 있다.

핵심은 깨진 관계의 회복이다

아담과 하와는 하나님과, 그리고 서로와 관계를 형성하도록 지음 받았다. 태초부터 하나님은 인간관계에 기본적인 가치를 부여하셨다. 주님은 남자를 보시고 말씀하시기를 "사람이 혼자 사는 것이 좋지 아니하니"라고 하셨다. 그래서 즉시 그를 위하여 "돕는 배필"을 지어 주셨다(창 2:18).

아담과 하와는 하나님과 깨어지지 않은 관계를 누렸다. 뿐만 아니라 서로 서로, 그리고 자기 자신과의 관계 속에서도 깨어지지 않는 관계를 형성했다. 그들은 온전하게 자기 자신일 수 있었고, 서로 간에도 전혀 분리되지 않았다. 그들의 모든 필요는 완벽하게 채워졌으며 완벽한 관계 속에 존재했다.

그러다가 아담과 하와는 하나님께 불순종하고 금단의 열매를 먹었다. 그리하여 난생처음 하나님과 분리되고 하나님과의 관계가 소원해지는 경험을 하게 된다. 하나님과 결별하게 된 것이다. 그들에게 필요했던 가장 기본적인 관계도 사라지게 되었다. 이제 그들은 고립의 상태로 밀려났다. 하나님으로부터 고립되고 서로에게서 고립되었다. 그리고 고통을 겪게 되었다.

이때부터 소외감은 인간의 가장 기본적인 문제가 되었다. 완벽한 사랑이 있던 자리에는 고립과 미움이 대신 자리를 잡았다.

깨어진 관계가 우리의 가장 근본적인 문제라는 사실은, 성경이 구속의 개념에 대해 언급할 때 잘 드러난다. 성경은 이를 "화목"이라고 부른다. "아버지께서는 모든 충만으로 예수 안에 거하게 하시고 그의 십자가의 피로 화평을 이루사 만물 곧 땅에 있는 것들이나 하늘에 있는 것들이 그로 말미암아 자기와 화목하게 되기를 기뻐하심이라 전에 악한 행실로 멀리 떠나 마음으로 원수가 되었던 너희를 이제는 그의 육체의 죽음으로 말미암아 화목하게 하사 너희를 거룩하고 흠 없고 책망할 것이 없는 자로 그 앞에 세우고자 하셨으니"
(골 1:19~22).

복음의 메시지는 관계의 회복을 의미한다. 바로 그것이 유대감 형성의 진수다. 유대감을 형성하는 것은 곧 하나님과 연결되는 것이고 다른 사람들, 그리고 우리 자신과 다시 연결되는 것을 의미한다.

우리는 타락한 세상에 살고 있기 때문에 날 때부터 관계성을 지니고 태어나는 것이 아니다. 이는 스스로 얻어야만 한다. 그것은 아주 힘든 발달 과정이기도 하다. 그러나 유대감을 형성하는 과정을 거치지 않으면 우리는 소외감과 고립감으로 실패할 수밖에 없다.

물리학자들은 이 현상을 '엔트로피의 법칙'이라는 아주 생생한 이론으로 설명한다. 이 법칙에 의하면, 우리가 살고 있는 우주처럼 닫혀 있는 체계에서는 가용한 에너지가 서서히 소진된다. 동시에 무질서는 더욱 증가하게 된다. 외부에서 공급되는 에너지가 없다면 우리가 살고 있는 이 우주는 갈수록 더 큰 혼돈에 빠지게 될 것이다. 물리학자들은 이 때문에 우주가 '닳아 없어질 것'이라고도 한다. 우주를 채우고 있는 태양과 수많은 별들이 시간이 갈수록 하나둘씩 식어서 어두운 덩어리가 되고 그것들이 갖고 있던 에너지는 사방으로 흩어져 사라지게 된다. 그러다가 마침내는 물리학자들이 말하는 소위 '최대 엔트로피' 상태에 다다르게 될 것이다.

심리적이고 영적인 영역에서도 이 법칙은 극적으로 작용한다. 어떤 사람이 홀로 남겨진다면 그가 살고 있는 세상은 점점 더 혼돈에 빠지게 된다. 그리고 최대 엔트로피 상태에 이르게 된다.

스물여덟 살의 그래픽 디자이너인 수잔은 우울증 때문에 나를 찾아왔다. 그녀 기억으로는 거의 평생 동안 우울증에 걸려 있었던 것 같다고 했다.

대학을 졸업할 무렵부터 우울증의 정도가 더 심해졌다. 최근 몇 년 동안은 온몸이 떨릴 정도로 혼란 상태에 빠지기도 했고, 가끔은 머릿속에서 목소리가 들린다는 것이었다.

몇 주의 상담에 걸쳐 수잔이 농장에서 자랐으며 오남매 가운데 셋째였다는 사실을 알게 되었다. 위로 언니가 둘, 아래로 남동생이 둘이었다. 어머니는 기본적인 필요는 채워 주었지만, 대식구에다가 몸이 아픈 삼촌까지 돌보느라 언제나 너무 힘들고 피곤했다. 아버지는 자녀 양육은 모두 아내에게 맡기고 일주일에 여든 시간을 일했다.

홀로 남겨진 시간이 많았던 그녀는 자신과 자신이 살고 있는 세상에 궁금한 것이 많았고, 점점 두려움을 키워 나갔다. 수잔은 낯선 사람들과 만나고 대화를 나누는 상황이 두려웠다. 자신이 정말 구원을 받았을지 궁금했고, 나쁜 생각들 때문에 하나님이 자신을 미워하시는 건 아닌지 염려했으며, 그러다 지옥에 가는 게 아닐까 두려웠다.

수잔은 어느 누구하고도 진지한 정서적 유대감을 형성하지 않았다. 소외감에 시달리는 많은 사람들처럼 그녀 역시 심리학자들이 '피해망상증'이라고 부르는 증상을 보였다. 그녀는 다른 사람들이 자신을 미워하거나 해치려 한다고 생각했다.

수개월간의 개인 상담 치료를 받은 후에 수잔은 그룹 상담에 참여하기 시작했다. 소그룹 안에서 다른 사람들을 신뢰하는 법을 배우면서 교회에서도 사람들과 사귀는 일에 점차 익숙해졌다. 다른 사람과 연결되고 있다는 느낌을 받기 시작했으며 소속감도 생겼다. 피해망상증은 점차 줄어들었고 아주 친한 친구도 몇 명 사귀게 되었다.

아직은 가끔씩 우울할 때도 있지만 이전처럼 두려움이나 공포가 엄습하거나 극심한 우울증 증세가 나타나지는 않는다. 게다가 생각도 명료해졌다. 자기 삶 속의 엔트로피 법칙을 극복한 것이다. 이제 그녀는 다른 사람들과 유대관계를 형성하고 '닫힌' 시스템에 갇혀 있지 않기로 결단했으며, 주도권을 갖고 삶을 진취적으로 이끌어 갈 수 있는 새로운 힘을 얻게 되었다.

유대감의 발달 과정

모든 여건이 정상적으로 조성된다면 우리는 유아기 때부터 자연스럽게 유대감을 형성하기 시작한다. 사람은 태어나는 순간 따뜻하고 촉촉하고 어둡고 편안한 환경에서 차갑고 메마르고 밝고 거친 환경으로 옮겨진다. 우리에게 필요한 모든 것이 자연스럽게 공급되던 완벽한 환경이었던 엄마의 뱃속에서 벗어나, 완벽하지 못한 다른 사람들에게 의존해야 하는 환경에 살게 되는 것이다. 세상으로 나오는 첫 몇 분은 충격적이며, 우리는 정서적인 고립 상태에 놓이게 된다.

갓 태어난 아기의 얼굴을 자세히 보면 이 전적인 고립 상태가 어떤 것인지 알 수 있다. 이때 엄마는 아기를 안고 꼭 껴안고 부드럽게 말을 건넨다. 순간 아기는 변화를 경험한다. 크게 울던 것을 멈추고 몸의 근육들도 긴장을 풀고 편안해진다. 그러고는 따뜻함과 먹을 것, 그리고 사랑을 찾아 엄마를 향해 몸을 돌린다. 엄마와의 정서적 유대감이 형성되기 시작한 것이다.

시간이 흐르면서 아이는 엄마의 돌봄을 점차적으로 내면화한다. 엄마를 통해 받은 돌봄을 자신의 기억 속에 저장하기 시작하는데 이 내면화 과정을 통해 안정감을 얻게 된다. 아기는 엄마가 곁에 없을 때를 대비해서 평소 엄마에게 받았던 사랑의 기억들을 머릿속 창고 한쪽에 모아 둔다. '자기 위로' 시스템은 이렇게 형성된다.

아직은 그렇게 충분히 사랑을 받아 본 경험이 없기 때문에 아기가 처음부터 즉각적으로 그런 시스템을 형성할 수는 없다. 크고 작은 수많은 접촉과 관계를 통한 기억의 흔적들이 모여야만 비로소 그렇게 될 수가 있다.

이와 같은 관계가 깊어지고 돈독해짐에 따라 아이는 또 다른 획기적인 발달 단계에 이르게 된다. 바로 '정서적 대상 항상성'의 단계로, 자신을 사랑해 주던 사람이 곁에 없을 때도 그 사람에게 사랑받는 듯한 경험을 지속적으로 체험하는 것이다. 그 사람을 평소에 내면화해 놓았기 때문에 상대방이 곁에 없어도 지속적으로 사랑할 수 있다.

사랑하는 사람을 생각만 해도 가슴이 따뜻해지는 경험을 한 번이라도 해 보았는가? 두려움이나 고통 가운데 있을 때 그 사람을 떠올리는 것만으로 용기와 희망을 얻은 적이 있는가? 그렇다면 당신은 정서적 대상 항상성을 이미 갖고 있으며, 이 놀라운 능력의 진가를 알고 있는 셈이다. 바로 이것이 세 살 짜리 아이가 두려움 없이 놀이터에서 혼자 놀 수 있게 해 주며, 회사의 중역이 아내가 곁에 없어도 사무실에서 마음 놓고 업무를 처리할 수 있게 해 주는 힘이다. 혼자 있어도 정서적으로 안정감을 느끼기 때문에 그렇게 할 수 있는 것이다.

예수님께서 하나님이 우리 안에 거하고, 그분의 사랑이 우리 안에 거하게 해 달라고 하셨던 것도 바로 이것을 구하는 기도였다. 하나님은 우리를 대하실 때 한결같으시다. 그래서 어린아이가 정서적 대상 항상성을 계발하는 것과 같은 방법으로, 우리도 '영적인 대상 항상성'을 계발해 간다. 우리가 영적으로 거듭났다는 것은 하나님에 대한 기억들을 내면화하기 시작한다는 말이다.

성경의 저자들은 하나님께서 당신의 백성들을 위해 행하신 일들에 대해, 인도와 이끄심에 대해, 원수의 억압에서 구원해 주신 것에 대해 '기억하라'고 거듭 강조했다. 실제로 하나님께서는 우리의 영적 경험들을 친히 기억해 내도록 하심으로서 지속적으로 하나님과 동행할 수 있게 용기를 북돋아 주신다. 신앙이란 이처럼 오랜 시간에 걸쳐 하나님을 신뢰했던 기억들을 모아서 그분에 대한 영적인 대상 항상성을 형성해 가는 과정이다.

아기가 엄마와 맺는 정서적인 유대감은 그 아이의 신체적, 심리적, 신경학적인 모든 영역에서 이루어진다. 하나님께서 아이에게 생명을 불어넣는 중요한 직무를 엄마에게 부여하신 것이다. 영혼의 유대감 형성을 통해 아이는 인간이 되어 가는 과정에 동참하게 되고, 성장하여 인류의 한 존재로 소속감을 형성하게 된다.

과학자들은 얼마 전부터 엄마와 아기의 유대감 형성을 본격적으로 연구하기 시작했다. 1945년에는 보육시설에 있는 유아들을 대상으로 연구가 시행되었다. 그 시설에서는 아기들에게 기본적인 필요는 모두 채워 주었다. 배고플 때 먹여 주고 때마다 기저귀도 갈아 주었다. 하지만 보모의 숫자가 모자랐기 때문에 아이들을 안아 주고 말을 걸어 줄 수는 없었다.

그런데 시간이 지나자 자주 안아 주지 못했던 아이들이 안아 주었던 아기들보다 질병에 걸리는 비율이나 사망률이 훨씬 높게 나타났다. 게다가 그 아이들의 심리적 발달 수준은 다른 아이들에 비해 더디거나 정체되었다.

만일 아기가 태어난 첫해에 충분한 유대감을 형성하면, 두 돌이 되기 전에 독립심을 기르기 시작한다고 한다. 독립심을 기르는 이 단계에서도 유대감 형성의 과정은 물론 동일하게 중요하다. 충분한 정서적 안정감을 바탕으로 새로 형성한 독립심을 시험해 볼 수 있어야 하기 때문이다. 아이들은 유대 관계를 통한 안정감 속에서 좋은 것과 나쁜 것을 구별하는 법을 배우고, 실패를 다루는 법도 배운다.

이러한 안정감은 아이가 놀이터에 나가 다른 친구들과 건강한 유대감을 형성하고 그룹의 구성원으로서 자신감을 가지도록 만든다. 또래와의 관계에서 건강한 자신감을 느끼게 되면, 이제 조금 더 발전한 단계의 정서적 유대감을 형성할 수 있다. 처음에는 동성 친구들과, 그리고 나중에는 이성 친구들과도 어울릴 수 있게 되는 것이다.

시간이 흘러 집을 떠나 대학교에 진학하거나 독립을 할 때도 마찬가지다. 충분한 정서적 유대감과 안정감이 뒷받침되었다면 이제는 성인기로 접어들어 새로운 곳에서 자신의 삶을 스스로 뒷받침하고 부양할 수 있다.

유대감은 왜 중요할까?

수많은 연구 결과 유대감 형성이 암이나 심장마비, 뇌졸중과 같은 신체적 질병에서 회복하는 기능과도 연관이 있다는 사실이 점점 더 분명히 드러나고 있다. 심장 질환을 겪은 환자들을 대상으로 한 연구에 의하면, 애완동물을 기르는 환자들이 그렇지 않은 환자들보다 회복 속도가 훨씬 더 빨랐다고 한다.

또한 최근 심장의학 분야에서는 한 사람의 정서적 유대감의 상태가 그 사람이 심장 질환을 앓게 될지 그렇지 않을지를 예측하는 데 중요한 단서가 된다고 발표했다. 환자가 나쁜 생각을 할 때 혈액의 화학성분에 변화가 일어난다는 연구 결과도 있다. 의사들은 이제 심장 질환 환자들을 치료하는 과정에서 그들을 더 사랑하고 신뢰하는 훈련을 거친다고 한다.

이처럼 다른 사람들을 사랑하고 유대감을 형성하는 능력은 심리적이고 육체적인 건강의 중요한 기초가 된다. 이 기초가 단단할 때 우리는 더 활기차고 성장하는 삶을 살 수 있다. 고립되었다는 것은 서서히 죽어 가고 있다는 말과 다르지 않다.

성경은 우리의 마음이 삶에 어떠한 영향을 미치는가를 곳곳에서 언급한다.

> 모든 지킬 만한 것 중에 더욱 네 마음을 지키라 생명의 근원이 이에서 남이니라 (잠 4:23).

> 평온한 마음은 육신의 생명이나 시기는 뼈를 썩게 하느니라(잠 14:30).

> 마음의 즐거움은 얼굴을 빛나게 하여도 마음의 근심은 심령을 상하게 하느니라 (잠 15:13).

> 고난 받는 자는 그 날이 다 험악하나 마음이 즐거운 자는 항상 잔치하느니라(잠

15:15).

마음의 즐거움은 양약이라도 심령의 근심은 뼈를 마르게 하느니라(잠 17:22).

사람의 심령은 그의 병을 능히 이기려니와 심령이 상하면 그것을 누가 일으키겠느냐(잠 18:14).

우리의 정서적이고 심리적인 건강은 마음 상태에 달렸으며, 우리의 마음 상태는 하나님 및 다른 사람들과의 유대감의 깊이에 달려 있다. 성경은 오래 전에 이 사실을 기록했고, 과학이 오늘날 이를 증명하고 있다.

스물일곱 살의 청년 테리는 성공한 부동산 중개업자였다. 그는 살고 있는 동네에서 사업을 벌여 아주 많은 사무실을 열었다. 결혼도 해서 딸 하나와 아들 둘을 두었다. 그런 그가 긴장과 불안감을 호소하며 상담실을 방문했다. 성공을 할수록 긴장감이 더 높아지고 불안감도 더해 간다고 했다. 자신의 문제가 일과 연관이 있는 듯싶다는 얘기였다.

"기도를 하거나 성경을 읽어도 아무런 도움이 되지 않네요." 그가 말했다. "긴장감이 조금도 줄어들지 않아요."

그의 삶을 살펴보자 놀라운 사실이 드러났다. 업무가 긴장감을 초래한 것이 아니라, 긴장감 때문에 일에 몰입할 수밖에 없었던 것이다. 긴장감을 느끼거나 공황장애가 찾아올 때마다 그는 고통을 잊기 위해 일을 했다. 직장에서는 뭐든 자신 있었고 일할 때만큼은 아무 문제가 없었다. 하지만 나이가 들고 자신이 정해 놓은 목표를 달성할수록 업무에서 얻는 만족감이 감소하기 시작했다. 동시에 일에 몰두할 때 누릴 수 있었던 해방감도 점차 줄어들었다.

우리는 테리의 가정생활에 다시 초점을 맞추기로 했다. 테리가 아내와 결혼한 이유는, 그녀가 아름답고 착하고 순결하고 똑똑하기 때문이었다고 답했다. 그런데 그런 아내가 눈에 보이지 않으면 심한 불안을 느꼈다. 그는 아내와 떨어져 있을 때마다 만성 우울증을 앓았다고 했다. 우울증에 빠지면 아내의 얼굴이 어떻게 생겼는지조차 기억나지 않아서 사진을 보고 아내가 자신을 사랑한다는 사실을 상기시켜야 했다. 하지만 아이러니하게도 정작 아내와 함께 있을 때는 그다지 친밀감을 느끼지 못했다.

하루는 테리가 최근에 겪었던, 밑바닥이라 할 만한 최악의 우울증에 대해 이야기를 나누고 있었다. 그런데 갑자기 테리가 겁에 질려 이렇게 소리 지르기 시작했다.

"내 안에 엄마가 있었으면 좋겠어요. 엄마가 아무 데도 가지 못하게 내 안에 계셨으면 좋겠어요!" 테리는 정서적 대상 항상성에 관해 알지 못했지만 자신에게 필요한 것, 즉 자신에게 결핍된 것이 무엇인지 알고 있었다.

테리는 다니던 교회의 소그룹 모임에 참석하기 시작했다. 그리고 그중 신뢰할 만한 두세 사람에게 자신의 이야기를 털어놓게 되었다. 자신의 문제와 염려를 다른 사람들과 나누고, 또 그들의 이야기를 들이주는 사이에 조금씩 유대감을 맺기 시작했다. 시간이 흐르면서 그는 마음의 위로를 경험했고 평강이 내면에 자리 잡아 갔다. 그리고 자신이 어디에 있든 사랑받고 있다는 사실을 깨닫게 되었다.

가까운 이들과 유대 관계를 맺을 수 있는 능력은 그의 가정생활에도 이어졌다. 아들들의 문제로 염려하는 아내의 마음을 처음으로 이해할 수 있게 되었고, 딸아이의 남자친구 문제와 과제물에 대한 불만에도 귀를 기울이기 시작했다. 관계가 더욱 깊어진 것이다. 이제 테리는 아들들과 함께 미식축구도 하고 집안은 늘 시끌벅적하다. 아이들의 문제도 조금씩 해결되고 있다.

테리와 마지막 상담을 할 즈음 그는 이렇게 말했다. "하나님이 사람을 어떻게 변화시키시는지 이전에는 잘 몰랐어요. 주님께서 저를 고통에서 건져 주시기 위해, 다른 사람들과 정서적인 유대감을 맺는 경험을 하도록 강하게 이끄셨던 것 같아요. 그래도 좀 더 쉬운 방법으로 해결해 주실 순 없었나 하는 생각도 조금은 드네요."

우리를 지탱하는 관계의 힘

가족 안에서 유대감을 형성하는 법을 배우는 것만큼 '쉬운 방법'은 없다. 하지만 안타깝게도 많은 영적 지도자들이 그 일을 더 어렵게 만들곤 한다.

상처와 소외감으로 고통 받는 수많은 사람들은 상담가의 도움으로 자신들의 문제가 타인과 정서적 유대를 맺음으로서 해결될 수 있음을 깨닫는다. 이들은 그리스도의 몸인 교회 안에서 자신의 문제를 공개적으로 나누면서 "너희가 짐을 서로 지라 그리하여 그리스도의 법을 성취하라"(갈 6:2)라는 성경 말씀의 의미를 체험한다.

그러면 그들의 '영적 지도자'라는 사람들이 나서서 가르치기를, 그러한 '관계적' 해결책은 인본주의적인 것이기 때문에 그만두고 '오직 주님만을 의지해야 한다'고 강조한다.

하지만 성경은 사랑과 강한 유대감이 중요하다고 분명히 말씀한다. 예수님께서도 모든 율법이 "하나님을 사랑하고 또한 네 이웃을 네 자신 같이 사랑하라"는 말씀으로 요약될 수 있다고 가르치셨다(눅 10:27).

나는 "또 무거운 짐을 묶어 사람의 어깨에 지우되 자기는 이것을 한 손가락으로도 움직이려 하지 아니하며"(마 23:4)라고 하셨던 예수님의 말씀이 이러한 영적인 교사들을 향한 것이 아닌가 하고 생각한다. 그들은 사람들의 고통을 덜어 주기 위해 아무런 노력도 하지 않으면서 이들이 다른 사람의 도움을 받는 것조차 허락하지 않는다.

이러한 지도자들은 거룩해지는 과정의 관계적인 측면을 놓치고 있는 것이다. 거룩해진다는 것은 우리가 하나님과 다른 사람들, 그리고 우리 자신과의 관계를 바로 하려 노력할 때 이룰 수 있다. 그 세 가지 관계 중 어느 하나라도 깨지면 문제가 발생한다.

사도 요한은 이렇게 강조했다. "우리는 형제를 사랑함으로 사망에서 옮겨 생명으로 들어간 줄을 알거니와 사랑하지 아니하는 자는 사망에 머물러 있느니라"(요일 3:14). 다른 사람들을 사랑하지 않고도 하나님을 사랑할 수 있다는 가르침은 틀렸다. 왜냐하면 성경은 "그 형제를 사랑하지 아니하는 자는 보지 못하는 바 하나님을 사랑할 수 없느니라"라고 말씀하기 때문이다(요일 4:20).

그러한 영적 지도자들은 자신의 신학과 규범이 다른 사람의 상처보다 더 중요하다고 여기는 이들이다. 그래서 예수님께서는 이렇게 말씀하셨다. "나는 자비를 원하고 제사를 원하지 아니하노라 하신 뜻을 너희가 알았더라면 무죄한 자를 정죄하지 아니하였으리라"(마 12:7). 사랑과 긍휼이 **빠진** 신학처럼 하나님의 마음에서 멀리 떨어진 것도 없다.

예수님께서 말씀하신 "나는 자비를 원하고 제사를 원하지 아니하노라"라는 구절은 호세아 6장 6절에서 비롯된 것이다. 『라이리 주석 성경Ryrie Study Bible』의 주해에 따르면 "자비"에 해당하는 히브리어는 '헤세드' 라고 하는데, 그 뜻은 '친밀한 사랑' 혹은 '충성되고 신실한 사랑' 이라고 한다. 이는 '사랑의 관계에 함께 소속되는 것의 중요성' 을 강조하는 것이다.

사람들이 정서적인 유대감을 형성하고자 하는 욕구가 얼마나 큰지 볼 수 있다면, 왜 그토록 많은 사람들이 비참하게 고통 받고 있는지 알 수 있을 것이다. 또한 영적인 성숙을 고립된 시각으로 보는 것이 얼마나 성경적이지 못한지도 분명히 알 수 있을 것이다. 테리와 같은 사람들은 사랑 안에 심기고 뿌리내리기 전까지는 불안함과 염려에 사로잡혀 고통 받을 수밖에 없다.

유대감이 주는 유익

강한 유대감은 많은 유익을 준다. 그중에서도 크게 세 가지를 꼽을 수 있을 듯하다. 하나님과 그리고 다른 사람들과 강한 유대감을 맺은 사람들은 기본적으로 도덕성이 뛰어나다. 또한 스트레스를 잘 다루며, 의미 있는 성취를 많이 이루곤 한다. 세 가지 유익을 하나하나 살펴보도록 하자.

도덕성의 기초가 된다

성경은 도덕과 윤리의 기초는 사랑이지 원칙이나 규범이 아니라고 말한다. 하나님께서 우리를 하나님이나 다른 사람들과 유대감을 맺고 교제하도록 지으셨다면, 우리가 그 관계에서 벗어날 때 상실과 고통을 경험하게 된다.

좋은 엄마는 의무감 때문에 아이를 안아 주는 것이 아니라 아이가 불편할까 봐, 아이를 사랑하는 마음에서 안아 준다. 병원에 입원한 친구를 병문할 때도 마찬가지다. 친구가 아프니까 위로하기 위해서 찾아가는 것이다. 진정한 사랑은 '긍휼'이 아니고서는 나올 수가 없다.

복음서에서는 예수님께서 무리를 보고 '불쌍히 여기셨다'는 표현이 많이 등장한다. 성경은 예수께서 해야 해서, 혹은 그렇게 하는 것이 옳다고 생각해서 사람들에게 나누고 베풀었다고 말하지 않는다. 주님은 사람들을 향한 깊은 연민을 느끼시고 나누셨다. 오직 강한 유대감을 통해서만 다른 사람들과 깊은 감정의 교류를 할 수 있다.

가끔 나는 소그룹을 인도하면서 이런 질문을 한다. "내가 만일 이 야구방망이를 주고 내 얼굴을 있는 힘껏 내리쳐도 된다고 하면 그렇게 하시겠습니까?" 물론 대개는 그럴 수 없다고 대답한다. "왜죠?" 내가 다시 묻는다.

"왜냐하면 다른 사람을 때리는 것은 옳지 않으니까요. 잘못된 일이잖아요." 또 어떤 사람은 이렇게 대답한다. "박사님이 다칠까 봐 그렇죠. 박사님을 다치게 하고 싶지 않아요."

"이 두 사람 중, 누구를 믿고 야구방망이를 맡기시겠습니까?" 내가 이렇게 질문하면 사람들은 지체 없이 두 번째 사람이 나를 때릴 확률이 훨씬 적다는 결론을 내린다. 그 사람은 내가 얻어맞으면 어떤 기분이 들지 공감해 줄 수 있는 사람이다.

우리는 종종 어떤 행동이 잘못된 줄 알면서도 그 일을 할 때가 있다. 따라서 규범이라는 것은 우리를 완전히 막지 못한다. 규범보다는 사랑이 우리를 더 도덕적이고 윤리적으로 만든다. 우리는 규범보다는 사랑하는 사람이 다치지 않는 것이 더 중요하다고 생각하기 때문이다.

스트레스 조절 능력을 키워 준다

주변에 도움을 줄 친구들이 많을수록 위기 상황을 더 쉽게 극복할 수 있다.

최근의 경험을 통해 나는 이 사실을 실감했다. 나는 큰 부자 두 사람을 알고 있다. 두 사람 모두 자신의 분야에서 성공했고 존경받는 인물이었다. 그리고 둘 다 지역사회나 교회에서 활발하게 활동을 했다. 이들은 모두 친구도 많다고 했다.

그런데 이 두 사람이 거의 같은 시기에 파산을 하게 되었다. 파산한 지 몇 달도 안 되어 두 사람 모두 아내가 집을 나갔고, 아이들도 엄마와 살겠다고 떠났다. 두 사람의 공통점은 여기까지였다.

첫 번째 남자는 자살 직전까지 갈 정도로 심한 우울증에 빠졌다. 집에 틀어박혀 꼼짝도 하지 않고 친구들의 전화도 받지 않았다. 우울증을 이기지 못해 마약에 손을 대기 시작했다. 마약을 해도 우울증이 나아지지 않자 결국 마을을 떠나 버렸다.

두 번째 남자도 역시 우울증에 빠졌다. 하지만 이 사람은 친한 친구 몇 명에게 전화를 걸어 만나자고 했다. 친구들을 만난 자리에서 앞으로 몇 달 동안 도움을 좀 달라고 부탁했다. 친구들에게 돌아가면서 점심을 사 달라고 했고, 자신이 재기할 때까지 지원을 해 달라고 했다.

상담가를 찾아가서 우울증과 상실감을 극복할 수 있도록 도움을 요청하기도 했다. 1년도 채 안 되어 그 사람은 재기에 성공했고, 새로운 삶을 시작할 수 있었다.

이 두 사람은 위기의 상황에 대처하는 방법만 달랐던 것이 아니다. 다른 사람들과 맺은 유대 관계의 정도도 확연하게 달랐다. 첫 번째 남자는 타인에게 도움을 요청할 만한 상황을 절대 만들지 않으며 살아왔다. 평소 남들과 깊은 유대 관계를 전혀 맺지 않았고 도움을 요청하는 법도 몰랐기 때문에 재난이 닥쳐왔을 때도 그는 혼자였다.

두 번째 사람은 원래 알코올 중독자였는데 치료받고 회복된 경우였다. 그래서 이미 예전에 다른 사람들의 도움을 받아 본 경험이 많았다. 알코올 중독을 치료하면서 하나님과 깊은 관계를 맺고 더불어 주위 사람들과 강한 유대 관계를 이루는 것이 얼마나 큰 힘이 되는지를 깨달았다.

그는 주변 사람들의 사랑을 내면 깊숙한 곳에 간직하며 살았기 때문에, 부나 성취에 연연하지 않았다. 그래서 친구들에게 도움을 요청하고 필요한 힘을 빌릴 수 있었던 것이다.

성공의 의미를 더해 준다

건강한 유대 관계를 맺는 사람들은 홀로 있는 시간을 잘 견뎌 낼 수 있고 그 시간을 건설적으로 사용할 줄 안다. 홀로 있다는 것이 소외되었다거나 외톨이가 되었다는 뜻은 아니다. 정서적 대상 항상성을 이야기하면서 말했던 것처럼, 유대 관계가 튼튼한 사람들은 사람들에 대한 사랑을 내면에 간직하고 살아간다. 자신만의 감정의 창고에 잘 모아 두고, 평생 동안 그것을 몇 배로 늘려 간다. 또한 홀로 있는 시간을 두려워하지 않기 때문에 많은 것을 성취할 수 있다.

이들에게는 일을 할 때도 진정한 목표가 있다. 그저 소유를 늘리거나 고통으로부터 도망치기 위해 일에 몰두하지 않는다. 자신들이 속한 인류라는 가족을 위해 일한다.

내가 아는 사람 중에 부동산 중개업자가 있는데, 그 사람은 자신의 재물이 다 소용없다고 불평했다. 그의 말에 따르면 자신은 그저 '돈 버는 기계'일 따름이었다. 그는 정서적으로 메말라 있었고, 그 사람에게 성공이란 오로지 일 중심적인 것이었다.

또 다른 부동산 중개업자도 한 명 아는데, 그는 사랑이 많고 관계 중심적인 사람이다. 그는 자신의 일을 이렇게 설명했다. "나는 내가 하는 일을 아주 사랑해요. 내 은사를 통해 가족이 자녀들을 마음 놓고 키울 수 있는 좋은 지역사회를 만들어 나갈 수 있거든요. 이 일을 통해서 사람들에게 일자리와 안정감을 제공한다는 자부심도 느낍니다."

두 사람은 똑같은 일을 하면서도 자신의 일을 전혀 다른 시각으로 바라보았다. 이렇게 유대감은 성공에 의미를 부여해 준다. 또한 우리의 발전에 속도를 더해 주기도 한다. 모든 면에서 하나님께서 디자인하신 대로 우리를 발전시켜 나가는 능력을 키우게 되는 것이다.

그렇다면 유대감을 형성하는 법을 어떻게 배울 수 있을까? 자세한 내용으로 들어가기 전에 먼저 유대감을 형성하지 못하면 어떤 끔찍한 일들이 벌어지는지를 이야기해 보자.

chapter 4

유대감 형성에
실패할 때

　　　　　정서적 유대감을 형성하지 못하는 사람들은 늘 굶주린 상태로 살아간다. 이들은 채워지지 않는 간절한 욕구에 시달린다. 대개는 세 단계의 고립 상태를 거치는데, 첫 번째는 바로 저항의 단계이다. 이들은 자신이 관계 맺는 능력이 부족하다는 사실에 저항하며 슬픔을 느끼거나 분노한다. 내 말을 믿지 못하겠다면 외톨박이 어린아이나 실연당한 사람을 한번 보라.

　외롭게 고립된 사람들이 느끼는 고통은 사실 좋은 것이다. 왜냐하면 그 고통은 생명을 유지하는 데 필수적인 것이기 때문이다. 예수님께서 산상 설교를 하시면서 "의에 주리고 목마른 자는 복이 있나니 그들이 배부를 것임이요"라고 하셨다(마 5:6). 만일 우리의 인생이 완벽했더라면 하나님을 찾지 않았을 것이다. 배고픔을 느끼지 못하면 먹을 것을 찾지 않는 것과도 마찬가지다.

그러면 결국 굶어 죽게 될 것이다.

아무런 도움을 받지 못한 상태에서 오랫동안 고립되는 상태가 지속되면, 외로움에 항거하고 버티던 사람이 우울증과 절망감이라는 두 번째 단계에 이르게 된다. 소망은 물을 주지 않은 화초처럼 시들기 시작한다. 눈에는 총기가 사라지고, 어깨가 쳐지며, 얼굴은 핼쑥하고 피곤이 가득하다. 가질 수 없는 것들에 대한 욕구로 가득 차게 되는 것이다.

현실적으로 보면 이 단계까지는 그나마 괜찮은 편이다. 왜냐하면 적어도 마음만 먹으면 원하는 것을 접할 수 있기 때문이다. 다만 그것을 절대로 손에 넣을 수 없다고 느낄 뿐이다. 잠언의 저자도 이렇게 말한다. "소망이 더디 이루어지면 그것이 마음을 상하게 하거니와 소원이 이루어지는 것은 곧 생명나무니라"(잠 13:12). 우울증에 시달리는 사람들은 마음이 상한 사람들이다. 관계의 욕구를 여전히 느끼지만 채워지지 않기 때문이다.

그러한 우울증과 절망감이 오랫동안 지속되면 세 번째 단계인 단절의 단계가 시작된다. 이 단계에 접어든 사람들은 자신의 삶 속에서 다른 사람들이나 바깥세상과 유대감을 맺어야 할 필요 자체를 느끼지 못한다. 그래서 세상과의 접촉을 최소화하고 스스로를 외부와 단절시킨다. 심한 경우에는 자신이 살아 있다는 기분조차 느끼지 못할 만큼 단절감에 빠진다.

내게 상담 치료를 받던 내담자 가운데 한 여성은 자해 충동을 느낀다고 했다. 그녀는 자신의 불감증을 이렇게 설명했다. "내가 통증이라도 못 느끼면 속으로 죽은 것 같다는 느낌이 들어요. 살아 있다는 느낌을 확인하고 싶어서 자꾸 자해를 하게 되는 거죠." 사실 이것은 살아남기 위한 몸부림이기도 하다. 유대 관계가 단절되어 정서적으로 죽었다는 느낌이 들기 때문에, 육체에 상처를 내서라도 살아 있음을 확인하고 싶은 것이다.

때로는 타인과의 단절이 사회적으로 용납될 수 있는 모습으로 나타나기도 하는데, 성공한 비즈니스맨들이 성취 지향적으로 일에 몰입하는 경우가 그렇다. 이들은 높은 연봉을 비롯해 다양한 형태의 보상을 받는다. 하지만 그들의 배우자와 자녀들은 전혀 다른 얘기를 한다.

유대감 형성에 실패했을 때 나타나는 증상들

다음은 고립의 전형적인 증상들이다. 고립은 여러 가지 방법으로 진짜 모습을 감춘다. 진정한 문제는 '유대 관계의 부족'이지만 겉으로 드러나는 한 가지 증상이 문제의 정체를 교묘히 가리곤 한다.

우울증

우울증은 슬픔, 무기력증, 절망감, 집중력 저하, 식욕이나 수면욕의 비정상적인 증가나 감소를 불러오며 때로는 자살 충동이나 실제 자살 시도로 이어지는 심각한 정신질환이다. 슬픔이나 분노는 하나님이 우리에게 허락하신 자연스러운 감정으로, 애정이 결핍되었을 때 생겨 난다. 그런데 우리가 그 자연스러운 감정들을 억지로 억누르려 할 때 우울증이 발생하곤 한다.

우울증은 쉽게 감지되지 않을 때가 더 많다. 교묘한 가면을 쓰고 나타나기 때문이다. 우울증에 걸린 사람들은 감정의 높낮이를 조절하는 능력을 상실한다. 삶의 색깔을 잃어버리는 것이다. 세상이 온통 회색빛으로 변하기 시작한다. 그래서 우울증을 앓는 많은 사람들이 우중충한 날씨를 좋아한다. 자신의 내면에서 느끼는 감정과 날씨가 비슷하게 느껴지기 때문이다. 반대로 햇빛이 화창한 날에는 내면의 어두움과 날씨가 극적으로 대조되기에 더 우울하게 느끼기도 한다.

우울증에 걸린 사람들은 뭔가를 하려는 의욕도 잃어버린다. 단순한 사회 활동이 문제의 근원까지 다루지는 못하기 때문에 사람들과 함께 있는 것이 귀찮아진다. 사람들이 밝게 들떠 있는 곳에서는 더 우울해지고 고립감을 느끼는 까닭에 사회 활동이나 다른 사람들과의 관계를 끊으려는 경향이 나타난다.

무의미하다는 느낌

유대감을 형성하는 데 실패한 사람들이 자주 느끼는 또 다른 증상은 무의미하다는 느낌이다. 정서적으로 고립된 사람들은 인생이 무상하다는 느낌을 자주 받는다. 이런 현상이 나타나는 게 목적의식이 없기 때문이라고 착각해서 어떤 활동이나 사역을 통해 의미를 찾으려 노력하기도 한다. 하지만 그러한 시도들은 더 큰 고립감을 불러온다. 그들이 진정 결핍을 느끼는 대상은 사실 사랑이기 때문이다.

어느 미혼 남성은 이렇게 말했다. "저는 돈을 많이 벌려고 열심히 일했고 성공도 했습니다. 그런데 그게 별로 의미가 없더군요. 돈을 벌어도 함께 쓸 사람도 없고요. 속으로 아주 공허하더군요."

누군가와의 관계가 깨지고 난 후 그 빈자리를 아무도 대신 채워 주지 못할 때 사람들은 이처럼 무의미하다는 느낌을 받는다. 그리고 그 과정에서 다른 사람과의 관계를 단절하고 스스로를 고립시킨다. 인생이 무의미하고 소망도 없다는 생각이 이들을 자살 충동으로 내몰기도 한다. 문제의 뿌리가 다른 사람들과 유대감을 형성하지 못하는 것임을 깨닫지 못하는 것이다.

자기 비하와 죄책감

이 감정을 이해하기 위해서는 먼저 이들 감정 세계의 가장 밑바탕이 되는 사실을 인식해야 한다. 바로 고립된 자아는 나쁘다고 여긴다는 사실이다. 홀로 고립된 사람은 사랑받지 못하는 존재로 비치기 쉽다. 이들은 자신이 사랑받지 못하는 이유가 '나쁜 사람'이기 때문이라고 해석해 버린다. 그렇지 않다면 사람들이 자신을 사랑하지 않을 이유가 없다는 것이다.

우리는 자신의 존재 가치를 다른 사람들에게서 찾으려 한다. 누군가가 먹여 주고 닦아 주고 안아 주었던 아기는 스스로 '좋은' 존재라고 느낀다. 반면 배고픈 상태로 남겨지고, 울어도 달래 주지 않고, 기저귀도 제때 갈아 주지 않은 아기는 스스로에게 '나쁜' 감정을 갖는다. 우리는 모두 이처럼 몸으로 생각한다. 그리고 어린 시절부터 경험한 육체적 느낌들을 정서적인 이미지로 바꾸어 뇌에 저장해 놓는다. 우리는 외로울 때 기분이 '형편없다'고 느끼는데, 그것을 우리가 형편없는 사람이라는 생각과 연관 짓는 것이다.

많은 사람들은 나중에 이런 현상 때문에 문제를 겪는다. 스스로 나쁘다는 느낌이 드는 것은, 자신이 뭔가 잘못된 행동을 했기 때문이라고 생각해서 죄책감을 느끼고 그 죄책감을 없애기 위해 모든 방법을 동원한다. 거듭 잘못을 고백하고, 성경도 읽어 보고, 지역사회의 노숙자들을 돕는 자원봉사를 하기도 한다. 하지만 여전히 용서받았다는 느낌은 충분히 들지 않는다. 문제의 뿌리는 죄가 아니라 고립감과 외로움이기 때문이다.

중독

중독이란 어떤 특정한 것에 통제되지 않는 심리적 욕구를 느껴, 그것 없이는 살 수 없을 것만 같은 느낌을 받는 상태를 가리킨다. 사람들은 술이나 약물, 음식 등에 흔히 중독되며 섹스, 도박, 일, 파괴적인 관계, 종교 등의 활동에 빠져들기도 한다. 하지만 이런 중독이 문제의 본질을 해결할 순 없기에 결코 만족을 느끼지 못한다. 우리는 술이나 마약, 섹스 없이도 얼마든지 잘 살 수 있다. 그러나 다른 사람들과의 유대 관계는 꼭 필요하다.

사도 바울이 에베소서 4장에서 말했듯이, 중독된 사람들의 진정한 필요는 거짓된 욕망을 따라 그른 방향으로 내몰린다.

> 그들의 총명이 어두워지고 그들 가운데 있는 무지함과 그들의 마음이 굳어짐으로 말미암아 하나님의 생명에서 떠나 있도다 그들이 감각 없는 자가 되어 자신을 방탕에 방임하여 모든 더러운 것을 욕심으로 행하되 오직 너희는 그리스도를 그같이 배우지 아니하였느니라 진리가 예수 안에 있는 것 같이 너희가 참으로 그에게서 듣고 또한 그 안에서 가르침을 받았을진대 너희는 유혹의 욕심을 따라 썩어져 가는 구습을 따르는 옛 사람을 벗어 버리고 오직 너희의 심령이 새롭게 되어 하나님을 따라 의와 진리의 거룩함으로 지으심을 받은 새 사람을 입으라(엡 4:18~24).

중독을 치료하기 위해서는 잃어버린 감각을 되찾고 겸허한 마음을 갖는 것이 필요하다. 무엇보다 이 문제를 스스로의 능력으로 해결할 수 없음을, 하나님과 주변 사람들의 도움이 필요함을 인정해야 하며, 자신에게 상처 준 대상을 향한 굳어진 마음을 풀고, 거짓된 욕망을 깨달아야 한다.

중독은 진짜 필요한 것을 향한 욕구가 아니라 거짓된 욕망이다. 진정한 자아가 진짜 필요로 하는 것의 대체물이 바로 중독이다. 중독을 치유할 때 가장 중요한 과정은 '거짓된 욕망'으로 변장하고 있는 진정한 욕구가 무엇인지를 밝혀내는 것이다. 애착과 유대감이 바로 그 진짜 욕구들 중 하나이다.

정서적으로 고립된 사람들은 다른 사람들과 관계를 맺지 못하기 때문에 다른 대체물을 찾는다. 사탄은 그들이 진짜 원하는 것이 음식, 섹스, 마약이라고 착각하게 만들고, 그것들을 중심으로 삶을 꾸리도록 이끈다. 하지만 공허함을 채워 줄 수 있는 것은 다른 사람들과, 또한 하나님과의 사랑과 유대감뿐이다.

진정한 내면의 욕구가 사랑으로 채워질 때 우리를 수많은 중독으로 내몰았던 힘은 사라지게 된다. 모든 중독이 유대 관계의 결핍 때문에 생기는 것은 아니지만, 많은 경우가 그렇다.

음식 중독에 빠졌던 한 여성은 이렇게 말했다. "마음이 공허할 때 먹을 것을 찾는 대신 누군가에게 처음으로 전화를 걸었던 때가 생각나요. 갑자기 냉장고로 달려가 뭔가 마구 먹고 싶은 강한 충동을 느꼈는데, 갑자기 그게 어쩌면 음식이 아니라 사랑에 대한 배고픔일 수도 있겠다는 생각이 들었어요. 그래서 같은 소그룹에 있던 친구에게 전화를 걸었죠. 그 친구 집으로 가서 따뜻함과 애정을 맛본 후로는 더 이상 배고픔이 느껴지지 않더군요. 그때부터 친구들에게 도움을 청하는 법을 배웠어요."

왜곡된 사고

엔트로피의 법칙에 의하면, 어떠한 시스템을 그대로 방치하면 시간이 흐를수록 점점 엉망이 된다. 이것은 정서적인 고립 상태에도 해당하는 현상이다. 다른 사람들과 단절되어 있으면 분노와 슬픔, 우울증이 우리의 사고방식에 부정적인 영향을 미치게 된다. 사고 회로에 과부하가 걸리기도 하고 생각하는 방식이 삐뚤어지기 시작한다.

편집증은 그러한 왜곡된 사고방식의 한 형태로, 비합리적인 이유 때문에 사람을 믿지 못하고 의심하는 증상이다. 내면의 고립이 너무 깊어지면 사람은 큰 고통을 느끼게 되고 그것이 겉으로 표출된다. 다른 사람들이 자신을 해치려 한다는 생각에 사로잡히고 사람을 신뢰하지 못한다. 그런 까닭에 사람들을 피하고 자신을 더욱 고립시키게 되는 것이다.

편집증은 결코 저절로 나아지지 않는다. 그런 사람들에게 '생각을 바꾸라'고 아무리 말해도 소용없다. 문제의 원인은 생각이 아니라 고립이고, 고립은 아주 심각한 문제이기 때문이다.

고립된 사람들의 복잡한 내면의 고통은 종종 갖가지 환상과 온갖 강박 증상으로 나타난다. 내면의 고통을 합리화하기 위한 유일한 방법은 세상이 자신의 내면세계가 느끼는 대로 돌아가고 있다고 믿는 것이다. 자신의 내면세계에 변화가 생기면 바깥 세계에도 변화가 일어난다고 생각하는 것이다.

상처가 있을 때는 명확한 사고를 하기가 힘들다. 시편 73편에서는 "내 마음이 산란하며 내 양심이 찔렸나이다 내가 이같이 우매 무지함으로 주 앞에 짐승이오나"라고 표현했다. 저자는 마음에 상처를 입었을 때 자신을 우매하다고 여겼으며 스스로를 '무지한 짐승'이라고 불렀다.

공허함

관계가 단절된 사람들은 심한 공허함을 느낀다. 공허함은 사람이 느낄 수 있는 가장 고통스러운 감정이다. 공허함에 시달리는 사람들은 사랑의 필요를 느끼지 못하고, 다른 사람들의 사랑 또한 느끼지 못한다.

어떤 사람들은 다른 누군가가 자신의 공허함을 채워 줄 것이라고 생각하지만 그것은 불가능한 일이다. 누군가가 아무리 부족함 없는 사랑을 준다고 하더라도, 본인 스스로 사랑의 필요를 느끼고 그 사랑에 반응하지 않는 한 여전히 공허함을 느낄 수밖에 없다. 그렇지 않으면 사랑은 자라나지 못한다.

바울은 다른 사람들과 연결되는 것이 얼마나 큰 위로가 되는지를 이렇게 표현했다.

> 우리가 마게도냐에 이르렀을 때에도 우리 육체가 편하지 못하였고 사방으로 환난을 당하여 밖으로는 다툼이요 안으로는 두려움이었노라 그러나 낙심한 자들을 위로하시는 하나님이 디도가 옴으로 우리를 위로하셨으니 그가 온 것뿐 아니요 오직 그가 너희에게서 받은 그 위로로 위로하고 너희의 사모함과 애통함과 나를 위하여 열심 있는 것을 우리에게 보고함으로 나를 더욱 기쁘게 하였느니라 (고후 7:5~7).

바울은 우리를 사랑하시고 우리를 위해 일하시는 하나님의 방법을 말하고 있다. 바울은 어려움에 처해 낙심한 상태였다. 그때 하나님께서는 디도를 보내셔서 바울을 위로하셨다. 인간관계를 통해 바울을 어루만지신 것이다. 디도는 바울을 위로하는 하나님의 팔이었다.

그런데 어떤 사람들은 상처 받은 이들에게 다른 사람의 도움은 필요 없다고 말하기도 한다. 사람에게 의지하지 말고 기도하며 말씀을 읽으라고 한다. 이는 마치 낙심 가운데 있는 사람들을 위로하시려고 자신의 몸을 친히 보내시는 하나님의 손을 잘라 버리는 일과도 같다!

야고보는 사람들에게 영적인 필요만 있는 것이 아니라는 사실을 이렇게 강조했다. "만일 형제나 자매가 헐벗고 일용할 양식이 없는데 너희 중에 누구든지 그에게 이르되 평안히 가라, 덥게 하라, 배부르게 하라 하며 그 몸에 쓸 것을 주지 아니하면 무슨 유익이 있으리요"(약 2:15~16). 사람에게는 육체적 필요뿐 아니라 정서적인 필요도 있다. 바울의 경우와 마찬가지로 때로는 다른 사람들이 함께 있어 주어야 한다. 그것이 바로 하나님의 사랑하는 방법이다.

한편으로는 상처 받은 사람들 또한 다른 사람들의 사랑 표현에 반응하고 그것을 받아들여야 한다. 그럴 때만 관계 속의 유대감을 통해 내면의 공허함을 채울 수가 있다.

성경은 거듭해서 '채움'을 이야기한다. 에베소서 3장 17~18절에서 바울은 이렇게 기록했다. "믿음으로 말미암아 그리스도께서 너희 마음에 계시게 하시옵고 너희가 사랑 가운데서 뿌리가 박히고 터가 굳어져서 능히 모든 성도와 함께 지식에 넘치는 그리스도의 사랑을 알고." 우리는 텅 빈 상태로 이 세상에 오지만, 하나님의 사랑은 우리를 채우셔서 충만하게 하신다.

슬픔

유대감이 결핍된 사람들은 기쁨을 느끼지 못할 뿐 아니라, 깊은 슬픔에 빠진다. 기쁨은 하나님과, 또한 다른 사람들과의 연결과 사귐을 통해 찾아온다. 요한은 이렇게 말했다. "우리가 보고 들은 바를 너희에게도 전함은 너희로 우리와 사귐이 있게 하려 함이니 우리의 사귐은 아버지와 그의 아들 예수 그리스도와 더불어 누림이라 우리가 이것을 씀은 우리의 기쁨이 충만하게 하려 함이라"(요일 1:3~4). 우리가 하나님과 다른 사람들로부터 고립되었을 때는 그 기쁨을 누리는 것이 불가능하다.

친밀감에 대한 두려움

우리는 잘 모르는 대상에 자연스럽게 두려움을 느낀다. 타인과 한 번도 가까운 관계를 맺어 본 적이 없는 사람들은 친밀감을 두려워하고 다른 사람들과 친해지는 것을 꺼린다.

비현실적인 느낌

어떤 사람들은 주변 세상으로부터 완전히 단절되는 듯한 극단적인 경험을 하기도 한다. 주변의 사람들과 환경을 보고 들을 수는 있지만, 전혀 느낄 수 없다. 그런 까닭에 그 세상에 속한 사람들과 환경이 현실적으로 여겨지지 않는다. 그들은 이렇게 자문한다. "내가 진짜 여기에 있는 걸까?" 그러고는 자기 몸을 꼬집어 자신이 정말 살아 있는지를 확인하곤 한다. 이런 비현실적인 느낌은 흔히 들 수 있다. 하지만 이를 제대로 이해하지 못하면 아주 무서운 일이 생길 수도 있다. 비현실적인 존재로 살아간다는 것은 끔찍한 일이다.

공황장애

공황장애는 갑작스럽게 찾아오는 극심한 두려움이다. 많은 공황장애의 뿌리에는 유대감 결핍이 자리 잡고 있다. 인간의 영혼은 다른 사람들과 연결되고 사랑으로 채워져야만 한다. 어떤 사람들은 다른 사람과의 연결이 없을 때 공허함이 너무 커서 그야말로 '블랙홀' 속으로 곤두박질치는 듯한 느낌을 받곤 한다. 사람은 극단적인 고립 상태가 되면 공황장애를 겪는데, 이는 인간이 겪을 수 있는 가장 끔찍한 경험이라고 한다.

격렬한 분노

통제할 수 없는 격렬한 분노는 고립의 또 다른 증상이다. 앞에서 소개했던 스탠은 바로 통제 불능의 분노 때문에 상담 치료를 받으러 온 경우였다. 자신의 내면에 엄청난 외로움이 자리 잡고 있다는 사실을 인정하고, 사랑받고 용납받았다는 사실을 확인하고 나서야 분노는 사그라졌다.

홀로 버려진 아기는 순수하고 가식 없는 분노를 표출한다. 우리는 성장해 감에 따라 대부분 이 격렬한 분노를 감춘다. 그렇게 감추어진 분노는 때로 냉소적인 태도나 육체적인 질병 등 사회적으로 용납되는 형태로 표출되곤 한다. 하지만 고립에 대한 자연스러운 반응인 분노는 여전히 사라지지 않는다.

지나친 자기희생

어떤 사람들은 누군가를 돌보아 줄 때만 그 사람과 가깝다고 느낀다. 이런 사람들은 보통 자신의 필요는 중요하지 않으며, 남들의 필요를 채워 주는 것이 먼저라고 생각한다. 그러나 이들의 가면을 들춰 보면 다른 사람과 유대 관계를 맺고 싶어 하는 간절한 욕구가 숨어 있다.

사람은 다른 사람과의 관계에서 진정한 자아의 모습을 드러내 보일 수 있을 때 비로소 충족감을 느낀다. 진정한 자아의 모습에는 도움을 필요로 하는 모습도 포함된다. 항상 다른 사람들에게 베풀기만 하고 공급받지 못하면 우리의 진정한 자아를 부정하는 셈이다. 따라서 자신을 돌보지 않는 지나친 자기희생은, 타인과 유대를 잘 맺지 못하는 사람들에게서 나타나는 증상이라 할 수 있다.

망상

망상은 어떠한 심리적인 욕구에 반응하여 비현실적이거나 비정상적인 이미지를 창조해 내는 과정을 말한다. 여기서 말하는 심리적 욕구는 애착이다. 예를 들어 친구를 사귈 줄 모르는 사람들은 빨간 머리 앤처럼 상상 속의 친구를 만들어 낸다.

아주 심각한 고립감은 종종 지나친 이상주의와 낭만주의를 부른다. 고립된 사람들은 현실 세계를 경험하지 못하기 때문에 이상주의로 도피하게 되는 것이다. 우리가 상상 속의 존재와 관계를 맺을 때 안전한 상태에서 상처를 받지 않을 수는 있겠지만 이는 결코 만족스러운 인간관계가 될 수 없다. 이상주의는 고립감을 심화시킨다. 진짜 인간관계만이 치유를 가져올 수 있다.

유대감 형성을 가로막는 장애물들

1970년대에 인기 있던 팝송 중에 이런 구절이 있었다. '사람을 필요로 하는 사람들은 세상 최고의 행운아이다.' 아이러니하게도 인간에게는 결핍된 지점이 가장 높은 곳이 된다. "심령이 가난한 자는 복이 있나니 천국이 그들의 것임이요"(마 5:3)라는 말씀처럼, 그 가장 낮은 곳에서 하나님과 다른 사람들이 우리를 만나 줄 수 있기 때문이다.

만일 유대감이 수많은 끔찍한 병폐에 대한 치유책이라면, 왜 우리는 이를 즉시 실천하지 않는 걸까? 그게 말처럼 쉽지가 않은 게 문제다! 죄로 인한 타락 때문에 우리는 수많은 문제를 안고서 고립되었고 다른 사람들과 유대 관계를 맺지 못하게 되었다. 우리를 가로막는 장애물로는 다음과 같은 것들이 있다.

과거의 상처

대학원에 재학하던 때였다. 같은 과 학생들이 작은 셰퍼드 강아지 한 마리가 길을 잃고 헤매는 것을 발견했다. 강아지는 탈수와 영양실조 증세를 보였고 온몸이 상처투성이였다. 우리는 그 개를 숙소로 데려와 돌보기 시작했다. 처음 얼마간은 강아지가 우리를 계속 피하기만 했다. 우리가 가까이 갈 때마다 몸을 움츠리며 떨었고 쓰다듬어 주려고 손을 뻗으면 구석으로 도망가 버렸다. 사람 손이 닿을 때마다 때린다고 생각했던 것 같다. 세상을 알수록 두렵기만 했던 것이다.

어린아이들도 마찬가지다. 우리가 이 세상에 태어날 때는 모두 부모나 보호자를 전적으로 의존해야 한다. 그 사람들이 우리가 배고플 때 먹여 주고, 기저귀가 젖으면 갈아 주고, 두려울 때 달래 주기 때문이다. 우리에게 처음 돌봄을 제공한 사람들을 통해 우리는 이 세상에 대한 관점과 신뢰를 형성한다. 부모님이 먼저 우리를 사랑했기에, 그리고 하나님이 먼저 우리를 사랑하셨기에 우리도 사랑을 할 수 있다(요일 4:19 참조).

만일 우리를 처음 돌봐 준 사람들이 우리의 필요를 잘 충족시켜 주었다면 우리는 세상을 믿을 만한 곳으로 여기기 시작한다. 발달심리학에서는 이를 '기본적 신뢰(basic trust)'라고 부른다.

하지만 우리의 필요가 채워지지 않고 무시당하거나, 버림받거나, 폭력을 당하거나, 비판받고 미움을 받게 되면, 남을 신뢰하고 자신의 연약함을 내어놓을 수 있는 가장 기본적인 능력이 상처를 입게 된다. 우리가 다른 사람들과 유대 관계를 맺을 수 있는 능력은 자신의 연약함을 내보이고 필요를 인정할 수 있는가에 달려 있다. 그런데 그 능력에 손상을 입으면 문제가 발생한다. 그것이 바로 인생의 중요한 열쇠이기 때문이다.

세상이 믿을 만하다는 것을 아는 사람들은 자신의 연약함을 열어 보이는 것이 얼마나 소중한 일인지도 깨닫는다. 그렇게 함으로써 사랑과 같은 아주 좋은 것들을 얻을 수 있기 때문이다. 그런 긍정적인 경험을 한번 하고 나면 더 많이 신뢰하고 더 많이 의존할 수 있게 되기에, 좋은 일이 점점 더 많이 생긴다. 사람을 사랑하는 일에서는 부익부 원칙이 실제로 적용되는 것이다.

반면에 세상을 믿지 못하는 이들은 누군가를 신뢰하고 자신의 연약함을 드러내는 것처럼 어리석은 일은 없다고 여긴다. 연약함을 결코 드러내지 말아야 살아남을 수 있다고 믿으며 '난 누구의 도움도 필요치 않아' 라는, 신뢰할 수 없는 이 세상에서 가장 현명하다 할 태세를 갖추게 된다.

하나님은 우리에게 기억력을 주셔서 무엇이 우리의 필요를 채워 주는지를 터득하고, 또 필요할 때 그것을 다시 생각해 낼 수 있도록 하셨다. 희망이 바로 여기에서 비롯된다. 과거에 우리에게 좋은 일들이 찾아왔기 때문에 앞으로도 그런 일이 다시 일어날 수 있다고 생각하는 것이 바로 희망이다. 이러한 기억 장치는 상황이 좋지 않을 때도 똑같은 방식으로 작동한다.

우리는 이 세상에 대한 정신적인 지도를 그린다. 그리고 그 지도를 중심으로 여정을 계획한다. 이것은 자리에 앉아 머리를 짜내는 그런 계획이 아니다. 마치 뜨거운 난로를 만질 때 통증을 제어하는 뇌의 중추가 다시는 난로를 만지지 못하도록 경고하는 것과 같이 자연스럽고 자동적인 것이다.

우리는 이 세상이 어떠한지를 배우고 거기에 적응하는 법을 배운다. 또한 인간관계의 지도를 그리고 그 지도의 사용법을 익힌다. 문제는 우리가 고통스러운 상황에서 지도를 그린 뒤, 세월이 흘러 그 상황에서 벗어난 후에도 지도를 업데이트하는 것을 잊어버린다는 점이다. 우리가 가지고 있는 낡은 지도가 다른 사람들과 유대 관계를 맺고 충만한 삶을 사는 데 장애가 되는 것이다.

왜곡된 생각

이 세상에 대해 우리가 가지고 있는 어떤 신념들은 시대에 뒤떨어진 지도와 같다. 한때는 정확했을지 몰라도 더 이상은 아니다. 하지만 그것을 새롭게 갱신할 만한 충분한 지식이나 경험이 없기 때문에 여전히 옛날 것을 사용한다. 그런 왜곡된 생각에는 다음과 같은 것들이 있다.

✚ **우리 자신에 대한 견해**

'나는 나쁘다' : 앞에서 살펴본 대로, 외로운 자아는 스스로를 나쁜 자아로 느끼며, 이런 죄의식의 뿌리에는 유대 관계의 결핍이 자리 잡고 있다. 고립된 사람들이 스스로 나쁘다는 느낌에 빠지면 그때부터는 다른 사람들을 피하고 거리를 두려 한다. 이것이 애초에 스스로를 나쁜 존재로 여기게 만들었던 그 외로움이 지속되도록 만든다. 악순환이 계속되는 것이다.

'나는 사랑스럽지 못하다' : 이렇게 느끼는 사람들은 사랑이 필요하다고 인식하지만, 동시에 자신이 사랑받을 자격이 없다고 느낀다. 사랑을 받아 보지 못했기 때문에 스스로를 사랑스럽지 못한 존재라고 여기는 것이다. 이들을 기다리는 것은 결국 고립감이다.

'나에게는 사람들을 떠나게 할 만한 구석이 있다' : 많은 사람들이 자신 안에 뭔가 결함이 있으며, 그 때문에 사람들이 자신을 떠난다는 이상한 확신을 하곤 한다. 원치 않는 아기로 태어나 엄마가 도망간 경우에도 이런 생각을 하게 될 수 있다. 바깥세상의 특정 반응을 내면화하여 스스로를 판단하고 단정 짓는 것이다.

'**나는 다른 사람보다 더 악하다**' : 많은 사람들이 세상에서 유독 자신만 화가 났을 때 아이를 벽에 집어던지고 싶은 충동을 느낀다거나, 초콜릿 파이 세 개를 먹고 다시 토해 낸다거나, 자위행위를 하고 싶은 충동을 느낀다고 생각한다. 이들은 남들도 그렇다는 사실을 깨닫고 난 후에야 비로소 사람들에게 마음의 문을 열고 자신의 연약함을 노출하게 된다. 자신이 남들과 다르다거나, 혹은 못하다고 여기는 것은 그 사람을 고립감에 빠뜨릴 수 있다.

'**나는 사랑받을 자격이 없다**' : 우리는 종종 자격이 있을 때만 뭔가를 받을 수 있다고 생각한다. 하지만 사랑은 노력으로 획득할 수 있는 것이 아니다. 사랑은 누군가가 우리를 향해 그렇게 느끼기로 결정한 것이다. 누군가의 인정을 받는 것은 노력으로 가능하지만 사랑은 그렇게 할 수 없다. 세상에는 사랑받을 자격이 있는 사람도, 사랑받을 자격이 없는 사람도 없다. 자격과 사랑은 서로 전혀 상관이 없는 요소이다.

'**내가 뭔가를 원하면 상대방이 힘들어할 것이다**' : 자신의 기본적인 욕구를 나쁜 것이라고 여긴다면 정말 문제가 큰 것이다. 왜냐하면 그 기본적인 욕구가 우리의 삶을 지탱해 주기 때문이다. "심령이 가난한 자는 복이 있나니"라는 성경 말씀도 있지 않은가. 자신에게 있는 욕구가 사람들과의 관계를 망칠 것이라 믿는다면, 상대방이 우리의 필요를 알고 채워 주도록 하는 대신 스스로를 고립시키게 된다. 사실 사람들은 우리의 욕구를 알기 원하며, 그럼으로써 우리를 사랑할 기회를 얻고자 한다는 것을 기억하라.

'다른 사람을 의지하는 것은 옳지 않다' : 많은 사람들이 남들과 유대 관계를 맺고자 하는 것이 성경적이지 않다거나 남자답지 못하고 건강하지 않은 생각이라고 여긴다. 그러고는 이렇게 생각한다. "모든 일을 나 스스로 해결할 수 있어야 해."

'감정을 노출하면 문제가 생길 것이다' : 과거에 다른 사람에게 거절당한 경험이 있는 사람들이 갖는 공통적인 신념이다. 만약 어떤 종류의 감정을 노출하면 그것이 사람들과의 관계에 문제를 일으킬 것이라고 생각한다. 그래서 분노, 슬픔, 두려움의 감정을 느끼는 것 자체를 두려워한다.

✚ 다른 사람들에 대한 견해

'세상에 믿을 사람은 아무도 없다' : 과거에 다른 사람을 신뢰하고 진정한 자아를 열어 보여 주었는데 그 신뢰가 배신을 당하면 더 이상 사람을 믿지 못하게 된다. 자신의 연약함을 드러내어 보여주면 상대방이 그것을 남용할지도 모른다고 생각하기에, 아무에게도 연약함을 드러내고 싶어 하지 않는다.

'사람들은 늘 비판적이다' : 누군가에게 기댔다가 모욕이나 비판을 받은 경험이 있다면, 다시는 사람들에게 도움을 요청하려 하지 않게 된다. 그런 모욕적인 상황에 또다시 노출되고 싶지 않기 때문이다.

'사람들은 나를 통제하려 들 것이다' : 고립된 삶을 사는 많은 사람들은 인간관계에서 침해당하고 통제당한 경험 때문에 사람들과 교류를 끊으려 한다. 홀로 있는 것만이 자유를 누릴 수 있는 유일한 방법이라 믿는 것이다. 사람들과의 관계 속에서 자신의 선택이 한 번도 존중받은 적이 없으므로 그 속에서 자유를 기대하지 못한다.

'사람들은 애정을 가장한다' : 자녀를 사랑하고 돌보는 것이 그저 의무라고 생각하는 부모 밑에서 성장한 사람들은 남들의 사랑도 진심에서 우러나온 것이라고 생각하지 않는다. 이들은 모든 사람을 의심한다.

✚ 하나님에 대한 견해

'하나님은 나를 진정으로 사랑하시지 않는다' : 다른 사람과의 관계에서 사랑받는 경험을 하지 못한 사람들은 하나님께도 사랑받고 있다는 느낌을 받지 못한다. 하나님은 그리스도의 몸인 교회의 지체들을 통해서 우리를 사랑하신다. 따라서 그 공동체에서 분리된 사람은 하나님의 사랑을 느낄 수 없다.

'하나님은 내 감정에는 관심이 없으시다. 단지 내가 착하게 살기만을 바라신다' : 다른 사람에게서 내면세계를 무시당해 본 사람들은 자신의 감정에는 아무도 관심이 없다고 생각한다. 사람들은 그저 눈에 보이는 겉모습에만 관심을 보인다고 생각하며, 그런 이미지를 하나님과의 관계에도 투영한다.

'하나님은 다른 좋은 그리스도인을 원하신다' : 고립된 삶을 사는 사람들은 자기보다 하나님과 더 가까워 보이고 하나님께 더 순종적인 사람들이 자신보다 더 뛰어나다고 믿는다. 자신은 변화할 수 없다고 느끼기 때문에 고립된 인생을 사는 것을 어쩔 수 없는 운명으로 여긴다.

'하나님은 내게 화가 나 있으시다' : 다른 사람에게 분노에 찬 공격을 받고서 정서적 고립에 빠져든 사람들은 상대방이 언제나 화가 나 있거나 지금은 아니더라도 금세 화를 낼 것이라고 생각한다. 또한 하나님도 마찬가지일 것이라 생각해 하나님을 신뢰하지 못한다.

'하나님은 내 말에 귀를 기울이시지 않는다' : 하나님은 우리의 삶에 초자연적으로 개입하지 않으실지라도 언제나 우리와 함께하심으로 사랑을 나타내신다. 그런데 고립된 인생을 사는 사람들은 하나님의 임재를 감지할 수 없다. 하나님께서 하시는 일을 볼 수 없기 때문에 하나님은 틀림없이 자신에게 귀를 기울이시지 않는다고 생각한다.

'하나님은 기도에 응답하지 않으신다' : 유대감을 잘 형성하지 못하는 사람들의 경우 문제의 뿌리에는 정서적 고립감이 자리 잡고 있음을 하나님은 잘 아신다. 그래서 그들이 타인과 유대감을 맺을 수 있는 기회를 허락하심으로 기도에 응답하신다. 하지만 그런 응답은 즉각적이지 않고 사람들이 기대했던 바가 아니기 때문에, 마치 하나님이 전혀 응답하시지 않는 것처럼 보인다.

'하나님은 나를 통제하시고 내 자유를 빼앗아 가실 것이다' : 이들은 다른 사람들의 통제는 물론이고 하나님의 통제를 받는 것도 두려워한다.

'하나님은 나를 용서하시지 않을 것이다' : 고립된 삶을 사는 사람들은 종종 하나님께서 자신들을 버리셨고 지옥에 떨어지게 하실 것이라고 믿는다. 자신이 용서받을 수 없는 죄를 지었다고 생각하며, 사람들과의 관계에서 단절되어 있기 때문에 은혜와 용서의 느낌을 경험하지 못한다. 머리로는 하나님께서 용서하지 못하실 죄는 없다는 사실을 알지만(예수를 거부하는 것을 제외하고는), 그것을 가슴으로 체험하기 위해서는 다른 사람들과의 유대관계가 필요하다.

우리는 '생각을 바꾸라'는 말을 종종 듣는다. 하지만 여기서 이야기하는 것은 단순한 생각보다 더 깊은 차원에 있는, 마음속 깊이 새겨진 신념이다. 이것을 바꾼다는 것은 말처럼 쉽지가 않다. 우리는 이성적인 논리를 갖추기 훨씬 전부터 인간관계에 대한 관점을 형성한다.

진실하고 깊은 변화는 결코 관계와 신뢰 밖에서 일어나지 않는다. 왜냐하면 바로 그곳이 마음이 있는 곳이기 때문이다. 사람들은 종종 말하기를 "머리로는 알겠는데 마음으로는 받아들여지지가 않아"라고 한다. 진정으로 이해하기 위해서는, 관계의 규칙을 처음 마음에 새겼던 그 순수한 시점으로 돌아가야 한다. 그래야만 새로운 규칙들을 배울 수가 있다.

우리의 뒤틀린 생각을 인정하고 변화시키기 위해서는 반드시 안전한 관계를 맺어야 한다. 만일 하나님께서 다른 사람들과 좋은 관계를 맺을 기회를 우리에게 주셨다면, 진리의 왜곡된 부분을 직면하고 우리의 진정한 자아를 다른 사람들과의 관계 속에 내주어야 한다.

우리가 스스로를 겸손히 낮추고 정직하게 연약함을 드러내면 하나님께서는 우리를 도우시겠다고 약속하신다. "슬퍼하며 애통하며 울지어다 너희 웃음을 애통으로, 너희 즐거움을 근심으로 바꿀지어다 주 앞에서 낮추라 그리하면 주께서 너희를 높이시리라"(약 4:9~10). 따라서 우리는 하나님께서 우리의 뒤틀린 부분을 다시 손보실 수 있도록 내어드려야 한다. 다윗이 어떻게 기도했는지 귀 기울여 보라. "하나님이여 나를 살피사 내 마음을 아시며 나를 시험하사 내 뜻을 아옵소서 내게 무슨 악한 행위가 있나 보시고 나를 영원한 길로 인도하소서"(시 139:23~24).

유대감을 방해하는 방어기제들

온통 상처로 가득한 관계에 둘러싸인 우리들은 자연스레 방어기제를 쌓게 된다. 겨울에는 혹독한 추위로부터 자신을 보호하기 위해 따뜻한 외투를 입는 것이 자연스러운 일이지만, 봄이 오면 두터운 외투를 벗고 따뜻한 햇살을 즐기는 것 또한 당연하다. 우리는 종종 상처로부터 자신을 보호하기 위해 심리적 외투를 껴입는다. 하지만 하나님께서 우리를 따뜻한 관계를 맺을 수 있는 따뜻한 땅으로 옮겨 놓으시면 그 두꺼운 외투는 문제의 해결책이라기보다 오히려 문제 덩어리가 된다.

하나님께서는 새로운 관계를 허락하시겠다고 우리에게 약속하셨다. 하지만 따스한 새 관계를 누리기 위해서는 입고 있던 코트를 벗어야만 한다. 사람들은 저마다 타인과 유대감을 맺지 못하도록 방해하는 각기 다른 종류의 외투를 입고 있다. 아래에 소개하는 것들이 흔히 볼 수 있는 종류의 외투들이다.

✚ 부정

부정은 자신의 문제나 현실 자체를 부정함으로써 직면하는 것을 피하려 하는 심리적인 방어기제이다. 우리에게 다른 사람이 필요하다는 사실 자체를 부정하는 것은 유대감 형성에 저항하는 가장 흔한 방어벽이다. 어렸을 때였든 성인이 된 후이든, 건강하고 안전한 관계를 경험할 수 없는 환경에서 살아 왔다면 자신에게 그러한 인간관계가 필요하다는 사실조차 부정하게 된다. 가질 수 없는 것을 원할 이유가 없기 때문이다. 그래서 자신에게 뭐가 필요한가 하는 인식 자체를 서서히 제거해 버린다.

여기서 주목해야 할 것은 이들이 필요에 대한 인식을 제거하는 것이지, 필요 자체를 제거할 수는 없다는 사실이다. 사람은 하나님의 형상대로 창조되었기 때문에 살아 있는 한 관계를 향한 욕구는 항상 존재한다.

우울증과 분노 폭발 등의 증상으로 병원에 입원했던 한 변호사를 결코 잊을 수가 없다. 입원한 다음날부터 그는 이렇게 말했다. "이런 것들이 도대체 왜 필요한 거요? 난 이런 것 전부 필요 없어요." 하지만 소그룹에서 외로움에 대한 이야기가 나올 때마다 그는 신경안정제를 달라고 했다. 그리고 얼마 후 그런 토론 시간이 괴로운 이유는, 오랫동안 잊고 있었던 필요를 자각하게 되기 때문이라는 사실을 깨달았다. 그는 다른 사람들과의 유대관계가 필요하다는 것을 인정했고 서서히 유대감을 형성할 수 있었다. '사랑이 필요하다' 는 사실을 깨닫게 된 것이다.

✚ 평가절하

사랑을 평가절하하는 것은 정서적 고립감에 시달리는 대부분의 사람들이 사용하는 방어기제이다. 이들은 사랑을 마주할 순간이 오면 여기에 반응을 보이는 대신 사랑의 중요성을 축소하고, 사랑의 긍정적인 부분을 부정적으로 깎아내린다. "그건 진정한 사랑이 아니야." 하지만 이것은 최악의 방어기제이다. 왜냐하면 자신에게 가장 필요한 것을 밀쳐 버리고 있기 때문이다.

복음서에 보면 성령을 훼방하는 것이 유일하게 용서받을 수 없는 죄라고 말한다. 은혜의 영이신 성령님은 자신이 누구인가를 나타내심으로써 사람들을 예수님께로 이끄시려고 이 세상에 오셨다. 하지만 사람들은 성령님의 은혜에 반응을 보이는 대신 선을 악으로 바꾸어 버렸고 사랑으로부터 떨어져 나갔다. 하나님의 은혜에서 분리되었기 때문에 그 죄는 용서받을 수 없다.

인간의 사랑을 거부하는 것은 용서받을 수 없는 일은 아니지만, 끔찍한 영향을 미친다는 점만큼은 성령을 거스르는 일과 같다. 인간의 마음을 모독하거나 거부하는 것은 사랑을 평가절하하는 행위이다. 사랑이 우리의 얼굴을 똑바로 쳐다보고 있는데, 이를 외면하고 홀로 외로이 서 있는 것이다. 마치 누군가가 우리에게 먹을 것을 주었는데 "저 속에 독이 들었을 거야"라면서 굶어 죽어 가고 있는 것과도 같다. 이렇게 우리는 사랑을 한다는 것의 위험 부담이 너무 크기 때문에 계속 고립된 상태를 고집하곤 한다.

✚ 투사

심리적 투사란 자신의 생각이나 감정, 혹은 태도를 다른 사람에게 반영하는 것이다. 우리는 때로 우리의 필요를 스스로 껴안지 않고 사람들에게 투사

한다. 성경은 "우리로 하여금 하나님께 받는 위로로써 모든 환난 중에 있는 자들을 능히 위로"해야 한다고 말씀하신다(고후 1:4). 이 말씀은 우리가 자신의 필요를 먼저 채워야 하며, 그 상태를 경험해야 한다는 의미이다.

어떤 사람들은 자신의 필요를 채우는 대신 이를 다른 사람에게 투영하면서 대리만족을 느낀다. 자신들이 먼저 받고 충만하게 채움으로써 공급하는 것이 아니라, 자신의 필요 때문에 주는 것이다.

✚ 반동형성(reaction formation)

반동형성이란 무의식적으로 억누르고 있는 성품이나 충동과는 정반대로 감정을 표현하는 방어기제이다. 쉽게 말해 자신이 정말 하고자 하는 것과는 정반대로 행동한다는 뜻이다. 예를 들어 외롭다고 느끼는 사람들은 때로 지나치게 독립적이 되려 애쓰곤 한다. 극단적으로 강한 모습을 지향하며, 다른 사람들의 의존적 태도나 필요를 책망한다. 자신의 무의식과 반대 방향으로 가면서 관계의 필요를 부정하는 신념을 정립하는 것이다.

✚ 조광증

조광증이란 정신적·신체적 활동의 항진, 무질서한 행동 등의 증상으로 나타나는 비정상적 흥분 상태를 가리킨다. 분주한 상태를 계속 지속할 수만 있다면 타인에 대한 필요를 부인할 수 있기 때문에 이런 증상이 나타난다. 일 중독자들이 흔히 조광증에 빠지곤 한다.

✚ 이상화

이상화란 어떤 대상을 실제보다 더 완벽에 가깝게 생각하는 행위이다. 이 방어기제는 앞서 언급했던 망상의 증세와 매우 비슷하다. 사랑을 어려워하거나 지속하기 힘들어하는 사람들이 종종 이상화 증세에 시달리는 것을 볼 수 있다. 이 사람들은 자신의 모든 필요를 채워 줄 이상적인 상대를 찾는다. 이 망상은 자신이 갖추지 못한 것에 대한 환상이라 할 수 있다.

✚ 대체

간단하게 말해 어떤 사람이나 물건을 다른 것으로 대체하는 것을 뜻한다. 우리는 진실한 관계를 경험하지 못할 때 그것을 대신할 만한 다른 것을 찾게 된다. 마약, 음식, 섹스 등은 진정한 자아가 필요로 하는 것, 즉 사랑에 대한 대체물이다. 사람들은 그와 같은 대체물을 사용해서 다른 사람이나 하나님에 대한 진정한 필요를 대신하려 한다.

그런 잘못된 행동을 일시적으로 멈출 수는 있어도, 필요가 채워지지 않는다면 그 행동은 언제든 다시 시작될 수밖에 없다(눅 11:24~26 참조). 이 경우에는 하나님과 다른 사람들의 사랑으로 영혼을 먼저 채워야 한다.

하나님의 길 배우기

과거의 상처, 왜곡된 생각, 방어기제들은 타락의 직접적인 결과로 생긴 산물이다. 정도는 다르지만 누구에게나 이런 면이 있다.

유대감에 상처를 입으면 본인뿐 아니라 주변 사람들에게도 파괴적인 영향을 미친다. 상처 받은 사람은 이렇게 말한다. "나는 어째서 사람들에게 다가가고 함께 어울릴 수 없는 거지?" 한편 주변 사람들은 이렇게 말한다. "왜 그 사람은 자기가 사랑받고 있다는 사실을 모르는 걸까?"

성장 과정에서 받은 상처가 치료되고 마음의 가장 연약한 부분이 건강해지려면 시간이 걸린다. 바울은 이 사실을 이해하고 다음과 같이 말했다. "또 형제들아 너희를 권면하노니 게으른 자들을 권계하며 마음이 약한 자들을 격려하고 힘이 없는 자들을 붙들어 주며 모든 사람에게 오래 참으라"(살전 5:14).

마음의 상처도 다른 상처들과 같다. 상처를 입으면 먼저 충격을 받는다. 이때 필요한 도움을 받게 되면 마음이 누그러지고, 한편으로는 고통이 시작된다. '나아지기 위해서는 먼저 나빠져야 한다' 는 말 그대로다. 고통 가운데 있는 마음이 다른 사람들과의 관계 속으로 돌아오면 힘을 얻게 되고 성장하지만, 그 과정은 뭉친 근육을 풀어 주는 것처럼 괴롭다. 그렇게 회복하는 동안 우리는 인내하는 법을 배워야 한다.

가정은 자녀들에게 우주의 영적 법칙을 심어 주라고 하나님께서 친히 세우신 체계이다. 우리는 가정을 통해 다른 사람들과 애착 관계를 맺는 법을 익히고 선택의 자유와 용서, 은사와 재능을 성장시키는 하나님의 방법을 배워야 한다. 하지만 수많은 가정의 규칙들은 하나님의 방법과는 너무나 동떨어져 있다.

예수님께서는 우리가 하나님의 방법이 아니라 "장로들의 전통" 혹은 "사람의 계명"을 따라 산다고 지적하셨다(마 15:1~9). 성장하기 위해서는 역기능의 신학을 버리고 하나님이 원하시는 가정의 영적 원리를 택해야 한다. 그래야만 가족 간에 마음 문을 열고 서로 연결될 수가 있다.

> 그 때에 예수의 어머니와 동생들이 와서 밖에 서서 사람을 보내어 예수를 부르니 무리가 예수를 둘러 앉았다가 여짜오되 보소서 당신의 어머니와 동생들과 누이들이 밖에서 찾나이다 대답하시되 누가 내 어머니이며 동생들이냐 하시고 둘러 앉은 자들을 보시며 이르시되 내 어머니와 내 동생들을 보라 누구든지 하나님의 뜻대로 행하는 자가 내 형제요 자매요 어머니이니라(막 3:31~35).

이때 보이신 예수님의 반응은 친 가족을 배척하려는 것이 아니라 자기를 믿는 사람들과의 영적인 관계를 가장 높은 우선순위에 두신 것이다. 예수님은 우리가 한 나라에서 다른 나라로 옮겨졌다고 가르치셨다(골 1:13-14 참조). 이와 같이 옮기는 과정에서 가장 중요한 부분은 누가 우리의 '가족'이 되어야 하는지를 깨닫는 것이다. 따라서 애초에 배웠던 관계의 규칙들을 버리고 인간관계에 대한 하나님의 방법을 배울 필요가 있다.

우리가 이와 같은 변화를 시작할 때 주변 사람이나 친구들, 심지어 가족들과도 갈등을 빚게 될 수 있다. 성경은 여러 곳에서 그러한 갈등에 대해 말하고 있다.

> 내가 세상에 화평을 주러 온 줄로 생각지 말라 화평이 아니요 검을 주러 왔노라 내가 온 것은 사람이 그 아버지와, 딸이 어머니와, 며느리가 시어머니와 불화하게 하려 함이니 사람의 원수가 자기 집안 식구리라 아버지나 어머니를 나보다 더 사랑하는 자는 내게 합당하지 아니하고 아들이나 딸을 나보다 더 사랑하는

자도 내게 합당하지 아니하며(마 10:34~37).

이 말을 온전히 이해하기는 어렵지만, 분명한 것은 하나님의 사랑의 길을 따르지 않는 친지들을 버려도 된다는 의미는 아니라는 것이다. 우리는 원수를 사랑해야 하며, 우리를 박해하는 자를 위해서도 기도해야 한다(마 5:44 참조). 하지만 사랑의 중요성을 믿지 않는 사람들은 우리 영혼의 적으로 보아야만 한다. 사랑을 거절하는 자는 곧 하나님의 길을 거부하는 자이기 때문이다.

우리는 하나님의 형상으로부터 멀어지게 만드는 사람들이 아니라, 하나님의 형상으로 이끄는 사람을 찾아야 한다. 다윗은 시편에서 다음과 같이 기도했다.

> 내 눈이 이 땅의 충성된 자를 살펴 나와 함께 살게 하리니 완전한 길에 행하는 자가 나를 따르리로다 거짓을 행하는 자는 내 집 안에 거주하지 못하며 거짓말하는 자는 내 목전에 서지 못하리로다(시 101:6~7).

그러므로 우리의 인간관계를 살펴서, 그들이 하나님의 형상대로 성장하는 것을 돕는 사람들인지를 점검해야 한다. 그렇게 되면 주님의 길로 행하는 사람들을 향해 우리의 마음을 훨씬 열 수 있을 것이다.

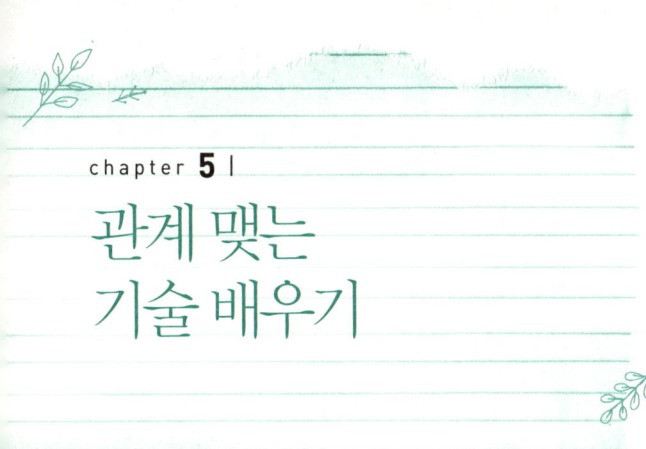

chapter 5

관계 맺는 기술 배우기

건강한 정서적 유대감을 갖는다는 것은 식물이 물을 흡수하는 것처럼 자연스러운 일이다. 하지만 우리는 에덴동산에 살고 있는 식물이 아니다. 그렇기 때문에 열매를 맺기 위해서는 아주 신중하게 돌볼 필요가 있다. 1년도 넘게 열매를 맺지 못하는 무화과나무가 열매를 맺게 하기 위해 농부가 '두루 파고 거름을 줄' 계획을 세웠듯 말이다.

성장하는 과정에서 맺었어야 할 유대감을 성인이 되어 새롭게 시작하려면 상당한 양의 은혜와 진리와 시간이 필요하다. 치유를 위한 변화에 도움이 될 유용한 관계의 수칙들을 아래에 소개한다.

건강한 유대감을 맺기 위한 수칙

필요를 깨달으라

많은 사람들이 자신의 문제가 유대감 형성과 애착의 결핍에서 비롯된다는 사실을 모른다. 가족 간의 친밀감을 가치 있게 여기지 않는 가정에서 자란 사람들도 있고, 과거 인간관계에서 받은 상처 때문에 유대감 맺는 법을 한순간 잊어버린 경우도 있다. 따라서 가장 먼저 해야 할 일은 유대감 형성이 얼마나 중요한가를 깨닫고 인정하는 것이다.

성경을 주의 깊게 읽어 보면 하나님께서 인간관계를 얼마나 가치 있게 여기시는지를 알 수 있다. 바울은 "너희는 그리스도의 몸이요 지체의 각 부분이라"(고전 12:27)라고 말했다. 몸의 일부인 우리가 몸에서 절단된 상태로 생명을 유지할 수는 없는 법이다. "만일 한 지체가 고통을 받으면 모든 지체가 함께 고통을 받"게 되는 것이다(고전 12:26).

다른 사람들에게 다가서라

다른 사람들이 우리에게 먼저 다가와 관심을 보인다면 그처럼 좋은 일이 없다. 실제로 하나님께서는 그렇게 하신다. 하지만 사람들은 우리의 필요를 알지 못하고, 우리가 정서적으로 얼마나 외로운지 알 수 없다. 그렇기 때문에 최선을 다해 우리가 다른 사람에게 먼저 다가가고 도움을 청해야 한다.

연약함을 드러내라

당신이 먼저 다른 사람들에게 다가서고 관계를 맺고 유대감을 형성한다 해도 여전히 외로움과 고립감을 느낄 수 있다. 당신의 고립은 진정한 자아를 타인에게 보여 주지 못하는 데서 초래된다. 개방적이 되는 법을 배우라. 개방적이 된다는 말은 '비판이나 공격에 마음을 연다'는 뜻이다.

겸손함과 연약함은 좀 더 깊은 차원에서 유대감을 맺기 위해 반드시 필요한 요소들이다. 물론 남들에게 자신의 연약함을 드러낸다는 것이 처음에는 위협적으로 여겨질 것이다. 그런 까닭에 처음에는 목회자나 상담가, 혹은 지지 집단에서부터 시작해야 한다. 연약함을 드러내는 일은 사랑이 뿌리를 내리도록 마음을 여는 기술이다. 당신이 다른 사람들의 지지와 도움이 필요하다는 사실을 인정하고 자신의 상처와 고립감을 노출할 수 있을 때 말 그대로 성품과 삶을 바꾸는 힘이 작동하는 것이다.

왜곡된 생각에 도전하라

왜곡된 생각은 다른 사람과의 유대 관계를 막고 과거의 일을 반복하게 만든다. 당신을 꼼짝 못하게 얽매고 있는 왜곡된 생각에 도전하라. 당신의 과거는 미래에 직접적인 영향을 준다. 그래서 왜곡된 생각에 도전하지 않으면, 어린 시절에 썼던 안경으로 쭉 세상을 바라보게 되는 것과 같은 일이 벌어진다.

주님께서는 우리에게 진리를 드러내 주시겠다고 약속하셨다. 당신에게 있는 삐뚤어지고 왜곡된 생각들을 구체적으로 보여 달라고 주님께 기도하라.

한편으로 왜곡된 생각은 관계 속에서 학습된 것이므로 관계를 통해서만 다시 배울 수 있다. 따라서 과거에 잘못 배운 것을 되돌리기 위해서는 새로운 관계가 필요하다. 그 새로운 관계를 통해서만 참 자아가 은혜와 진리 가운데 연결될 수 있고 변화될 수 있다.

위험을 감수하라

새로운 관계의 기술을 배우려면 위험을 감수해야 한다. 예수님의 초청에 귀를 기울이라. "볼지어다 내가 문 밖에 서서 두드리노니 누구든지 내 음성을 듣고 문을 열면 내가 그에게로 들어가 그로 더불어 먹고 그는 나로 더불어 먹으리라"(계 3:20). 당신은 그 음성을 듣고 문을 열 책임이 있다. 위험 부담을 전혀 지지 않으려 한다면 문을 계속 닫게 되고 애착의 유대감은 형성될 수 없다. 다른 사람들과의 관계를 소중하게 여기는 모험을 해 보라. 모험을 감행해서 상처를 받을 수도 있다. 물론 어려운 일이지만 반드시 해야 하는 일이다.

의존적인 감정을 허용하라

당신의 고립된 마음을 누군가가 들여다보도록 허락할 때, 당신의 부족함이 드러나며 상대방에게 기대고 싶은 의존적 감정들이 떠오를 것이다. 그러한 감정은 마음이 부드러워지기 시작했다는 증거이다. 물론 불편하기는 하겠지만 그것이 강한 유대감을 맺도록 해 주는 열쇠이다. 이를 악물고 버틸 필요가 없다. 자신을 열어 보임으로써 남들에게 자신의 연약하고 도움이 필요한 부분을 볼 수 있도록 허락하면 더 견고하고 깊은 유대감을 맺을 수 있을 것이다.

자신의 방어기제들이 무엇인지 파악하라

유대감을 맺지 못하도록 막고 있는 자신만의 고유 방어기제들이 무엇인지 파악하라. 익숙한 옛날의 습관들을 파악하면 그것이 어떻게 작용하는지 집어낼 수 있으며, 또한 그것에 책임을 질 수 있다. 우리는 스스로에게 이렇게 말할 수 있어야 한다. "저런, 또 시작이네. 나한테 사랑을 베푸는 사람을 무시하고 있잖아. 이번에는 노력해서 잘 받아들이도록 해야겠어."

자신의 성장에 스스로 책임을 져야 한다는 사실을 기억하라! 당신의 옛 행동 방식에 도전하고, 방어기제들과 싸워 이길 수 있는 힘을 달라고 성령께 간구하라.

분노에 편안해지라

사람들은 종종 사랑하는 사람에게 화를 내게 될까 두려워 애착의 관계를 피한다. 그러나 당신이 사랑하고 필요로 하는 사람에게 분노를 느끼는 것은 자연스러운 일이다. 당신이 '좋은' 사람들에게 분노하는 것을 편안하게 느낄수록, 그런 감정을 다른 사람들과의 관계에 더 잘 통합시킬 수 있게 되고 관계를 망치지 않을 수 있다. 분노하는 자아는 다른 사람들과 연결되지 않은 채 홀로 있는 상태를 선호하게 만든다. 그래서 사람들은 자신의 그런 성격 때문에 남들에게 사랑받지 못하는 것이라고 믿곤 한다.

기도하고 묵상하라

시편 139편 23~24절에서 다윗은 자신이 누구인지를 가장 깊은 차원에서 밝혀 달라고 하나님께 간구했다.

> 하나님이여 나를 살피사 내 마음을 아시며
> 나를 시험하사 내 뜻을 아옵소서
> 내게 무슨 악한 행위가 있나 보시고
> 나를 영원한 길로 인도하소서.

다윗과 함께 이 기도를 하라. 그러면 하나님께서 당신 마음의 진정한 상태를 밝혀 주실 것이다. 하나님께 당신의 헝클어진 마음을 풀어 달라고 간구하라. 한결같으신 하나님은 그분의 목적대로 당신을 끈기 있게 이끌어 주실 것이다.

공감하라

공감이란 다른 사람의 정서, 생각, 느낌을 나눠 가질 수 있는 능력이다. 다른 사람들의 필요에 공감하고 그들의 상처에 공감대를 형성하면 우리의 마음이 부드럽게 변한다. 마음이 굳은 사람들은 다른 사람의 상처를 가까이할 때

딱딱한 마음이 녹는 것을 느끼게 된다. 자신의 상처와 외로움을 더 잘 이해하기 위해서는, 문제를 겪고 아파하는 사람들과 공감하는 것이 중요하다.

성령에 의존하라

성령님께서는 당신이 옛날 방식의 얽매임에서 벗어나 변화할 수 있도록 능력을 더해 주신다. 첫걸음을 뗄 수 있는 용기를 달라고 성령님께 간구하라.

옛 습관대로 방어벽을 치고서 도망갈 것인가, 아니면 새로운 방법을 시도하는 모험을 택한 것인가 하는 갈림길에 놓일 때마다 도움을 구하라. 결코 혼자서는 해결할 수 없다. 자신의 무력함을 고백하고 성령님께서 도와주시기를 간구해야 한다. 변화를 통해 치유될 수 있도록 성령님을 의지하라.

긍정하라

다른 사람들과, 그리고 하나님과 유대 관계를 맺는다는 것은 삶에 '예' 라고 말하는 것이다. 그러나 고립감으로 고통 받는 사람들은 관계의 초청에 늘 '아니요' 라고 답한다.

방어기제 속에 숨는 것도, 친밀함을 회피하는 것도, 핑계를 대거나 변명하는 것도 모두 '아니요' 라고 말하는 일이다. 사귐은 사랑의 초청에 '예' 라고 말할 때 가능해진다. 이는 사람들이 함께 어울리자고 할 때 뒤로 물러서지 말고 받아들이라는 의미이다. 누군가가 "요즘 어떻게 지내세요?"라고 물었을 때 판에 박힌 안전한 대답이 아닌, 솔직한 대답을 하는 것을 의미할 수도 있다. 혹은 다른 사람들의 상처에 참여하고 공감하라는 뜻이기도 하다. 그 기회가 어떤 모습으로 찾아오든, 관계로의 초청에 '예'라고 답하라.

조앤의 뒷이야기

3장에서 소개했던 조앤을 기억하는가? 그녀는 많은 친구들이 곁에 있었지만 고립되었고 지독한 우울증에 사로잡혀 급기야 자살 시도를 했다. 조앤이 병원에 입원한 첫 주는 아주 시끌벅적했다. 그녀는 친해져 보려고 시도하는 직원들과 매일 싸웠다. 자기 병실에만 꽁꽁 숨어 있었고, 혹시 병실에서 나오더라도 자신의 문제에 대해서는 굳게 입을 다물었다.

하지만 병원에 있는 다른 환자들의 고통을 지켜보면서 서서히 사람들이 자신에게 다가오는 것을 허용하기 시작했다. 처음에는 자신이 삶에서 중요하게 여기는 좋은 부분들, 즉 재치 있고 매력적인 모습, 좋은 성격, 지적인 면 등 겉으로 드러나는 부분만을 내보였다. 그러다가 시간이 흐르면서 몇몇 신뢰할 만한 사람들에게 마음을 열었고 드디어 자신의 이야기를 하기 시작했다.

엄격한 기독교 가정에서 성장한 조앤은 옳고 그름에 대해 아주 분명해야 한다는 교육을 받았다. 하지만 정서적으로는 부모님과 깊은 애착 관계를 맺지 못했다. "난 엄마를 한 번도 사랑한 적이 없어요"라고 그녀는 말했다.

"엄마는 늘 너무 소극적이었어요. 아버지는, 글쎄요. 아빠는 항상 내가 '착한 딸'인지 아닌지에만 관심이 있었어요." 그 결과 조앤은 모든 규칙을 따르면서 부모가 시키는 대로 하고 올곧은 딸로 성장했다. 하지만 내면은 공허함만을 느끼고 있었다.

"데이브를 처음 만났을 때, 그 사람은 아주 똑똑하고 촉망받는 신학생이었어요. 우리는 젊은 나이에 결혼했고 그는 내 인생의 전부였습니다. 처음에는 그랬어요. 그러다 남편이 얼마나 완벽주의자인지를 알게 되었죠. 남편은 아주 열정적이었고 우린 함께 성공적인 사역을 감당했어요. 하지만 남편과 함께 있을 때도 난 늘 혼자인 것처럼 느꼈어요."

조앤은 다른 사람들에게, 심지어 남편에게조차 자신의 필요를 드러내지 않았다. 어린 시절부터 가족을 통해 자신의 필요를 무시하고 그 필요를 억누르고 포장하라고 배웠던 것이다. 그녀는 결혼 생활에서도, 친구 관계에서도 그와 같은 방식으로 살아왔다.

병원에서 조앤은 생전 처음으로 자신의 마음을 열기 시작했다. 자신의 고통을 털어놓고 울기도 했다. 그렇게 연약함을 드러냈는데도 사람들이 여전히 자신을 사랑해 준다는 사실에 그녀는 깜짝 놀랐다.

조앤은 다른 사람들이 자신의 삶에 개입하는 것을 서서히 허용했다. 연약한 상태에 처할 때도 자신의 힘은 사라지지 않는다는 것을 깨닫고 다른 동료들에게 도움을 받기 위해 다가갔다. 오랜 친구들에게 병문안을 와 달라고 청하기도 했다.

한편으로는 자신의 결혼 생활을 점검해 보았다. 그동안 서로 다른 환경과 두려움 때문에 놓쳐 버렸던 친밀한 관계를 회복하기 위해 남편과 함께 열심히 노력했다. 많은 시간과 노력 끝에 두 사람은 서로 존중하고 나누며, 서로의 연약함을 정직하게 인정하는 개방성을 바탕으로 새롭고 친밀한 관계를 형성할 수 있었다.

시간이 흘러 조앤의 우울 증세는 모두 사라졌다. 이제는 살아야 할 이유들을 볼 수 있게 되었다. 삶의 의미와 소망은 다른 사람들과의 관계에서 생겨난다는 것을 알게 되었다. 또한 처음으로 하나님, 남편, 가족, 그리고 친구들의 사랑을 깊이 체험했다. 친밀함과 깊은 유대 관계를 형성하기 위해 계속해서 노력한 끝에, 병원 생활을 마치고 퇴원한 지 몇 년이 지난 지금까지도 조앤은 아주 잘 지내고 있다.

조앤의 싸움은 결코 쉬운 것이 아니었다. 마치 난치병 환자처럼, 문자 그대로 생명을 건 싸움을 해야만 했다. 먼 훗날 그녀가 주님을 만나면 자신이 사랑을 얻기 위한 '선한 싸움'을 했고, 타락과 가정환경으로 잃어버렸던 '하나님의 형상'을 회복할 수 있었다고 자랑스럽게 얘기할 수 있을 것이다. 그때까지 그녀와 가족들은 사랑에 뿌리내린 삶을 누리게 될 것이다.

조앤은 더 이상 지옥과 같은 고립된 상태 속에 살지 않는다. 대신 친밀하고 사랑이 넘치는 관계, 예수님께서 우리에게 약속하신 바로 그 '지상 천국'에서 살고 있다.

3부
무너진 경계선을 바로 잡아라

chapter 6
주변에 휘둘리는 지나치게 좋은 사람

15년 전 스티븐은 하나님과 사람들을 섬기는 사역을 열정적으로 시작했다. 아내도 그의 비전과 사역에 동참했다. 그의 생각에, 둘이 함께라면 아주 멋진 결혼생활과 사역을 감당할 수 있을 것만 같았다. 하지만 삶은 계획대로 돌아가지 않았다. 그는 탈진해 버렸다. 상담실을 찾아온 그는 피곤함과 가벼운 우울증, 의욕 부진, 불안감 등의 증상과, 모든 것을 '때려치우고' 도망가고 싶은 환상에 시달린다고 말했다.

"이전에도 문제야 있었죠." 스티븐이 말했다. "도대체 왜 항상 이런 문제가 생기는 건지 모르겠어요."

대화를 계속하면서 내 앞에 있는 이 사람은 사랑이 넘치고 동정심이 많은 사람, 타인과의 관계가 무척이나 좋은 사람이라는 것을 알 수 있었다. 사실 어쩌면 그는 '지나치게' 좋은 사람인지도 몰랐다. 심성이 고운 그는 어려움에 처한 사람을 도와주지 않고는 견딜 수 없었다. 누가 찾아오든, 하던 일이 무엇이었든, 일단 멈추고 상대방을 도와주는 사람이었다.

하지만 그 결과 그의 다른 사역은 어려움을 겪었다. 예산이나 보고서의 마감 날짜를 제대로 지키지 못했고, 회의 시간에도 늦었으며, 자신이 한 약속도 잊어버렸다. 게다가 그는 혼자서 너무 많은 일을 맡고 있었다. 그의 일정은 빈틈없이 꽉 채워져 있었지만 자신이 좋아하는 일을 위해서는 아무런 시간도 배정하지 않았다. 어느덧 스티븐은 마땅한 대우와 인정을 해 주지 않으면서 너무 많은 것을 요구하는 교회에 원망이 쌓이기 시작했다.

한편 교회 측에서는 오히려 스티븐에게 의혹을 품기 시작했다. 항상 보고서가 늦고 모임이 지연되자 사람들은 지쳤다. 스티븐에게 분명 좋은 자질이 있지만 무책임한 면을 덮고 넘어갈 수는 없다는 회의감이 든 것이다.

사역의 실패보다 더 충격적인 것은 휘청거리는 결혼 생활이었다. 아내는 약속한 일은 끝까지 지키라고 잔소리를 퍼부었다. 몇 주 동안 그는 정원을 돌보지 않고 방치해 두었다. 은행에서는 연체 경고장이 날아왔고 신용 등급도 떨어졌다.

스티븐은 언제나 자신이 아내에게 양보한다고 느꼈다. 두 사람이 어디를 가든, 무엇을 하든, 그는 아내가 하고 싶어 하는 일에 기꺼이 동의했다. 때로는 아내가 일방적이라는 생각도 들었지만, 아내의 의견을 무시하는 것은 이기적인 행동이라는 생각이 들었다. 그래서 아내와 교회가 요구하는 것은 무엇이든 해야만 한다고 생각했다. 그들의 요구를 거절하고 나면 끔찍한 죄의식에 시달리기 때문이었다.

스티븐은 자신의 입장을 다 설명하고 나서는, 변명하듯 어깨를 으쓱 올리며 이렇게 말했다. "사실 여기까지 오고 싶지 않았어요. 나는 사람들을 돕는 사람이지, 도움을 받고 상담을 받는 내담자가 되어서는 안 되지요." 그러고는 한숨을 쉬었다. "난 항상 진짜 좋은 의도로 시작했어요. 그런데 왜 끝은 이렇게 엉망이 되는 걸까요?"

스티븐은 다른 사람들이 그를 통제하려 할 때 적극적으로 막거나 제한을 두지 않았고, 개인적인 경계와 공간에 대한 인식도 없었다.

경계란 넓은 의미에서 제한, 한계, 경계를 표시하려고 긋는 선을 뜻한다. 그리고 심리학적으로는 타인과 분리된 자기 인식을 의미한다.* 이와 같은 분리 의식은 한 개인의 정체성의 근본을 형성한다. 우리인 것과 우리가 아닌 것, 우리가 선택할 것과 선택하지 않을 것, 참을 것과 참지 말아야 할 것, 원하는 것과 원하지 않는 것이 무엇인지를 말해 주는 것이 바로 경계다. 땅이 어디서 시작되어 어디서 끝나는지를 설정하는 물리적 경계선과 마찬가지로, 심리적이고 영적인 경계선은 우리가 누구인지를 규정하는 것이다.

스티븐은 삶 속에서 분명한 경계가 없었기에 수많은 문제에 봉착했다. 자신이 하고 싶은 일과 다른 사람들이 요구하는 일 사이에서 올바른 선택을 할 수가 없었다. 항상 남을 도와야 한다는 강한 책임감과 의무감 때문에 오히려 자신의 삶을 책임질 수 없었다. 그래서 혼란과 원망, 두려움, 우울증에 빠졌던 것이다. 그의 삶은 통제 불능이었다.

스티븐만 그런 것이 아니다. 많은 사람들이 자신의 경계를 발견하고 세우고 지키는 일을 잘하지 못해 고생한다. 자신이 어디까지 책임을 져야 하는지, 또 어디에서부터 다른 사람이 시작해야 하는지를 모르면 결국 타인과 진정한 친밀함을 나누지 못하게 된다.

경계가 없어 겪을 수 있는 가장 파괴적인 문제는 신체적으로나 정서적으로 사람들에게 이용당할 수 있다는 것이다. 이럴 때는 다른 사람에게 반복적으로 통제당하거나 상처를 받기도 한다. 배우자에게 심한 폭행을 당하는 경우에도, 상대방이 휘두르는 폭력을 제한하지 못해서 극단적인 결과로 치닫는 일이 생기곤 한다.

유대감과 마찬가지로 하나님께서는 그분의 형상을 따라 우리가 경계를 세울 수 있도록 창조하셨다. 앞으로 자세히 살펴보겠지만, 하나님은 무너진 경계선을 바로잡거나 새로운 경계선을 수립할 수 있는 구체적인 방법 또한 제시하셨다. 하나님을 믿으라. 그분께서 당신의 손상된 경계와 의지를 다시 세워 주실 것이다.

경계가 없을 때

"어머니한테 추수감사절 연휴에 집에 가고 싶지 않다고 말씀드리지 그래요? 연휴에 친구들과 휴가를 보낸다고 누가 뭐라고 할 나이도 아니잖아요? 서른 살이나 먹었는데요." 내가 말했다.

"하지만 엄마가 무척 화내실 거예요." 샌디가 대답했다. "절대로 그럴 수 없어요. 엄마한테 그러는 건 못된 짓이에요."

"그러면 당신은 어머니를 행복하게 할 능력이 있다고 생각하나요?"

"글쎄요, 그렇겠죠. 엄마가 원하는 것을 해 드리기만 하면 엄마를 행복하게 할 수 있으니까요."

"당신은 아주 대단한 힘을 가지고 있군요. 그런 힘을 가지고 있다는 건 놀라운 일인데요. 그런데 당신에게 만약 그런 힘이 있다면 어째서 자신을 행복하게 만들지는 못하는 거죠?"

"그 대답은 나도 몰라요. 그래서 여기 왔잖아요. 선생님께서 제가 기분이 좋아질 수 있는 방법을 가르쳐주시겠지요."

"어머니를 기쁘게 만드는 대신 당신의 기분이 나빠지는 거로군요. 그래서 여기에 오셨고요. 그래요, 내가 당신을 기분 좋게 해 드리지요. 그런데, 내가 당신을 기분 좋게 해 줬는데, 만약 그것 때문에 내 기분이 나빠지면 어쩌지요?" 내가 물었다. "그땐 내가 당신 대신 당신의 어머니에게 전화를 걸면 어머니가 내 기분을 좋게 해 줄 수도 있겠네요."

"말도 안 돼요." 샌디가 말했다.

"우리 엄마가 어떻게 선생님을 기분 좋게 할 수 있죠?"

"그야 모르지요! 그렇지만 모든 사람이 다른 사람의 기분에 책임을 져야 한다면 어머니도 그 방법을 찾아내려고 애쓰시겠지요."

누군가의 감정에 책임을 져야 한다는 생각 때문에 자신의 감정은 돌보지 않는다면 그 사람의 삶은 어떻게 될까. 샌디의 상황을 자세히 살펴보면 근본적인 문제가 보인다. 샌디는 자신의 책임이 어디까지이며 어머니의 책임은 어디서부터인지를 제대로 구분하지 못하고 있다. 다시 말해 어머니의 삶과 분리되지 못한 삶을 살고 있는 것이다. 그것이 바로 경계의 핵심이다. 내 선은 어디에서 끝이 나며, 다른 사람은 어디에서부터 시작해야 하는 것일까?

성경이 말하는 경계의 기초

앞 장의 마지막 부분에서는 타인의 초대에 '예' 라고 답하는 것이 우리 인생에서 가장 중요하다는 이야기를 했다. 하지만 다른 사람들과 애착 관계를 맺으면서도 여전히 한 개인으로 남아 있으려면 어떻게 해야 할까? 어떻게 우리 자신과 다른 사람을 경계 지을 수 있을까? 어떻게 다른 사람과의 강한 유대 안에서 자신만의 진로를 결정하며, 또한 그것이 스스로 선택한 것임을 알 수 있을까? 나와 깊은 유대 관계에 있는 사람과 의견이 맞지 않을 때는 어떻게 해야 할까? 내가 사랑하는 사람이 내게 더 이상 상처 주지 않았으면 하는 마음이 들 때는 어떻게 해야 할까? 혹은 친구나 배우자로부터 떨어져 있는 시간을 갖기 원한다면 어떤 일이 벌어질까?

상당히 복잡하게 들린다. 그렇다, 매우 복잡하다.

그러나 이것은 하나님의 형상대로 성장하기 위한 두 번째 발달과제이다. 바로 다른 사람과의 관계 속에서 경계를 세우고 독립심을 갖는 것 말이다.

하나님은 관계의 하나님이시다. 성부, 성자, 성령님은 언제나 연결되어 있다. 이 세 분은 영원히 하나이시다. 그러한 하나 됨이 하나님의 가장 기본적인 속성이기도 하지만, 동시에 그 안에는 다양함이 존재한다. 성부, 성자, 성령은 분명히 구별된 별개의 인격이시다. 그 세 분은 각각의 정체성을 잃어버릴 만큼 융합된 상태로 존재하시지 않는다. 저마다 자신들 안에 자체적인 경계선을 가지고 있으시며 자신만의 독특한 재능, 책임, 의지, 성격을 보여 주신다. 세 분의 하나님은 각각 다른 장소에 동시에 존재하실 수 있으며, 관계성을 잃어버리지 않고도 각자 서로 다른 일을 하실 수 있다.

또한 하나님은 피조물과도 분리되어 계시다. 하나님은 우리와 분리된 인격이시다. 우리와 관계를 맺으실 수는 있지만 하나님이 우리는 아니며, 우리도 하나님이 될 수 없다. 하나님의 뜻이 우리의 뜻과 분리되어 있으며, 하나님과 우리는 별개의 정체성을 가진 다른 인격이기 때문에 진정한 관계가 가능한 것이다.

마찬가지로 하나님의 형상대로 창조된 우리들 역시 서로에게서 독립된 존재이다. 우리는 분명히 저마다 다른 인격, 의지, 책임을 가진다. 우리는 자신의 정체성과 독립성을 잃어버리지 않으면서 타인과 연결되어야 한다. 바로 이 점에서 '하나님과 같이' 되어야 하는 것이다. 그래서 '너를 잃지 않고 내가 되는' 기술이 필요하다.

그러나 우리의 연합이 타락으로 인해 손상된 것처럼, 다른 사람들과의 관계 속에서 우리의 분리감, 경계, 책임도 손상되었다. 우리는 인간관계에서 자신의 역할을 어디에서 끝내고 상대방의 역할은 어디에서부터 허용해야 하는가를 구분하지 못하고 혼란스러워한다. 타인의 의지에 얽매이지 않은 채 자신의 의지를 세우고 지키는 것 또한 어려운 일이다.

우리는 다른 사람들이 말해 주는 우리 모습이 진짜 우리 모습과 어떻게 다른지 잘 모를 때가 많다. 문화를 떼어 놓고서는 우리가 무슨 생각을 하고 어떻게 느끼는 건지 파악하지 못하는 경우도 있다. 사람과 사람 사이, 그리고 우리와 이 세상 사이의 경계선이 희미해진 것이다.

성경에서 하나님은 거듭 경계를 강조하신다. 끊임없이 당신이 누구이시며 어떤 분이신지, 당신이 어떤 분이 아니신지, 무엇을 사랑하며 무엇을 미워하시는지를 말씀하심으로 자신에 대한 정의를 친히 내리고 계신다. 다음은 하나님께서 스스로 어떤 분인지를 정의 내리신 내용이다.

> 나는 네 방패요(창 15:1).
>
> 나는 전능한 하나님이라(창 17:1).
>
> 나는 여호와라(출 6:6).
>
> 나 네 하나님 여호와는 질투하는 하나님인즉(출 20:5).
>
> 나는 자비로운 자임이니라(출 22:27).
>
> 내가 거룩하니(레 11:44).
>
> 나는 처음이요 또 나는 마지막이라(사 48:12).
>
> 나 여호와는 네 구원자, 네 구속자, 야곱의 전능자인 줄 알리라(사 60:16).
>
> 나 여호와는 정의를 사랑하며(사 61:8).
>
> 나는 긍휼이 있는 자라(렘 3:12).

하나님의 속성과 감정, 생각은 셀 수 없이 여러 차례 3인칭으로 정의되어 있다.

> 여호와께서 공의로운 일을 행하시며 억압 당하는 모든 자를 위하여 심판하시는도다 그의 행위를 모세에게, 그의 행사를 이스라엘 자손에게 알리셨도다 여호와는 긍휼이 많으시고 은혜로우시며 노하기를 더디 하시고 인자하심이 풍부하시도다(시 103:6~8).

하나님의 속성과 능력, 감정, 생각, 행동, 의지가 하나님이 누구이신가를 결정한다. 그것들이 함께 모여서 하나님의 정체성을 형성하는 것이다. 때로 하나님은 부정적인 확인을 통해서도 자신에 대해 말씀하신다. 자신이 무엇을 싫어하시는지 알려 주심으로 자신이 아닌 것에 대해 말씀하시는 것이다.

> 여호와께서 미워하시는 것 곧 그의 마음에 싫어하시는 것이 예닐곱 가지이니 곧 교만한 눈과 거짓된 혀와 무죄한 자의 피를 흘리는 손과 악한 계교를 꾀하는 마음과 빨리 악으로 달려가는 발과 거짓을 말하는 망령된 증인과 및 형제 사이를 이간하는 자이니라(잠 6:16-19).

성경의 저자들이 밝힌, 주님께서 사랑하시는 것과 미워하시는 것을 통해서 우리는 하나님이 어떤 분이신가를 이해할 수 있다. 주님이 선택하시는 것과 의도하시는 것, 원하시는 것과 원치 않으시는 것, 그분이 생각하시는 것과 행하시는 것. 이 모든 것이 하나님이 어떤 분이신가에 대한 경계를 정해 준다. 우리도 자신을 정의할 때 이와 같이 할 수 있다. 다음은 우리가 누구인가를 설명할 수 있는 다양한 기준들이다.

태도

태도는 어떤 상황이나 사물에 대한 우리의 견해나 입장을 의미한다. 성경을 보면 다양한 사건과 상황을 놓고 하나님께서 자신의 태도와 신념에 대해 정의 내리시는 것을 확인할 수 있다. 일례로 십계명을 읽다 보면 하나님께서 어떤 특정한 문제에 얼마나 결연한 태도를 취하시는지 알게 된다. 인생과 선과 악에 대한 하나님의 태도는 그렇게도 분명하시다.

　우리의 태도는 우리의 '소유'에 속하는 것이기에 우리 스스로 책임을 져야 한다. 그것은 다른 사람이 아닌 바로 우리의 마음속에 있으며 우리가 선택하는 것이다. 하나님께서는 우리 삶을 지배하는 태도와 신념을 관찰하고 스스로 책임을 져야 한다고 거듭 말씀하신다. 그것들이 우리 성품의 기본적인 구조를 형성한다.

　하나님은 우리의 태도나 신념이 하나님의 것과 일치할 때 우리의 길이 형통하리라고 하셨다. "이 율법책을 네 입에서 떠나지 말게 하며 주야로 그것을 묵상하여 그 안에 기록된 대로 다 지켜 행하라 그리하면 네 길이 평탄하게 될 것이며 네가 형통하리라"(수 1:8). 하나님의 방식은 우리를 고통과 아픔에서 벗어나게 하기에 우리는 하나님의 태도를 신뢰할 수 있다. 이를 바탕으로 우리가 스스로의 태도에 책임을 질 때, 우리가 원하는 것들을 우리의 소유권 안에 둘 수 있게 된다.

　샌디라는 여인은 '모든 사람은 반드시 내가 원하는 대로 움직여야 한다. 모든 일은 내 뜻대로 돼야 한다'는 어머니의 태도에 책임을 지려 했다. 어머니의 뜻대로 일이 되지 않아 어머니가 화가 날 때면 샌디는 어머니의 분노에 책임감을 느꼈다. 경계가 엄청나게 혼란스러운 상태였던 것이다.

　샌디 어머니의 분노는 샌디의 행동 때문이 아니라 어머니 자신의 태도 때문에 생긴 것이다. 어머니의 위치는 샌디의 삶의 영역 밖에 있으므로 샌디의 통제와 책임 밖의 일이다. 자신이 아닌 타인의 분노와 태도에 책임을 지려 한 것이 샌디를 속박해 버렸다. 그녀는 어머니를 행복하게 해 주려고 애쓰는 동시에 어머니의 상태를 통제하려 노력했던 것이다.

그러면서 샌디는 정작 자신은 책임지지 못하고 있었다. 그녀가 변화시킬 책임이 있는 대상은 그녀뿐이다. 자신이 통제할 수 없는 대상을 책임지려 했기에 스스로 유능하다고 느끼는 동시에 무기력감을 느꼈던 것이다. 우리의 태도와 신념은 어느 누구도 아닌 우리 자신의 책임이며, 마찬가지로 다른 사람의 태도와 신념은 바로 그들 자신의 책임이다.

감정

우리의 정체성을 드러내는 또 다른 영역은 우리가 느끼는 감정이다. 기쁨이나 고통을 느끼는 우리의 신체적 감정이나 정서적 감정은 모두 우리의 것이며, 우리는 여기에 책임이 있다.

감정은 우리의 상태를 알려 준다. 우리가 어떻게 지내고 있으며, 우리에게 중요한 것이 무엇이며, 어떤 변화가 필요하고, 무엇이 잘되고 있으며 또한 무엇이 잘못되고 있는가를 감정은 말해 준다.

자신의 감정을 인정하지 않고 책임지지 않는 행동은 우리 자신에게나 타인에게 파괴적인 영향을 미친다. 다윗은 감정에 둔한 것이 얼마나 위험한가를 다음과 같이 표현했다. "그들의 마음은 기름에 잠겼으며(『NASB 성경 New American Standard Bible』에는 '저희가 무감각한 마음을 닫고' 라고 번역 되어 있다-역주) 그들의 입은 교만하게 말하나이다"(시 17:10).

솔로몬 또한 잠언에서 자신의 분노와 증오심에 책임을 지지 않음으로써 부정직한 아첨꾼이 된 사람들을 다음과 같이 꼬집었다. "온유한 입술에 악한 마음은 낮은 은을 입힌 토기니라 원수는 입술로는 꾸미고 속으로는 속임을 품나니 그 말이 좋을지라도 믿지 말 것은 그 마음에 일곱 가지 가증한 것이 있음이니라 속임으로 그 감정을 감출지라도 그의 악이 회중 앞에 드러나리라"(잠 26:23~26).

예수님은 복음서에서 자신의 감정에 책임을 지라고 사람들에게 명령하심으로써 경계를 분명히 하셨다. 각기 다른 시간에 고용되어 똑같은 임금을 받았던 일꾼들의 이야기를 보라(마 20:1-5 참조). 제일 이른 시간에 고용된 사람들이 주인에게 화를 냈다. "나중 온 이 사람들은 한 시간밖에 일하지 아니하였거늘 그들을 종일 수고하며 더위를 견딘 우리와 같게 하였나이다."

그러나 예수께서는 그들에게 자신의 감정은 스스로 책임을 지라고 말씀하셨고, 주인이 자기 재산을 자기 마음대로 할 수 있다는 사실을 지적하셨다. "친구여 내가 네게 잘못한 것이 없노라 네가 나와 한 데나리온의 약속을 하지 아니 하였느냐 네 것이나 가지고 가라 나중 온 이 사람에게 너와 같이 주는 것이 내 뜻이니라 내 것을 가지고 내 뜻대로 할 것이 아니냐 내가 선하므로 네가 악하게 보느냐."

예수님은 지금 이런 말씀을 하시는 것이다. "네 분노는 네가 책임지고 나를 원망하지 마라. 너의 분노는 너의 시기심에서 나온 것이니 네가 다루어야 한다."

우리의 감정은 우리를 의로움과 동정심으로 이끌 수 있으며, 타인에게로 연결시키는 능력이 있다. 기쁨과 같은 감정은 우리에게 신체적, 정신적, 영적 평안을 가져다준다. 동시에 감정은 무엇인가 크게 잘못된 것이 있을 때 변화가 필요하다는 사실을 알려 주기도 한다. 이는 신체적인 통증이 암을 경고하는 것과도 같다. 만일 우리가 신체적 통증을 제대로 느끼지 못한다면 몸에 생긴 문제를 제때 고칠 수 없어 죽음에 이를 수도 있다. 우리의 감정도 마찬가지이다.

행동

우리의 책임과 경계 안에 속한 것들 중 우리의 정체성을 드러내는 또 다른 영역은 우리의 행동, 혹은 행동 방식이다. 하나님께서는 우리의 행위에 대해서도 스스로 책임을 지라고 요구하신다. 그렇게 하지 못할 때는 삶이 통제 불능이 되거나 무기력해진다. 우리가 행한 것, 혹은 행하지 않은 것에 책임을 지지 않으면 결코 원하는 삶의 지점으로 갈 수 없다.

이 진리를 지키지 않는 사람은 원인이 있으면 결과가 있다는 법칙을 무시하는 이들이다. '심은 대로 거둔다'는 법칙은 온 우주를 움직이는 가장 기본적인 원칙이다. 하나님은 질서 있는 우주를 만드셨다. 우리가 어떤 행동을 하면 그 결과로 어떤 특정한 일이 발생한다. 이 원리는 우리 자신과 우리의 삶을 통제해 주기 때문에 안전의 근간이 된다. 무책임한 사람들은 이 법칙을 싫어하며 이 때문에 큰 고난을 당하는 반면, 책임감 있는 사람은 그 법칙을 토대로 번성한다. 어떻게 그렇게 되는지 살펴보자.

> 스스로 속이지 말라 하나님은 업신여김을 받지 아니하시나니 사람이 무엇으로 심든지 그대로 거두리라 자기의 육체를 위하여 심는 자는 육체로부터 썩어질 것을 거두고 성령을 위하여 심는 자는 성령으로부터 영생을 거두리라(갈 6:7~8).

네 발의 행할 길을 평탄하게 하며 네 모든 길을 든든히 하라(잠 4:26).

손을 게으르게 놀리는 자는 가난하게 되고 손이 부지런한 자는 부하게 되느니라 (잠 10:4).

하나님께서는 신뢰할 만한 체계를 세워 놓으셨으며, 우리에게 삶을 가꾸어 나갈 권한을 부여하셨다. 만약 좋은 일이 생기길 원한다면 스스로 원인을 만들어야 한다. 건강을 지키려면 좋은 음식을 먹어야 하고, 대출금을 갚으려면 열심히 일해야 한다. 누군가와 좋은 관계를 맺기 원한다면 그 사람에게 미소를 지어 준다거나 다정하게 안아 줄 수 있어야 한다. 이처럼 자신의 행동을 책임진다는 것은 인간으로서 기본적인 능력을 갖추는 것이다.

한편으로 우리는 나쁜 일에도 스스로 원인을 제공할 수 있다. 차를 운전할 때 핸들을 제대로 조작하지 않으면 추돌 사고가 발생할 것이다. 공부를 전혀 하지 않는다면 퇴학을 당하고 좋은 직장을 얻지도 못할 것이다. 우리의 행복과 안위는 우리의 행동에 달려 있다. 심은 대로 거둔다는 법칙만 철저히 숙지한다면 고통을 예방하고 삶에서 만족을 얻을 수 있다.

이 우주의 법칙에 순응하는 사람들은 자신의 삶을 지배하고 통제하게 된다. 만약 무엇이 필요하다면 그 필요를 채울 행동을 한다. 기도하고, 일하고, 도움을 청하고, 운동을 하고, 친구를 사귀거나 하는 식으로 삶 속에서 열매를 맺을 수 있는 노력을 함으로써 결국은 원하는 것을 얻는다.

하지만 원인과 결과의 법칙에 순응하지 않는 사람들, 즉 자신의 행동과 그 결과에 책임지지 않는 사람들은 엄청난 무력감에 빠진다. 이들은 무책임함을 부추기는 사람들에게 기대면서 의존적인 태도를 지속한다. 자신의 능력으로 어떤 결과를 이루어 낼 수 있다는 자신감도 없다. 바울은 데살로니가후서 3장 10절에서 "누구든지 일하기 싫어하거든 먹지도 말게 하라"고 말했다. 좋은 행동에 기쁨이 따른다는 사실을 강조하는 이야기이다.

자기 행동의 주인이 되기, 이를 인정하고 인식하기, 즉 그것에 책임을 지는 일은 우리의 경계를 아는 데 꼭 필요하다. 우리가 명심해야 할 또 한 가지 중요한 사실은, 다른 사람들의 행동은 그들이 책임을 져야 한다는 것이다. 이 두 가지 원칙으로 수많은 문제가 해결된다. '누구누구 때문에 그렇게 할 수밖에 없었다'고 변명했던 아담과 하와의 전철을 밟지 말라. 인생길에서 거듭 넘어지고 흔들리게 될 것이다.

생각

하나님은 우리에게 생각할 수 있는 능력을 주셨고 우리 마음을 다해서 하나님을 사랑하라고 명령하셨다(막 12:30 참조). 마음을 다해 하나님을 사랑한다는 것은, 우리의 생각과 마음을 지키고 책임을 진다는 뜻이다. 자기가 무엇을 생각하는지를 생각하는 사람들은 그리 많지 않다. 주의 깊게 관찰하거나 의문을 제기하지 않은 채 생각을 그저 머릿속에 방치해 둔다.

그러나 하나님은 우리에게 적극적으로 생각하고 질문하도록 명령하신다. 바울은 고린도교인들에게 이렇게 말한다. "모든 이론을 무너뜨리며 하나님 아는 것을 대적하여 높아진 것을 다 무너뜨리고 모든 생각을 사로잡아 그리스도에게 복종하게 하니"(고후 10:4~5).

우리가 '모든 생각을 사로잡을 때' 그 생각에 책임을 지고 평가를 내리게 된다. 생각을 사로잡는다는 것은 억누르거나 부정하는 것이 아니다. 그 생각의 주인이 된다는 것이다. 우리는 우리 마음의 상태를 파악해야 하며, 다른 영역과 마찬가지로 생각 또한 계발해야 한다.

생각을 소유하고 책임지는 또 하나의 방법은 왜곡된 생각에 도전하는 것이다. 예를 들어 내가 당신을 한 번도 만난 적이 없는데 당신이 나를 해칠 것이라고 생각한다면, 그 생각이 내 삶에 주는 영향에 스스로 책임을 져야 한다. 내가 정말 위험에 처한 것인지, 아니면 피해망상증이 있는 것인지를 판단해야 하는 것이다. 만일 내 삶에 필요한 어떤 지식이 부족하다는 사실을 깨닫게 되면 그 부족함을 인정하고 채워야 한다.

그냥 스쳐 지나가는 생각도 점검이 필요한 잠재의식인 경우가 있다. 만일 죽음에 대한 꿈을 꾸거나 그런 생각이 든다면, 그 생각이 어디서부터 출발했는지 좀 더 자세히 살펴볼 필요가 있다. 또 다른 예로, 누군가에 대한 복수가 자꾸 떠오른다면 마음 상태를 조사해서 원인을 알아내야 할 것이다.

추측은 사람들과의 관계에 부정적인 영향을 미치는 사고방식이다. 많은 경우, 우리는 사실을 확인하지도 않은 채 어떤 추측을 하고 나서 그 결과에 대해서는 다른 사람을 비난한다. 우리는 자신의 그릇된 생각에 책임을 져야 하며 바르게 정정할 의무가 있다. 바울은 "사람의 일을 사람의 속에 있는 영 외에 누가 알리요"(고전 2:11)라고 말했다. 하나님 외에는 아무도 우리의 생각을 읽을 수 없다.

하나님께서는 인간의 존재 속에 저마다의 경계를 세워 놓으셨다. 우리가 다른 누군가의 생각에 책임을 지려 할 때는 그들의 경계를 침범하는 꼴이 되고 만다. 다른 사람이 우리의 생각에 책임져 주기를 기대하는 일 또한 마찬가지이다.

우리의 생각을 소유한다는 것은 정체성을 수립하는 데 매우 중요하다. 우리가 무엇을 생각하느냐가 우리가 누구인가를 말해 주는 매우 중요한 부분이기 때문이다. 자신의 생각과 의견을 다른 사람들과 차별화할 수 없다면 개인의 권리를 포기하는 일이나 마찬가지이며, 먼 훗날 하나님께서 우리에게 책임을 물으실 것이다.

어느 주일학교 교사가 초등학교 2학년 학생들에게 이렇게 질문했다. "나무에서 살며, 도토리를 먹고, 꼬리에 털이 있으며, 색깔은 갈색인 것은 무엇일까요?" 남녀 학생 아무도 손을 들지 않자 선생님은 똑같은 질문을 다시 했다. 드디어 한 소년이 손을 들었다. "그래, 존. 답이 뭐지?" 존은 잠시 우물쭈물하다가 대답했다. "제 생각에 답은 확실히 다람쥐 같은데요, 그래도 난 예수님이라고 할래요."

존처럼 많은 사람들이 어떤 상황에서는 어떤 식으로 생각해야 한다고 조건을 붙인다. 사람들은 자기 생각이 상황에 어울리지 않는다고 느껴질 때면 생각을 억누르곤 한다. 여기에서 중요한 것은 남들이 우리 생각에 동의하느냐 아니냐가 아니라, 우리가 남들과 독립된 생각을 하느냐 그렇지 않느냐 하는 것이다. 우리 자신만의 생각을 한다는 것은 곧 자유와 책임의 시작을 의미한다.

능력

재능과 능력은 우리의 정체성을 드러내는 또 다른 영역이다. 하나님께서는 각 사람에게 서로 다른 재능과 능력을 주셨으며 그것을 계발할 책임을 맡기셨다. 하지만 많은 사람들이 자신의 재능을 발굴하지 못하며, 또 어떤 사람들은 남들의 판단을 생각 없이 그냥 받아들인다. 자신의 은사를 부인하고, 다른 사람의 은사를 통한 대리 인생을 사는 격이다.

창의력과 예술성이 빼어난 십대 청소년이 있었다. 그 학생의 부모님은 둘 다 의사였는데, 아들이 자신들처럼 의사가 되어야 한다고 결정했다. 학생은 그 꼬리표를 떼어 버리려고 노력했지만 소용없었다. 결국 자신의 재능을 접고 의대에 진학했지만 여기에는 소질이 없었기에 의대 공부가 너무나 벅찼다. 청년은 의대 과정을 간신히 마친 후 레지던트 시절에 급기야 심각한 어려움에 부딪혔다.

그제야 청년은 부모에게서 분리되어 자신의 진정한 재능이 어디에 있는지 발견할 수 있었다. 그래서 부모의 기대를 떨치고 자신의 재능을 선택했다. 현재 그는 창의력을 발휘할 수 있는 예술계로 진출하여 성공을 거두었다. 이렇게 되기까지는 사랑하는 사람들에게서 분리되어 자기를 발견하는 어려운 과정을 통과해야만 했다.

타인을 무비판적으로 따른 결과 고유의 분리됨과 정체성을 잃어버릴 때, 우리는 진정한 자아를 상실하게 된다. 바울은 나와 남의 구별 없이 융합된 상태에 대해 다음과 같이 설명한다.

> 너희는 이 세대를 본받지 말고 오직 마음을 새롭게 함으로 변화를 받아 하나님의 선하시고 기뻐하시고 온전하신 뜻이 무엇인지 분별하도록 하라 내게 주신 은혜로 말미암아 너희 각 사람에게 말하노니 마땅히 생각할 그 이상의 생각을 품

지 말고 오직 하나님께서 각 사람에게 나누어 주신 믿음의 분량대로 지혜롭게 생각하라 우리가 한 몸에 많은 지체를 가졌으나 모든 지체가 같은 기능을 가진 것이 아니니 이와 같이 우리 많은 사람이 그리스도 안에서 한 몸이 되어 서로 지체가 되었느니라 우리에게 주신 은혜대로 받은 은사가 각각 다르니 혹 예언이면 믿음의 분수대로, 혹 섬기는 일이면 섬기는 일로, 혹 가르치는 자면 가르치는 일로, 혹 위로하는 자면 위로하는 일로, 구제하는 자는 성실함으로, 다스리는 자는 부지런함으로, 긍휼을 베푸는 자는 즐거움으로 할 것이니라(롬 12:2~8).

우리는 저마다의 정체성을 가진 서로 다른 사람들이다. 하나님이 지으신 원래의 우리 모습과 갈등하지 않으려면 다른 사람의 기대에 맞추어 살아서는 안 되며 진정한 자아를 따라야 한다.

베드로는 이에 관해 다음과 같이 강조했다. "각각 은사를 받은 대로 하나님의 여러 가지 은혜를 맡은 선한 청지기 같이 서로 봉사하라"(벧전 4:10). 또 예수님은 이렇게 말씀하셨다. "각각 그 재능대로 하나에게는 금 다섯 달란트를, 한 사람에게는 두 달란트를, 한 사람에게는 한 달란트를 주고 떠났더니"(마 25:15). 하나님께서는 우리를 모두 다르게 지으셨고, 우리에게는 자기만의 은사를 발견하여 계발할 책임이 있다.

욕구

각 사람은 서로 다른 욕망과 꿈, 목표와 계획, 배고픔과 목마름을 가지고 있다. 다른 것들과 마찬가지로 소원 역시 우리 자신의 영역에 분명히 포함된 우리의 것이다.

하나님께서는 우리에게 많은 욕구를 허락하셨으며, 우리가 스스로 선택하는 욕구들도 있다. 어떤 경우이건 욕구를 우리 것으로 만든다는 것은 좋은 것과 나쁜 것, 혹은 좋은 것과 더 좋은 것 사이에서 선택을 해야 한다는 의미이다.

우리의 욕구를 인정하지 않는다면 자신의 존재로부터 스스로를 쳐내는 격이다. 이렇게 되면 미래의 만족, 하나님과 타인에 대한 섬김, 삶의 동기, 하나님을 닮는 일까지 제한해 버리게 된다. 하나님은 그분의 뜻을 이루시기 위해서 우리의 욕구를 사용하실 뿐 아니라, 동시에 그것을 주신 분으로서 만족하고 기뻐하시기 원하신다. 하나님은 온 우주에서 가장 큰 것을 주실 수 있는 분이다. 그런데 자녀들이 스스로 무엇을 구해야 할지 깨닫지 못해 이들에게 좋은 것을 나누어 주실 수 없다면 얼마나 좌절감을 느낄지 한번 생각해 보라. 하나님은 우리에게 주실 선물을 잔뜩 쥐고도 주는 기쁨을 누리실 수 없게 되는 것이다.

우리가 우리의 욕구를 인정할 때만 하나님께서는 그것을 채워 주실지, 지연하실지, 혹은 우리가 포기하도록 설득하실지를 놓고 우리에게 도움이 될 만한 결정을 하실 수 있다. 그러기 위해서는 우리가 먼저 자신의 욕구를 낱낱이 고백해야 한다.

야고보는 우리 자신의 욕구에 대한 책임을 지지 않을 때 생기는 결과를 이렇게 열거했다. "너희는 욕심을 내어도 얻지 못하여 살인하며 시기하여도 능히 취하지 못하므로 다투고 싸우는도다 너희가 얻지 못함은 구하지 아니하기 때문이요 구하여도 받지 못함은 정욕으로 쓰려고 잘못 구하기 때문이라"

(약 4:2~3). 야고보는 말하기를 우리가 바라는 것이 이루어지지 않는 이유는 구하지 않았든지, 혹은 정욕으로 쓰려고 잘못 구했든지 둘 중의 하나라고 지적한다.

어떤 이들은 다른 사람의 재능을 부러워하면서도 자신도 재능을 계발할 기회를 달라고 하나님께 구하지 않는다. 구하지 않아서 받지 못하는 셈이다. 또한 무언가를 배우게 해 달라고 구하되, 그저 남들에게 과시하기 위해서 학위를 받고자 하는 사람들은 정욕으로 잘못 구하는 경우에 해당한다. 어느 쪽이든 우리는 자신의 욕구를 인정하고 하나님께서 사용하시도록 드려야 한다.

만약 우리에게 잘 맞는 것이라면 하나님은 기쁘게 주실 것이다. 성경에도 소원을 성취하면 마음에 달다고 했듯이(잠 13:19 참조), 우리가 어떤 직종의 일을 하고 어떤 위치에 있든 그 안에서 자신과 자기가 하는 일에 자부심과 긍지를 가질 수 있다(갈 6:4 참조).

물론 하나님은 교만함으로 거들먹거리는 것은 기뻐하지 않으신다. 하나님께서는 우리가 자신을 계발하고 하나님의 일을 감당하도록 하시기 위해 욕구를 허락하셨다. 무엇이 좋은 욕구이고, 어떤 것이 나쁜 욕망인지를 구별하기 위해서는 우리와 하나님 사이에 진정한 관계가 이루어져야 한다.

빌립보서 2장 12~13절에는 "두렵고 떨림으로 너희 구원을 이루라 너희 안에서 행하시는 이는 하나님이시니 자기의 기쁘신 뜻을 위하여 너희에게 소원을 두고 행하게 하시나니"라고 적혀 있다. 하나님께서는 우리의 소원 안에서 행하시며, 우리는 그 소원들을 하나님과의 관계 속으로 가지고 가야 한다.

다른 사람과의 관계에서도 바라는 것을 분명히 하는 일은 중요하다. 자기가 무엇을 원하는지 잘 표현하지 않는 사람들이 더러 있다. 어떤 음식이 먹고 싶은지, 혹은 어떤 영화가 보고 싶은지를 물으면 이들은 "아무거나 상관없어요. 당신 마음대로 해요"라고 말한다. 혹시라도 상대방이 고른 식당이나 영화가 자기 마음에 들지 않는다면 불평하겠지만, 그렇다고 자기의 욕구를 제대로 표현하지도 않는다. 이런 사람들은 대하기가 불편하다. '항상 당신 마음대로만 한다' 는 원망을 들을까 무섭기 때문이다.

좋은 관계를 유지하려면 자신이 특별히 좋아하고 싫어하는 것을 분명히 하고, 주는 것과 받는 것에 균형을 이루어야 한다. 이 주고받는 행위가 사랑과 친밀함의 토대가 되며, 상대방의 진정한 자아를 알아 가는 데 중요한 정보가 된다. 만약 어떤 사람이 자신의 바라는 바를 제대로 파악하고 표현하지 못한다면 그 사람과 가까워질 기회도, 그 사람을 잘 알 기회도 제한된다. 자신에 대해 분명한 정의를 내리지 않는 사람들은 '비인격화' 되는 것이다.

자신이 원하는 바를 제대로 파악하면 우리가 현재 어디에 서 있으며 다른 사람과의 관계는 어떤지를 더 확실히 알게 된다. 자신이 원하는 바를 분명히 밝히는 사람들은 그 곁에 있으면 든든한 기분이 든다. 이들은 어떤 경우에도 명확한 존재감을 잃지 않는다. 반면에 정체성이 불명확한 사람들은 곁에 있어도 함께한다는 느낌을 거의 받지 못한다.

자신의 욕구나 소원을 제대로 파악하면 인생의 목표 또한 달성할 수 있다. "고되게 일하는 자는 식욕으로 말미암아 애쓰나니 이는 그의 입이 자기를 독촉함이니라"(잠 16:26)라는 말씀처럼, 욕구를 인식할 때 목표를 좇을 동기가 생긴다. 역사를 통틀어 볼 때 우리는 각자의 꿈과 욕망을 이루기 위해 달려왔고, 그로 인해 인류는 더 나은 삶을 살 수 있게 되었다. 전도서의 저자는 이를 다음과 같이 표현했다. "청년이여 네 어린 때를 즐거워하며 네 청년의 날들을 마음에 기뻐하여 마음에 원하는 길들과 네 눈이 보는 대로 행하라 그러나 하나님이 이 모든 일로 말미암아 너를 심판하실 줄 알라"(전 11:9). 자신이 바라는 바를 인식하고 책임지는 동시에, 우리의 계획과 목표를 이루는 여정에 하나님을 빼놓아서는 안 될 것이다.

선택

선택은 경계가 세워지는 기초가 된다. 그러나 우리 존재의 다른 영역들, 즉 우리의 감정, 태도, 행동, 욕구, 생각 등을 고려하지 않은 상태에서 내린 선택은 진정한 선택이라고 할 수 없다. 자신의 선택을 인식하고 책임지려면, 그 결정에 영향을 준 우리 삶의 영역들 또한 분명히 인식해야 한다. 더불어 우리가 하는 모든 일이 우리 선택의 결과라는 것을 인식하는 것이 중요하다.

앞서 예를 들었던 샌디의 경우를 생각해 보자. 샌디는 친구들과 추수감사절 휴가를 보내고 싶었지만 어머니가 집에 와야 한다고 강요하는 느낌을 받았다. 샌디는 엄마 때문에 친구들과 즐거운 시간을 보낼 기회를 잃어버렸다고 생각할 것이다. 하지만 사실 샌디의 어머니가 딸이 집에 오도록 머리에 총을 겨눈 것은 아니다. 자신이 원하는 것을 포기하는 대신 어머니의 기분을 맞춰 **주기로 한** 것은 샌디 본인의 선택이었다. 그 사실을 깨닫지 못했기 때문에 샌디는 어머니에게 책임을 돌리고 원망했던 것이다. 샌디는 스스로 자유를 포기했으며, 그 선택으로 인한 감정에도 스스로 책임을 져야 한다.

바울은 이러한 관계의 역학에 대해 매우 분명히 말하고 있다. "각각 그 마음에 정한 대로 할 것이요 인색함으로나 억지로 하지 말지니 하나님은 즐겨

내는 자를 사랑하시느니라"(고후 9:7). 돈, 시간, 힘, 재능, 재산 등 무엇을 다른 사람들과 나눌 때마다 우리 마음속에 주기로 작정한 것만큼 주어야 한다. 결정의 주체로서 선택을 하기 전에는 심사숙고하고 또한 결정에 대한 책임을 져야 한다. 다시 말해 우리가 '의도적으로' 주었다는 사실을 깨달아야 한다는 것이다. '반드시 줘야 한다' 는 느낌으로 주게 되면, 의무감이나 충동 때문에 내어 주는 결과가 되고 만다.

우리의 삶에서 이것처럼 사람을 망가뜨리는 것도 드물다. 어쩌면 고립감 다음가는 것일지도 모른다. 만약 자신에게 선택의 여지가 없다는 생각이 들면 삶의 통제권이 자신에게 있지 않다고 생각하게 될 것이며, 우리를 통제하고 있다고 생각되는 상대방을 원망하게 된다. 이것은 자유도 아니고, 사랑도 아니다.

선택에는 '예' 혹은 '아니요' 라는 두 방향이 있다. 우리는 어떤 것을 하기로 선택할 수도 있고 하지 않기로 선택할 수도 있다. 누군가에게 무엇인가를 주기로 선택할 수도 있고, 주지 않기로 선택할 수도 있다. 어떤 경우이든 그 결과에 대한 책임은 우리에게 있다. 이것이 바로 한계를 인정하는 중요한 요소이며, 또한 건강한 사랑을 위한 주춧돌이기도 하다.

의무감이나 부담감 때문에 억지로 주고서 후회하지 말라. 거절하지 못한 점심 약속 때문에, 내키지 않는 사람들과 보낸 주말 때문에 후회한다면 사랑이 아닌 죄책감에서 자신의 소중한 시간과 에너지를 나누어 주는 셈이다.

이와 같은 행동은 다른 사람들에게 동정심이나 죄책감을 자아내는 '순교자 증후군'으로 이어진다. 부모는 자녀들을 위해 시간과 돈을 희생하고 나서 자녀들에게 죄책감을 느끼게 한다. "너희들 교육만 아니었으면 우리도 남들처럼 여행도 다니고 더 좋은 집이나 자가용도 살 수 있었을 거야." 이 때문에 많은 자녀들이 자기가 부모님의 인생을 망쳤다는 생각을 하고 기본적인 존재감에 죄의식을 덧입게 된다.

내가 아는 한 부인은 딸의 자녀들을 봐주겠다고 애걸하다시피 해서 손주들을 맡고 나서는 한 주간 내내 불평을 쏟아 냈다. 본인을 그렇게 불편하게 만든 것이 딸이 아니라 자신이었다는 사실을 인정하지 못하는 것이다.

자신의 삶과 시간을 어떻게 사용할 것인지 스스로 선택하고 있다는 사실을 부정하는 경우는 많다. 많은 이들이 삶이 지루하고 단조롭다고 불평하면서도 스스로 새로운 기술이나 취미를 개발해야 한다는 책임감은 받아들이지 않는다. 형편없는 목회자에게 불만을 품지만 그 목회자에게 편지를 써 본다거나, 직접 교회 운영위원회나 제직회에 적극 참여하거나, 아니면 자신에게 맞는 새로운 교회를 찾는 책임 있는 행동을 하지 않는다.

인생에는 우리가 통제할 수 없는 것들도 분명 존재한다. 하지만 통제할 수 없는 것에 대해서도 어떤 반응을 보일 것인가 하는 선택은 우리 몫이다. 우리의 인생은 우리의 선택에 달려 있다. 여기에 책임을 지지 않으려 한다면 길을 잃고 결국에는 다른 누군가의 잘못인 양 원망하게 될 것이다.

일꾼과 주인의 예를 다시 살펴보면, 분노한 일꾼은 주인에게서 일정한 액수를 받기로 결정한 사람이 바로 자신이라는 사실을 부인하려 했다. 예수님은 그의 불평을 듣고는 "친구여 내가 네게 잘못한 것이 없노라 네가 나와 한 데나리온의 약속을 하지 아니하였느냐"라고 물으셨다(마 20:13). 다시 말하면 '네가 그 임금을 받기로 선택하지 않았느냐? 그 선택은 네가 했으니, 책임도 네가 져라'라는 뜻이다. 어떠한 상황을 불평하고 원망하면서 그 상황을 바꾸기 위해 아무런 노력도 하지 않는 것은 선택을 거부하는 행동이다. 결국 무기력과 분노만이 남을 것이다.

하나님께서는 우리의 선택에 우리 스스로 책임지기 원하시며, 그것을 통해 우리가 누구인지를 깨닫게 되기를 원하신다. 여호수아는 그 사실을 분명하게 말했다.

> 만일 여호와를 섬기는 것이 너희에게 좋지 않게 보이거든 너희 조상들이 강 저쪽에서 섬기던 신들이든지 또는 너희가 거주하는 땅에 있는 아모리 족속의 신들이든지 너희가 섬길 자를 오늘 택하라 오직 나와 내 집은 여호와를 섬기겠노라 하니(수 24:15).

선택을 하지 않는 것도 선택이다. 하나님께서는 우리의 모든 선택에 대하여(우리가 아무런 선택을 하지 않았다고 생각할 때도) 책임을 물으신다. "내가 너희에게 이르노니 사람이 무슨 무익한 말을 하든지 심판 날에 이에 대하여 심문을 받으리니"(마 12:36). 우리는 어떤 행동이나 말은 대수롭지 않다고 생각할지 모르지만, 우리가 행동하는 모든 것은 의미가 있으며 그 모든 것은 삶으로 열매를 맺는다. "나무도 좋고 열매도 좋다 하든지 나무도 좋지 않고 열매도 좋지 않다 하든지 하라 그 열매로 나무를 아느니라"(마 12:33). 우리는 삶으로 열매를 맺는다. 그 사실 자체에는 선택권이 없다. 하지만 우리 자신의 나무인 우리 마음을 선택하고, 하나님께서 우리 마음속에서 역사하시도록 허용함으로써 어떠한 열매를 맺을 것인가 하는 것은 우리의 선택에 달린 일이다.

한계

경계선을 점검하다 보면 한계선 또한 발견할 수 있다. 집의 마당에도 눈에 보이는 경계선이 있듯이 우리의 삶에도 감정적, 심리적, 영적 한계선이 있다. 하나님께서는 우리를 당신의 형상대로 지으셨지만 한 가지만은 예외였다. 하나님은 무한하지만 우리들은 유한하다. 이것은 경계의 개념에 있어서 아주 중요한 의미가 있는 이야기다.

우리의 능력과 시간, 돈, 에너지에는 한계가 있다. 하지만 그 양이 고정되어 있는 것은 아니다. 시간의 흐름에 따라 더 많이, 혹은 더 적게 가질 수도 있지만 어떤 특정 순간에는 고정된 양만을 갖기도 한다. 버는 만큼 돈을 쓸 수 있는 것처럼, 우리는 가진 에너지만큼 일을 추진할 수 있다.

그런데 많은 사람들이 자신의 한계에 책임을 지지 않고 초과 사용하고 있다. 삶의 여러 영역에서 자신의 한계를 배우는 데는 시간이 걸린다. 그리고 이 한계는 자신의 감정, 태도, 행동을 인식해야만 알 수가 있다. 만약 어떤 일이 부담스럽게 느껴진다면, 어디에서 자신의 한계를 초과했는지 확인하고 거절할 수 있어야 한다. 때때로 우리는 자신의 사랑의 한계를 알지 못해서 정도를 지나친 사랑을 베풀려 하기도 한다.

또 어떤 사람들은 한계를 너무 좁게 설정한다. 바울이 고린도후서 9장 6절에서 말한 바와 같이 이들은 "적게 심는" 사람들이다. 그들은 자신이 나눌 수 있는 한계보다 지나치게 적게 주고 나눈다. 자신의 감정, 태도, 행동, 사고, 선택의 폭을 억제하고 할 수 있는 일의 영역을 최소한으로 좁힌다. 이런 사람들은 하나님께서 경험하도록 허락하신 가능성을 충분히 활용할 수가 없다.

앞에서 살펴본 바와 같이 우리 자신의 한계를 발견하고 책임을 질 수 있으려면, 은혜와 진리 그리고 다른 사람들과 함께 보내는 시간이 충분히 필요하다. 그것이 바로 균형 잡힌 삶이다. 우리는 자신을 과대평가해서도, 과소평가해서도 안 된다.

만약 현재 우울한 계절을 통과하고 있다면, 다른 사람들과 나눌 역량에 한계가 있음을 인정하고 거기에 맞추어 나눔을 줄이는 일이 필요하다. 만일 풍성한 사랑의 계절 가운데 있다면 더 많은 것을 나누어 줄 수 있을 것이다. 이처럼 하나님 앞에서 자신의 한계를 정하는 데는 책임 있는 자기평가가 필요하다.

우리의 경계를 인식할 때 또 한 가지 중요한 일은, 우리에게 영향을 주는 타인의 영역에 한계를 설정하는 것이다. 누군가가 우리에게 너무 많은 것을 요구한다면 무엇을 줄 것이며 또 어떤 것은 주지 않을 것인가 하는 분명한 선을 그어야 한다.

가정 사역 전문가인 제임스 돕슨(James Dobson)은 저서 『사랑은 강인해야 한다Love Must Be Tough』에서 이를 '존중선(line of respect)' 이라고 불렀다. 이 선에는 기본적으로 '누군가가 나를 이런 식으로 취급하도록 내버려 두지 않을 것이다' 라는 의미가 담겨 있다.

만약 이웃이 우리 집 마당에 무단으로 쓰레기를 버린다면, 그 사람과 담판을 짓거나 경찰에 신고까지 할 수 있을 것이다. 마찬가지로 만일 누군가가 우리의 시간과 에너지의 한계를 침범한다면 확실한 조치를 취해야 한다.

아닌 것은 아니라고 말하라

우리는 주로 자신에 대한 긍정적인 주장으로 자기 존재를 규정하곤 한다. "나는 스포츠를 좋아해." "나는 예수님이 주님이심을 믿어" 하고 말하는 식이다. 그런데 하나님은 자신의 존재를 드러내시면서 당신이 누구이신지만이 아니라, 무엇이 아닌지도 이야기하셨다. 우리도 그럴 수 있어야 한다.

만일 "나는 불의를 싫어한다"라고 말한다면 그것은 내가 반대하는 대상을 이야기하는 것이며, 이 역시 자기 존재에 관한 매우 중요한 선언이다. "나는 과학을 싫어해"라는 것은 "나는 철학을 좋아해"라는 선언만큼이나 중요하다는 뜻이다.

그런데 많은 사람들이 이런 부정적 선언에 익숙하지 않다. 앞서 소개한, 의학 분야에 재능이 없었던 청년은 의사가 자신과 어울리지 않는다는 것을 강력하게 주장하지 않았다. 사람들이 충분히 귀를 기울일 때까지 "나는 의사가 되기 싫다"고 거듭 주장했어야 하는데 말이다. 부정적 주장은 결국 다양한 형태로 드러난다. 이 청년의 경우, 학점이 저조하고 레지던트 과정에서 실패하는 것으로 표출됐다. 부정 판단도 현실이다. 우리의 경계선 내에 있는 것에 책임을 져야 하는 것과 마찬가지로 우리 경계선 밖에 있는 것도 인정해야 한다.

예수님은 아버지와 두 아들의 이야기를 들어 부정적인 주장의 아름다운 본보기를 말씀해 주셨다.

> 어떤 사람에게 두 아들이 있는데 맏아들에게 가서 이르되 얘 오늘 포도원에 가서 일하라 하니 대답하여 이르되 아버지 가겠나이다 하더니 가지 아니하고 둘째

아들에게 가서 또 그와 같이 말하니 대답하여 이르되 싫소이다 하였다가 그 후에 뉘우치고 갔으니 그 둘 중의 누가 아버지의 뜻대로 하였느냐 이르되 둘째 아들이니이다 예수께서 그들에게 이르시되 내가 진실로 너희에게 이르노니 세리들과 창녀들이 너희보다 먼저 하나님의 나라에 들어가리라(마 21:28-31).

이 이야기 속에서 맏아들은 자기가 누구인가 하는 정체성을 잘 알지 못했다. 그래서 사실은 포도원에 가서 일하고 싶지 않았지만 아버지에게 "가지 않겠나이다"라고 말할 수 없었다. 진정한 자기 자신이 될 수 없었던 것이다. 하지만 둘째 아들은 처음에 '아니요'를 말할 수 있었기에 나중에 진정한 '예'를 외칠 수 있었다. 우리는 '아니요'라고 말하는 경험에 편안해져야 하며 또한 여기에 책임을 질 수 있어야 한다.

우리의 대답을 스스로 다스리지 못하면 나중에는 우리의 대답이 우리를 통제하게 될 것이다. 맏아들은 자신의 '아니요'라는 말에 주인이 될 수 없었기 때문에, 그 말이 그의 주인이 되어 버렸다. '아니요'에는 다양한 형태가 있는데, 이야기 속 맏아들의 경우에는 시간을 끌면서 약속의 이행을 미루는 식으로 나타났다.

단호한 부정적 선언으로는 다음과 같은 것들이 있다.
"아니요, 나는 많은 회중들 앞에서는 말하기 싫습니다."
"아니요, 당신이 다른 사람 앞에서 나를 놀리는 게 싫어요."
"아니요, 그 금액을 받고는 일하지 않겠어요."
"아니요, 나는 마약은 싫어요."
"아니요, 당신이 그 부분을 만지는 것을 원하지 않아요."

"아니요, 나는 당신의 신학에는 동의하지 않아요."

"아니요, 나는 그 영화는 보기 싫어요."

이렇게 '아니요' 라고 말하는 경험에 익숙해지면, 다른 사람들과 세상을 향해 우리 자신을 더욱 확실하게 표현할 수 있다. 자신이 아닌 것에 대해 아니라고 말할 수 없다면, 악을 미워하고 그것에서 분리될 수 없기 때문에 거룩하게 될 희망 또한 없다.

경계가 희미한 사람들은 아니라는 말을 잘하지 못한다. 하지만 만약 우리의 면역 체계가 위험한 외부 물질을 거부하지 못한다면 결국 병균에 오염될 것이다. 마찬가지로 우리의 신체, 감정, 태도, 행동, 생각, 한계에서 우리가 아닌 것을 아니라고 말할 수 없다면 영혼 속에 나쁜 것이 들어오지 못하도록 지켜 낼 수가 없다. 우리 영역에 속하지 않은 좋은 것과, 아무 곳에도 속할 수 없는 나쁜 것들은 모두 우리 것이 아니다. 이것들을 그냥 내버려 두어서는 안 된다.

샌디의 경우 "엄마, 엄마를 사랑하지만 이번 추수감사절은 집에서 보내고 싶지 않아요. 친구들과 지내고 싶어요"라고 말하는 것이 '아니요' 라는 표현이 될 것이다. 만일 어머니가 화를 낸다면 이렇게 말할 수 있어야 한다. "그렇게 화를 내셔서 안됐지만, 이번 휴가 때는 다른 계획을 세우시는 게 좋겠어요. 저는 집에 안 갈 테니까요."

너무하다는 생각이 들지도 모르지만, 자신의 실망감을 스스로 책임지지 않는 독단적인 상대에게는 이처럼 단도직입적이고 솔직한 주장이 반드시 필요하다. 사실 이런 주장은 어머니보다 샌디에게 더 도움이 된다. 어떤 일에 대한 책임이 누구에게 있는지를 분명하게 가르쳐 주기 때문이다.

이처럼 부정적인 주장을 할 수 있다는 것은 너무나 중요한 일이다. 우리가 진정한 '나'를 찾기 위해서는 '내가 아닌 것'을 말할 수 있어야 한다. 자신이 좋아하지 않는 것을 제대로 모른다면 좋아하는 것은 의미가 없다. 또한 '아니요'라는 말을 할 수 없다면 '예'라는 말이 의미가 없다. 어떤 일이든 반대 없이 무조건 동의하는 사람의 의견이나 생각은 사실 별로 의미가 없기 때문이다.

chapter **7**

경계선을
개발하는 법

　제인은 공황장애 때문에 상담 치료를 받으러 왔다. 이 가정의 문제는 남편이 점점 더 술을 많이 마시는 것이었다. 제인은 남편을 더욱 사랑하고 도와주려 노력했지만 아무런 소용이 없었다. 상황은 더 악화될 뿐이었다.

　그녀는 어떻게 하면 폭력적인 행위에 한계선을 긋고 상황이 악화되는 것을 막을 수 있을지 책들을 찾아 읽기 시작했다. 그리고 남편의 행동에 '아니요'라고 말해야 한다는 사실을 깨달았다. 때로는 남편이 술에 취해 있을 때 혼자 내버려 두기도 해야 한다는 사실 또한 알게 되었다.

　하지만 남편의 행동에 한계선을 긋기 시작하면서 제인은 심각한 공황장애를 경험했다. 마치 끝도 없는 구멍으로 빠져 드는 것 같은 느낌이었다. 온몸이 떨릴 정도의 극심한 공포가 덮쳐 왔고 끔찍한 외로움이 자신을 삼켜 버릴 것만 같았다.

그녀가 자신에 대해 좀 더 잘 이해하게 되자 내면에 건강한 유대감이 없다는 사실을 알게 되었다. 그녀는 내면적으로 고립되어 있었다. 그래서 타인과 감정적인 연결을 유지할 능력이 없었다. 앞서 '정서적 대상 항상성'이라고 설명했던 것이 그녀에게는 없었던 것이다. 그런 까닭에 사랑하는 사람과 함께 있지 않을 때 끔찍한 고독감을 느꼈다.

학대받는 많은 사람들이 그런 것처럼 제인은 이러지도 저러지도 못하는 딜레마에 빠져 있었다. '그 사람 때문에 못살겠고, 그 사람이 없어도 못살겠다'는 상황이었다. 남편과 함께 있으면 남편의 폭력적 행동이 악화됐고, 남편이 없으면 고립감이 밀려왔다.

제인은 중요한 교훈을 배웠다. 건강한 경계를 세울 수 있으려면 내적 유대감이 있어야 한다는 것이다. 깊은 유대감 없이는 두 사람 사이에 꼭 필요한 경계도 존재할 수 없다. 그것은 사랑 없는 제한이며, 바로 그것이 지옥이다.

제인이 남편의 행동에 한계를 정하고 유지할 수 없었던 이유를 이해하게 되자, 다른 사람들과의 유대를 회복하기 위한 조치를 취하기 시작했다. 알코올 중독자 가족 모임에 가입해서 도움을 청하고 사람들의 지지를 얻었다. 한편으로는 고립감을 느끼지 않으면서 상대와 분리될 수 있는 방법을 터득했다. 한계를 설정한다는 것이 사랑하지 않는다는 의미가 아니라는 것도 깨달았다. 제인을 지원하는 사람들이 곁에서 그녀의 정서적 독립을 도왔다.

이제 제인은 남편의 폭행을 견뎌 낼 이유가 없었다. 외부의 지지를 얻게 되자 남편의 폭력에 맞설 수 있었고, 남편도 어쩔 수 없이 자신의 문제에 스스로 책임을 지고 생전 처음으로 자신이 한 행동의 대가를 치러야 했다. 이전에 제인은 그런 상황을 그냥 두고 보지 못했지만 이제는 달랐다.

어느덧 제인의 남편은 맑은 정신으로 아내와 함께 문제를 이야기하고 해결할 수 있게 되었다. 만약 다른 사람들의 개입과 지지가 없었다면, 그래서 제인에게 필요했던 유대 관계를 채워 주지 못했다면 그녀는 남편의 폭력에서 분리되지 못했을 것이다.

경계의 발달 과정

인간의 성장 발달 과정을 살펴보면, 출생 후 첫 1년은 유대 관계 형성의 해이다. 그 기간은 분리됨이나 자기주장이 없는 시기이다. 이때 "사랑 가운데서 뿌리가 박히고 터가 굳어"지는 기초가 놓인다(엡 3:17). 그 기초는 나중에 우리가 분리의 모험을 하는 데 꼭 필요한 안정감과 유대감을 제공한다. 우리가 먼저 강한 유대감으로 맺어지지 않는다면 누군가로부터 진정으로 분리될 수 없다.

누군가와 깊은 유대 관계를 맺지 못한다면 분리도 의미가 없다. 그것은 '예' 없는 '아니요' 이다. 우리는 떨어질 수 있기 전에 누군가의 일부분이 되어야 한다.

1년 동안의 정서적 유대감과 애착의 시간 후에, 분리의 과정이 시작된다. 이 시기에 유아는 놀라운 능력을 갖추게 된다. 스스로 이동할 수 있게 되고 언어가 발달하며, 원인과 결과의 법칙을 이해하는 사고력도 생긴다. 이를 바탕으로 자발성의 과정이 시작되고 분리와 정체성이 촉진한다. 이 놀라운 시기를 흔히 '미운 세 살'이라 부르다니 참 묘한 일이다.

이러한 과정들이 펼쳐지면 아기와 엄마에게 온 세상이 이전과 전혀 다르게 움직이기 시작한다. 한 개체였던 두 사람이 분리된 관계를 형성하는 것이다.

이처럼 아기와 엄마 사이에 다져진 사랑을 바탕으로 아기는 서서히, 그리고 두려움 없이 분리를 경험한다. 무엇이 '나'이고 무엇이 엄마인지를 인식하며 엄마에게서 떨어져 걷기 시작한다. 그리고 한때 자신의 일부였던 존재로부터 떨어진 세상을 탐구한다. 처음 일어나는 이 모든 분리 과정은 엄마에게서 유발되는 것이 아니다. 아기가 원해서 스스로 멀리 움직여 가는 것이다.

사고 능력이 성장함에 따라 아기는 자신이 탐구하는 세상과 더 잘 타협할 수 있으며 물건의 이름도 부르기 시작한다. 또한 자신의 세상을 질서 있게 정리하기 시작한다. 사물이 어떠하며, 그 사물들을 목표에 따라 어떻게 사용하는지를 인식한다. 거기에 대해서 말할 수 있고, 요구할 수 있고, 원하는 것을 얻지 못할 때는 소리를 지를 수도 있다. 엄마와 분리된 세상에 대해 생각하고 말하는 법을 배우는 것이다.

동시에 아기는 다른 방법으로 엄마에게서 지속적으로 분리되는 법을 배운다. 가끔씩은 걷다가 넘어지기도 하며, 그것이 엄마가 아닌 자기 때문이라는 사실도 알게 된다. 때로는 새로운 것을 발견하는 기쁨을 맛본다. 엄마와 함께 그러한 경험을 하면서 아기는 이를 평가하고 자기의 것으로 만들어 나간다.

한편으로는 자신이 어떤 것을 할 수 있는 능력이 있다는 사실을 배운다. 이것이 바로 목표 지향성의 시작이다. 동시에 아기는 자신의 능력에 한계가 있으며 때로는 주변의 도움이 필요하다는 사실도 배운다. 이렇게 분리된 행동으로 무언가를 성취하고 또한 한계에 부닥치는 경험은 모두 경계 형성에 중요한 요소가 된다. 세상이 허용하는 것에는 한계가 있으며 자신이 전능한 것은 아니라는 사실을 학습하면서 아기는 세상과 협조하는 법을 알아 나간다.

아이는 자신이 어떤 것을 원할 수 있으며, 자신의 노력이나 혹은 누군가의 도움을 통해 무언가를 얻을 수도 있지만 원하는 모든 것을 손에 넣지는 못한다는 것을 깨닫는다. 욕구에 대한 내적 경계가 형성되는 것이다.

또한 자신의 선택에도 책임을 지게 된다. 동생을 때리기로 선택했다면 그 행동에는 반드시 결과가 따른다. 창가로 걸어가면 아름다운 꽃을 보는 좋은 결과를 맛본다. '움직이기로 한 나의 선택은 기쁨을 가져올 수 있다'는 원인과 결과의 법칙을 발견하는 것이다. 물론 '난로를 만지기로 선택하면 손을 데인다'처럼 선택이 고통을 수반할 수 있다는 사실도 체험한다.

모든 행동과 감정과 선택을 통해서 아이는 어머니가 아니라 자신이 여기에 책임을 져야 함을 점점 더 자각하게 된다. 때로는 생각과 감정이 엄마와 일치하지 않는 경우도 생긴다. 예를 들어 자기는 모래 놀이를 더 하고 싶은데 엄마는 낮잠을 잘 시간이라고 생각한다. 자기는 목욕하고 싶지 않은데 엄마는 목욕을 시키려 한다.

전적으로 자기 자신이 되도록 허용되는 부분이 있는 반면 모든 것이 내 뜻대로 되지 않는 순간도 있다. 그 둘 사이의 미묘한 균형을 이루면서, 아기는 사기중심적이 되지 않고도 자아를 가질 수 있게 된다.

그렇지 않고 양극단에 머물 때는 경계가 제대로 형성될 수 없다. 어떤 사람들은 자신의 느낌, 생각, 행동을 자기 것으로 만들지 못해 경계에 혼선을 빚으며 진정한 자기 자신이 되지 못한다. 이것들을 어떻게 다루어야 할지 알려주는 정확한 지도가 이들에게는 없다. 또 어떤 사람들은 느낌과 생각과 행동에 적당한 한계가 주어지지 않았기 때문에 자신의 것만이 가장 중요하다고 생각한다. 이 두 부류의 사람들은 나중에 지나치게 책임을 지려고 하든지, 혹은 아무런 책임도 지려 하지 않는 어른이 되고 만다.

  두 살 이후 평생 동안, 정서적 유대와 분리는 나란히 작용해야 한다. 아이가 네다섯 살쯤 되면 자신의 세계 속에 점점 더 많은 사람들을 포함시키기 위해 분리가 증가한다. 동시에 두 사람과 유대 관계를 맺는 일도 가능해진다. 또래 친구들도 생기고 점점 더 많은 경험을 하게 된다. 초기 애착에서 떨어져 나온 아이들의 세상은 점점 더 커진다.

  능력, 생각, 행동, 감정이 발달함에 따라 분리의 과정은 학교로 연장된다. 자신의 경계선 내에 더 많은 것을 소유하게 되면서 책임도 더 많아진다. 시간이 지나면 집을 떠나 대학에 가거나 일자리를 얻는다. 이 모든 과정에서 사람들은 관계를 유지하면서도, 기존에 유대 관계를 맺었던 사람들에게서 분리되는 법을 배운다. 이럴 때 더 충만하고 생산적인 삶을 살게 되며, 더 좋은 관계를 맺을 수 있는 사람이 된다. 사랑과 일은 정서적 유대와 분리의 균형을 통해 찾아온다.

사랑한다면 자유를 허락하라

  자신의 생각, 태도, 감정, 욕망, 선택을 자기 것으로 인정하지 못하는 사람들은 결코 진정한 책임감을 계발하지 못한다. 이들은 정서적 유대와 분리 사이에서 지속적인 갈등을 겪는다. 어떻게 관계를 유지하면서 동시에 분리될 수 있는지를 모르는 것이다. 각 사람이 자신의 경계선 내에 있는 각기 다른 요소들을 스스로 책임져야 한다는 것을 이들은 모른다.

자신의 생각과 감정, 태도에 주인의식을 가진 사람들도 종종 우를 범할 수 있다. 자신의 경계를 너무 멀리까지 확장해 다른 사람의 영역을 침범하곤 하는 것이다. 샌디와 어머니 사이에서 일어난 일이 바로 그런 경우였다. 샌디의 시간은 샌디 어머니의 소유였고, 어머니의 시간도 어머니의 소유였다. 샌디는 어머니와의 관계에서 한계를 정하는 법을 배운 적이 없었다. 그래서 어머니가 자신의 시간까지 소유한 것처럼 착각하도록 오랫동안 내버려 두었다. 그 결과 스스로 우러난 의지가 아닌 의무감에서 억지로 어머니에게 시간을 내어 주게 되었다. 삶을 송두리째 어머니에게 바친 것이다.

누군가의 삶을 지배하고 그들이 자신에게서 분리되는 것을 막고자 하는 소망은 관계를 망치는 주범이다. 이는 다른 어떤 요소보다도 부모 자식 간의 갈등, 친구 사이의 갈등, 부부 문제, 직장 문제, 하나님과의 갈등에 심각한 해악을 끼친다.

죄로 인한 타락 이후 우리의 경계는 파괴되었다. 더 이상 은혜를 받아 누리지 못하게 되면서 책임에 관한 진리를 말할 수 없게 되었다. 아담과 하와는 서로의 잘못을 남에게 돌렸다. 자신들의 욕망과 태도 때문에 그와 같은 선택을 했다는 사실을 인정하지 못했다. 스스로를 책임지지 못했던 것이다. 그들은 선악과를 먹고 하나님처럼 되기를 원했다. 자신이 원하는 것은 무엇이든지 가져야 하며, 하나님께서는 자신들에게 무엇이 좋은지 알지 못한다고 생각했다. 그래서 주어진 경계선을 넘어서기로 선택했던 것이다. 그리고 하나님께서는 그들이 했던 모든 선택에 책임을 물으셨다.

또한 타락 이후 우리는 자신의 것을 주장하는 데 어려움을 겪게 되었다. 자신의 소유는 주장하지 못하면서 다른 사람에게 속한 것의 소유권을 주장하려 한다. 샌디의 어머니는 딸이 성장해서 부모를 떠나고 성인으로서 다른 사람들과 어울리도록 키워야 할 책임을 다하지 못했다. 그래서 딸이 집에 오지 않을 때의 실망감도 스스로 책임지려 하지 않았다. 그 실망감은 홀로 다루어야 하는 것인데 말이다. 샌디의 어머니는 딸의 시간이나 삶의 방향 등, 자신의 소유가 아닌 것의 소유권을 주장했다.

많은 부모와 자녀, 친구, 아내와 남편은 정서적 유대와 분리의 문제로 힘들어한다. 모든 관계에는 두 사람의 의지가 따르며, 따라서 사랑과 책임이 공존하려면 양보도 있어야 한다. 우리는 사랑하는 사람들이 스스로 자유롭게 선택하기를 바라지만, 많은 경우에 그들의 선택이 우리를 제한하기도 한다. 그럴 때 우리는 그런 한계를 자연스럽게 받아들이고 싶어 하지 않는다. 오히려 불평하게 되는 것이다.

샌디가 추수감사절을 친구들과 함께 보내기로 선택했다면, 샌디 어머니도 딸의 결정 때문에 제한된 자신의 기대치를 스스로 다루기로 선택해야 한다. 건강한 해결책은 딸과 함께하지 못해도 나름대로 만족할 만한 휴가를 보낼 자신만의 방법을 찾는 것이다. 그렇지 않으면 어머니는 샌디를 원망하고, 딸 때문에 휴가를 망쳤다고 사람들에게 호소하며 희생자인 척하게 될지도 모른다.

누군가를 사랑한다고 말하기는 쉽지만, 상대방이 사랑에 담긴 자유를 누리도록 하는 것은 어렵다. 그래서 우리가 원하는 대로 그들이 행동하지 않으면 다양한 방법으로 그들을 얽맨다. 토라지거나, 분노에 못 이겨 소리를 지르고, 죄책감을 주는 발언을 하며 온갖 방법으로 그 사람을 통제하려 든다.

그런 행동은 자유와 의지를 죽이고, 더 나가서는 사랑마저 죽게 만든다. 자유 없는 사랑은 존재할 수 없으며, 책임 없는 자유도 존재할 수 없다. 우리는 우리 것에 책임을 인식하고 그 책임을 져야 한다. 여기에는 다른 사람에게서 원하는 모든 것을 얻지 못할 때의 실망도 포함된다. 우리가 사랑하는 사람들이 누리는 자유 때문에 오는 실망감은 우리의 책임이다. 그것을 인정해야 한다. 그것만이 사랑이 식지 않도록 하는 유일한 방법이다.

내 잘못이 아닌 고통에도 책임을 지라

상처를 스스로 책임지지 못하면 불평과 원망의 자리에 갇히게 되고, 사람들이 주는 상처에 무기력한 상태가 되고 만다. 많은 이들이 그러한 희생자적인 태도 때문에 고통에서 벗어나지 못한다.

제인의 남편은 온 가족에게 피해가 갈 만큼 술을 마셨으므로 제인에게 잘못한 것이다. 그 잘못은 그의 책임이며, 따라서 아내가 느끼는 고통 또한 그의 잘못이었다. 하지만 남편 때문에 겪는 고통을 다루어야 할 책임은 제인에게 있었고, 제인은 이 책임을 훌륭하게 감당해 냈다. 그녀는 이렇게 말했다. "내가 남편의 행동을 통제할 수는 없었지만, 그 사람의 행동이 나와 자녀들에게 주는 피해를 다룰 책임은 내가 질 수 있다고 생각했어요. 그 상처와 고통이 내 책임이라고 인정하고 나니 남편을 대하는 태도도 변하더군요. 그렇게 해서 남편의 행동이 나한테 미치는 영향을 통제할 수 있었어요."

그녀는 더 이상 남편의 폭력과 통제 아래 있을 필요가 없어졌다. 남편을 떠나 자신을 지지해 주는 사람들에게서 위로를 찾았다. 자신의 고통에 스스로 책임을 졌기 때문에 자유를 찾았던 것이다. 게다가 남편의 행동도 변화되었다.

하지만 많은 사람들은 자신의 삶에 책임을 지지 않는다. 다시 강조하지만 나는 '잘못'을 따지는 것이 아니라 책임에 관한 이야기를 하는 중이다. 내가 만약 트럭에 치었다면 내 잘못이 아니다. 그러나 다시 걷는 훈련을 하는 것은 내 책임이다. 아무도 나를 대신해서 그 일을 해 줄 수 없다. 물론 사람들이 도움은 줄 수 있겠지만 부러진 것은 내 다리이며, 운동을 시작해야 하는 것도 바로 나이다.

남들이 변화하기를 기대하면 성장하지 못한다. 우리는 다른 사람들이 상황을 나아지게 만들어 주기를 원하지만, 대개는 그렇게 해 주지 않는다. 그 결과 타인에게 속박되는 것이다. 자유는 책임을 통해 온다. 책임을 포기하면 사람들에게 구속될 뿐이다.

한 여인은 어느 날 남편이 어린 네 자녀와 가정을 버리고 집을 나갔다. 정말 몹쓸 짓이다. 아내는 충분히 배신감을 느끼고 분노할 만했다. 하지만 "제 남편이 한 짓을 좀 보세요"라며 감정만 토해 내서는 아무런 진전을 이룰 수 없었다. 그 상황과 상실감에서 오는 아픔을 점차 책임져 나가야만 했다.

그러나 그 상황에서 벗어날 수 있도록 도울 사람은 자신밖에 없다고 내가 말해 주자 그녀는 몹시 화를 냈다. 그녀가 원하는 것이라고는 끊임없이 남편을 원망하는 일뿐이었다. 꽤 오랫동안 그녀는 불평과 비난만을 되풀이했고 결국 치료를 포기했다. 나중에 듣기로는 그녀는 아직도 남편을 비난하고 있으며 여전히 비참한 상태에 있다고 한다.

용서를 위한 중요한 과정 중 하나는 죄를 죄라고 부르는 것이다. 누군가를 용서하려면, 그 사람이 우리에게 어느 정도의 죄를 지었는지 알고 고백할 수 있어야 한다. 그러나 적절한 비난의 시기가 끝나면, 다른 사람의 죄로 엉망이 된 상황을 스스로 책임질 수 있어야 한다.

우리의 상황은 우리가 소유한 영역의 일부이다. 비록 우리가 그 상황을 자초하지 않았다 하더라도 우리의 감정, 태도, 행동을 통해 거기에 책임을 져야 하는 것이다.

바비의 남편은 여비서와 바람이 나서 그녀를 떠났다. 그녀는 어린 세 자녀를 데리고 혼자 남게 되었는데 양육비도 없고 돈을 벌 만한 마땅한 기술도 없었다. 남편은 이혼을 통해서 모든 것을 빼앗아 가 버렸다. 바비는 부당한 취급을 받고 비참한 피해자가 되었다. 남편과 화해하기 위해 온갖 시도를 해 보았지만 소용이 없었다.

자신의 20년 결혼 생활이 끝나 버렸다는 것이 분명해지자 그녀는 절망감에 빠졌다. 지난 20년 동안 자원봉사 외에 정식적인 직업은 가져 본 적이 없었다. 바비는 우울증이 심각해졌고 재정적으로도 매우 곤란한 지경에 처했다.

그러나 힘든 감정을 추스르는 과정을 보낸 후에 자신의 형편을 받아들이기 시작했다. 자신 때문에 생긴 일은 아니었지만 그것을 다루는 책임을 지기로 했다. 남편을 탓하고 상황을 비관하는 단계를 벗어나서 바쁘게 움직였다. 낮에는 일을 하고 밤에는 공부했다. 또한 교회에서 혼자된 다른 부모들과 모임을 갖고 서로의 짐을 나누어 졌다. 다행히 자녀를 떼어 놓지 않아도 되는 비교적 창의적인 분야의 파트타임 일을 맡을 수 있었다.

얼마 후 그녀는 공부를 마치고 경제적으로 독립할 수 있게 되었다. 새로운 친구들을 사귀었고 다른 사람들과 서로 의지할 수 있는 소그룹도 몇 개 조직했다. 또한 이혼 회복에 관한 워크숍에 참석해서 자신의 고통스러운 감정을 해소했다. 자신의 태도에도 문제가 있었음을 배웠다. 그녀의 태도가 스스로 남편 같은 사람을 선택하도록 이끌었고, 남편이 자신을 감정적으로 서서히 고립시키고 무기력하게 만들도록 허용했던 것이다.

이혼을 당한 것이나 남편에게 버림받은 것이 비록 그녀의 잘못은 아니었지만, 그녀는 자기 상황에 책임을 졌다. 자신의 영역과 경계 내에 들어 있는 것을 자기 것으로 받아들였다. 그리고 자신의 감정, 태도, 그리고 행동을 더욱 계발했다. 더욱이 그녀는 스스로 원하는 것을 좇아, 자신과 자녀들이 더 행복해질 수 있는 책임 있는 선택을 했다. 그 모든 과정을 통해서 그녀는 자신을 지켜 주겠노라고 약속하신 신실하신 하나님을 발견했다.

chapter **8**

경계선을
침범하는 것

경계와 한계의 핵심은 우리에게 속한 것과 그렇지 않은 것의 차이를 아는 것이다. 이는 책임감과 사랑으로 이어진다. 그렇다면 우리가 책임져야 할 것을 책임지지 않을 때 무슨 일이 생길까? 애착 대상에게서 자신을 분리하지 못하면 불분명한 경계를 형성하게 되며, '아니요'라고 말해야 할 때 다른 사람이 우리 경계를 침범하도록 놔두게 된다.

몸의 경계가 침범당할 때

우리에게 가장 기본이 되는 경계는 우리의 몸이다. 『NASB 성경』에서는 우리의 몸을 '그릇'에 비유하여 "거룩함과 존귀함"으로 우리 자신의 몸을 소유해야 한다고 말한다(살전 4:4). '소유한다' 는 말은 우리의 경계 안에 있는 것을 책임진다는 아름다운 표현이다. 우리가 자신의 몸을 소유한다고 말할 때는, 그 몸이 내 소속이라는 사실을 안다는 뜻이다. 그것을 느끼고, 감각이 가져다 주는 즐거움을 누리며, 몸과 연결되어 있다는 의미인 것이다.

다른 사람의 신체를 범하는 것은 가장 기본적인 형태의 폭력이다. 이렇게 되면 피해자는 무엇보다 자신이 사람이 아닌 물건이 된 듯한 느낌을 받는다. 예를 들어, 여자의 신체를 강제적으로 이용하는 것은 그 여자가 삶에서 누려야 하는 기본적인 감정을 빼앗는 행위이다.

성폭력은 그런 면에서 가장 노골적인 경계의 침범이다. 우리의 성적인 기능은 자신이 선택한 배우자와 자유롭게 나누도록 되어 있는 것이다. 이를 의지와 상관없이 빼앗길 때 피해자들은 자신의 몸이 더 이상 자기 것이 아니라고 여기게 될 수도 있다. 개인적인 경계에 끔직한 상처를 입은 것이다.

부부간에도 성폭력은 발생할 수 있다. 배우자가 무엇을 좋아하고 싫어하는지 전혀 고려하지 않고 자신의 쾌락을 위해 상대방의 신체를 이용하는 것은 존중이 아닌 침범이다.

물론 성폭력만이 아니라 배우자의 뺨을 때리거나 밀치는 것도 상대방의 신체적인 경계선을 침범하는 일이다. 부모가 자녀를 때리는 것 또한 마찬가지이다. 신체적인 폭력을 당한 사람들은 자신의 신체와 교류하지 못하게 되며, 이를 의미 있는 방식으로 느끼거나 경험할 수 없게 된다. 타인이 자신을 상대로 원하는 것은 뭐든 할 수 있다고 학습했기 때문이다.

부모들이 자녀가 분리된 개체로서 스스로를 표현하는 것을 막고 자아도취의 수단으로 삼는 경우가 있는데, 이 또한 자녀의 경계를 침범하는 것이다.

이런 부모들은 자녀가 무엇을 입고 먹는지까지 간섭하면서 자녀 스스로 신체에 대해 어떠한 결정도 내리지 못하게 만든다.

어떤 사람들은 엄격한 교육 때문에 성을 누리지 못한다. 성적인 것에 심한 죄책감을 느끼기 때문에 이 영역을 인정하지 않으려 한다. 또 어떤 사람들은 고통을 인정하는 것이 잘못된 일이라고 배운다. 고통은 이를 악물고 참아야 한다고 배웠기에 자신의 신체 반응에 무감각해진다. 기쁨과 고통에서 아무런 의미를 찾지 못하는 사람이 되는 것이다.

인간으로서 완전한 기능을 하기 위해서는 잃어버린 것들을 반드시 되찾아야 한다.

감정의 경계가 무너질 때

좋은 것이든 나쁜 것이든 우리 감정은 우리의 소유이다. 감정도 우리의 경계 안에 포함되며, 우리의 책임 하에 있다. 마찬가지로 다른 사람의 감정은 그들의 것이다. 슬픔에 잠긴 누군가와 함께 있어 주고 공감해 줄 필요가 없다는 말이 아니다. 슬픔을 느끼는 당사자가 자신의 감정에 책임을 져야 한다는 뜻이다.

우리가 다른 사람의 감정에 책임을 느끼면, 더 이상 자신을 위해 올바른 선택을 할 수가 없다. 다른 사람이 내 선택에 어떤 느낌을 받을까에 따라 모든 결정을 내리게 되기 때문이다. 주님께서는 "모든 사람이 너희를 칭찬하면 화가 있도다 그들의 조상들이 거짓 선지자들에게 이와 같이 하였느니라"(눅 6:26)

라고 하셨다. 우리가 항상 다른 사람을 기쁘게만 하려 든다면 올바르고 자유롭게 사는 데 필요한 선택을 할 수가 없게 된다.

누가 나 때문에 행복하지 않은가라는 사실을 근거로 내가 얼마나 성공적인 그리스도인의 삶을 살고 있는가를 판단할 수는 없다. 만약 우리가 다른 사람의 불쾌감에 책임을 느낀다면, 우리는 하나님이 아니라 그 사람의 조종을 받고 있는 것이다. 이것이 바로 기본적인 경계의 흔들림이다.

만일 주님께서 이 세상 모든 사람을 행복하게 하려 하셨다면 아무도 구원받지 못했을 것이다. 자기중심적인 사람들이 당신에게 화를 낸다면 그때가 악에 대해 '아니요'라고 말하는 법을 배울 기회이다. 못된 사람들이 당신을 싫어한다면 당신이 폭력에 대항한다는 뜻이다. 만일 바리새인 같은 그리스도인이 당신을 판단한다면 당신이 주님을 닮아 가고 있다는 뜻이다. 당신이 어른으로서 하나님의 인도를 받았다고 생각해서 내린 결론을 부모가 못마땅하게 여긴다면 당신이 성장하고 있다는 의미이다. "인자로 말미암아 사람들이 너희를 미워하며 멀리하고 욕하고 너희 이름을 악하다 하여 버릴 때에는 너희에게 복이 있도다 그 날에 기뻐하고 뛰놀라 하늘에서 너희 상이 큼이라 그들의 조상들이 선지자들에게 이와 같이 하였느니라"(눅 6:22~23).

예수님은 화평을 주러 이 세상에 오신 것이 아니라 검을 주러 오셨다(마 10:34~36 참조). 삶의 모든 영역에서 주님을 따른다는 것은 다른 가족들에게 부정적인 느낌을 줄 수 있다. 하나님께서는 남자가 "부모를 떠나 그의 아내와 합하"라고 말씀하셨지만, 많은 부모들이 아들이 어른이 되어 부모에게서 분리될 때 어떻게 느끼는가? 만일 청년이 부모의 빈 둥지를 책임진다면 그는 어른이 될 수 없고 하나님의 인도하심을 받을 수 없다.

하나님께서는 진실을 말하라고 하셨지만, 알코올 중독자 남편을 둔 아내가 남편의 직장 상사에게 더 이상 거짓말을 해 주지 않을 때 남편은 어떤 감정을 느낄까? 만일 그 아내가 남편의 감정에 책임을 지려 한다면 하나님의 말씀에 순종할 수 없다.

하나님께서는 모든 사람이 자신의 은사를 사용해야 한다고 말씀하셨다. 만일 어떤 아내가 자신의 은사를 발휘할 수 있는 직장을 구했는데, 남편이 아주 보수적이라 아내가 가정에 소홀해질 것을 염려한다면 어떻게 될까? 아내가 남편의 미숙함을 책임지려 한다면 주님이 요구하시는 삶을 계발할 수 없다.

상대방을 자기 마음대로 조정하려는 많은 사람들은 화를 내거나 슬퍼함으로써 상대를 자신의 뜻대로 할 수 있으리라 믿는다. 이런 책략은 실제로 경계선이 없는 사람에게 효력이 있고, 또한 남을 조종하려는 사람의 미숙함을 강화한다. 그러나 우리가 타인의 감정을 책임지려고 할 때 그들의 경계선을 침범하고 있음을 반드시 기억해야 한다.

짐의 이야기

짐은 자신이 집안일을 제대로 처리하지 못한다며 상담 치료를 받으러 왔다. "제가 너무 무책임해서 아내는 저를 싫어해요. 어떤 것도 끝까지 제대로 해내지 못하거든요."

"끝까지 제대로 해내지 못하는 일들이 주로 어떤 일들인데요?" 내가 물었다.

"음, 아내가 요구하는 것들은 주로 낙엽을 치우고, 꽃을 심고, 베란다를 고치고, 부엌을 수리하고, 아이들을 공원에 데리고 가고, 돈도 좀 더 벌어 오고,

경건의 시간도 인도하고……."

목록은 끝이 없었다. "그런 일들을 모두 하겠다고 약속했나요?" 내가 묻자 짐이 깊이 한숨을 쉬며 대답했다. "예." 내가 다시 물었다. "그렇다면 그 모든 일을 하고 싶으신 건가요?"

"꼭 하고 싶지는 않지만 해야 하는 걸요."

"무슨 뜻입니까?"

"안 그러면 아내가 화를 내고 자기를 사랑하지 않는다고 할 테니까요."

내 머릿속에 그림이 그려지기 시작했다. "그럼 아내가 원하는 건 뭐든 해 주겠다고 약속했단 말이군요? 어떻게 돈도 더 많이 벌어 오면서 동시에 그 많은 집안일들을 다 할 수 있죠?"

"할 수가 없죠. 처음에 약속할 때는 꼭 실천하려고 했거든요. 그런데 그 모든 일을 다 마칠 수가 없네요."

"혹시 어디까지가 합리적인 약속이고, 어디까지가 그렇지 않은지 생각해 보신 적이 있나요?"

"그게 무슨 말이죠?"

"선생님의 아내가 행복해지려면 남편이 최소한 서너 명은 돼야 하는데, 선생님은 지금 혼자잖아요?"

아무래도 짐이 혼란스러워하는 것 같아서, 아내의 불행은 그녀 자신의 문제인 것 같다고 설명했다.

"만일 내가 선생님이라면 아내에게 선택의 기회를 줄 것 같아요." 내가 말했다. "이렇게 이야기해 보는 거죠. '여보, 당신을 사랑해요. 그래서 당신을 위해 열심히 일할 거요. 이번 달에 집안일을 위해 열 시간 정도 낼 수 있을 것 같은데, 그 시간을 어떻게 썼으면 좋겠소?"

"그랬다가는 아내가 펄펄 뛸 겁니다. 열 시간은 부족하다고 생각할 거예요."

"바로 그 부분이 제가 말하려는 요점입니다. 선생님의 아내는 원하는 모든 것을 다 가질 수 없기 때문에 화가 나는 것이고, 선생님은 아내가 화가 난 것에 책임을 져야 한다고 느끼고 있어요. 그 생각을 바꾸지 않으면 선생님이 약속한 것들을 결코 지킬 수가 없습니다."

나는 짐에게 사실은 본인이 자신의 행동을 통해서 이미 '아니요'라는 말을 하고 있다고 설명해 주었다. 문제는 짐이 무책임한 것이 아니라 거짓말을 하고 있다는 것이다. 말로는 해 주겠다고 말하면서 행동은 따르지 않는 것이 문제였다. 그는 '아니요'라고 말해야 할 때 '예'라고 대답하고 있었다.

한 사람이 상대의 감정과 행복을 책임지기 시작하여 경계가 침범당할 때 이 사람은 상대로부터 결코 자유로울 수 없으며, 그 결과 상대를 사랑할 수 없게 된다. 죄책감에서 나온 순종은 사랑이 아니라 노예근성일 뿐이다.

상담을 요청하는 사람들의 문제를 들여다보면 대부분 '경계의 침범'이 핵심이다. 우리는 상대가 나를 책임지도록 만들려 노력하고, 우리 또한 그들을 책임지려 한다. 우리 모두는 타인에게 책임이 있지만, 타인을 대신해 그 인생을 책임져서는 안 된다고 성경은 분명히 말한다. 이것은 매우 중요한 차이다.

만일 짐이 아내에게 계속해서 책임감을 느낀다면, 일을 미루지 않고 이렇게 말할 수 있을 것이다. "내가 이 모든 일을 다 해 주었으면 한다는 건 알지만, 그럴 수는 없겠어. 그러면 아이들과 내가 원하는 건 아무것도 할 수가 없을 테니까. 당신이 화가 나는 것은 안됐지만, 우리 모두가 함께 노력해야 되지 않겠소?"

만일 짐의 아내가 자기 자신을 바로 본다면 자기중심적인 모습을 깨닫게 될 것이며, 자신의 분노를 이용해 가족들을 얼마나 조정해 왔는지 깨달을 수 있을 것이다. 하지만 그렇지 못하고 더 화를 낸다면 짐은 아내가 본인의 분노를 스스로 책임지도록 좀 더 단호하게 나가야 한다. "여보, 당신을 사랑하지만 당신이 화나 있는 시간만큼은 같이 있고 싶지가 않아. 기분이 풀리면 서재로 오구려."

어떻게 보면 두 살배기 아이를 다루는 것과 다를 바가 없다. 사실 자신의 분노나 슬픔, 우울증 등으로 상대를 조정하려는 이들은 극히 미숙한 사람들이다.

피터의 이야기

피터는 마약을 과다 복용했다. 피터는 스물네 살 때 학교를 그만두고 그때부터 부모와 살고 있었다. 부모님은 아주 독실한 신자였기 때문에 아들의 행동에 몹시 분노했다. 아들 때문에 교회에서 이미지가 나빠진 것도 견딜 수가 없었다. 이들은 피터를 상담실에 데리고 왔다.

피터가 왜 자살 충동을 느낄 정도로 심한 우울증에 시달리는지 원인을 분석하다가, 부모의 결혼 생활에 아주 심각한 문제가 있다는 사실을 발견했다. 부모는 서로 소리를 지르며 싸우고 난 후에는 며칠씩이나 서로 말을 하지 않았다. 대신 어린 피터를 자신들의 갈등에 개입시켰다. 아버지는 아내에게 할 말이 있으면 피터를 통해서 했고, 어머니 역시 마찬가지였다.

어떤 때는 아들에게 상대방을 은근히 비난하는 말을 내비치기도 했다. 어머니는 남편과 단둘이 집에 남게 되면 못 견딜 거라고 말했다. 만일 피터가 집을 떠나면 이혼할 거라는 이야기였다. 상황이 그쯤 되면 자기는 자살할지도 모른다며 그것은 결국 '피터의 잘못'이라는 암시를 주었다.

피터는 부모 집을 떠나 자신만의 삶을 살고 싶었지만, 그렇게 되면 부모가 이혼하고 어머니가 자살할지도 모른다는 생각에 두려웠다. 몇 달에 걸친 힘든 상담 치료를 통해서 피터는 자신이 다른 길을 선택할 수 있음을 깨달았다. 부모의 감정은 아들인 자신이 책임질 필요가 없으며, 그들이 이혼하거나 우울증에 빠져도 자신의 책임이 아니라는 것이었다.

피터는 온 힘을 다해 어머니와 직면하고 담판을 지었다.

"어머니, 오랫동안 생각했는데요, 저도 이제 학교를 마쳐야 할 것 같아요. 직업도 갖고 싶고요."

"가족들은 아직 네가 필요하단다. 넌 여기 있어야 해, 네 아버지와 나는 아직도……"

"아니요, 어머니." 피터가 말을 가로막았다. "어머니와 아버지 일은 두 분께 달렸어요. 저는 이제 스물네 살이나 됐다고요. 저도 제 인생을 살아야죠."

갑자기 어머니는 울기 시작했다.

"울지 마세요. 우셔도 소용없어요. 어머니는 언제나 내가 자신을 위해 뭔가를 하려 할 때마다 울었고, 그때마다 저는 마음을 바꿨죠. 이제 더 이상 그러지 않을래요. 제가 집을 떠난다고 해서 어머니가 슬퍼하고 두 분이 싸우게 되더라도 그건 두 분의 문제예요."

피터는 어머니가 결코 배우지 못했던 것을 배웠다. 모든 개인은 각자 자신의 감정에만 책임을 질 필요가 있다는 것이다. 누군가의 감정을 바꾸려는 노력은 마치 다른 차선에 있는 차가 내 차의 방향을 함부로 바꾸려 드는 것과 같다. 우리의 통제력을 잃어버리는 것이다.

자기 감정에 책임을 지려면

자신의 감정을 책임지는 것은 인간관계를 개선하는 데 큰 도움이 된다. 우리가 느끼는 분노의 감정은 대개 누군가가 우리를 향해 잘못을 저질렀다는 신호이다. 하지만 그 분노의 책임을 상대방이 져야 한다고 생각하면 그때부터 문제에 빠지게 된다. 우리는 상대방이 화를 풀어 주려 하기 전까지 계속 분노를 유지할 것이며, 그 시간은 오래 걸릴 것이기 때문이다.

하지만 우리의 분노가 자신의 문제임을 깨닫는다면 그 분노에 스스로 책임을 질 수 있다. 예수님은 그 방법을 이렇게 말씀하셨다. "네 형제가 죄를 범하거든 가서 너와 그 사람과만 상대하여 권고하라 만일 들으면 네가 네 형제를 얻은 것이요"(마 18:15). 모세의 계명도 들어 보라. "너는 네 형제를 마음으로 미워하지 말며 네 이웃을 반드시 견책하라"(레 19:17).

두 말씀 모두 감정을 다룰 책임은 그 감정을 느낀 본인에게 있음을 말해 준다. 모세는 우리에게 두 가지 선택의 길이 있다고 말한다. 하나는 나를 화나게 만든 대상을 직접 책망하는 것이고, 다른 하나는 우리의 분노가 쓴 뿌리와 증오로 변질되게 그냥 놔두는 것이다. 상대방을 찾아가 직접 문제를 해결할 때 분노의 문제는 해결될 수 있으며, 그 사람과의 관계도 호전될 수 있다. 그럴 때 철이 철을 단련시키듯 두 사람 모두 유익을 얻는다. 만일 우리가 서로를 향해서 잘못을 저지른 후 감정을 잘 다루지 않으면 그 감정은 증오로 변하며 곪게 된다.

상대방의 감정이 아니라, 각자 자신의 감정을 책임지는 것은 이 땅에서 책임감 있는 인생을 사는 중요한 열쇠가 된다. 분노를 해소할 때는 우리에게 잘못한 상대와 직면하여 용서를 하거나, 혹은 분노의 요인이 되는 우리 자신의 기대를 포기하는 방법이 해결책이 될 것이다. 그래야 상대방과 의사소통이 더욱 명확해지며, 그들의 삶을 조종하려는 시도를 포기하게 된다.

태도의 경계를 혼동할 때

사람들은 종종 기대감이라는 것이 누군가의 뇌 속에 테이프로 부착시킬 수 있는 것인 양 말한다. 이 사람 저 사람이 자신에게 너무 많은 기대를 붙여 놓는다며 불평을 하는 것이다. 어른이 된다는 것은 우리의 태도와 기대가 부모님의 것과는 다르다는 사실을 깨닫고 부모에게서 분리됨을 뜻한다. 우리가 스스로의 태도를 책임지기 시작할 때 다른 사람들이 우리에게 부여하는 기대로부터 자유로워질 수 있다.

우리가 다른 사람들의 기대 때문에 '피해를 입는다'고 느낄 때마다, 사실 우리를 압박하는 것은 자신의 태도라는 사실을 기억해야 한다. 짐의 경우도 그랬다. '남편은 나를 위해 반드시 이것들을 해야만 한다'는 아내의 기대는 그녀의 문제이지, 짐의 문제가 아니었다. 문제는 '아내가 원하는 것을 반드시 해야 한다'는 짐 자신의 태도였다. 만일 짐이 '아내가 원하는 걸 고려해 보고 내가 할 수 있는 것을 선택하겠다'는 태도를 보였다면 아내에게 더 솔직할 수 있었을 것이고, 아내 또한 자신의 삶에 책임을 질 수 있었을 것이다.

마침내 짐은 태도를 바꾸었고 아내를 대신 책임지는 일을 멈추었다. 그러자 아내는 남편이 자신을 위해 무엇을 '해야만 한다'는 태도가 현실과 일치하지 않는다는 사실을 깨닫게 되었다. 자신의 태도를 바꾸든가 아니면 좌절해 버릴 수밖에 없는 선택의 기로에 놓인 것이다.

이처럼 현실은 자신의 모습을 똑바로 보게 해 준다. 현실을 통해 세상을 바라보는 자신의 혼돈된 태도를 직면하고, 그것을 직접 다루게 되는 것이다. 만일 누군가가 나 대신 책임을 져 주어서 그런 잘못된 태도를 계속 유지하게 만든다면 우리는 결코 성장을 경험할 수 없다. 우리 것이 아닌 것을 가지려 하거나, 우리의 것을 제대로 책임지지 못하는 것이 바로 경계선 침범의 핵심이다.

만일 우리가 누군가에게 압박감을 느낀다면, 압박하는 상대방의 태도에 동의한다는 뜻이 되고 만다. 다른 사람을 원망하기보다는 자신이 '예'라는 대답을 하는 데 너무 익숙해져 있는 것은 아닌지 생각해 보아야 한다.

도나의 이야기

도나는 내가 만나 본 사람들 중에서 가장 화를 잘 내는 여성이었다. 그녀는 가족들의 부담스러운 기대에 잔뜩 화가 나 있었다. 어머니는 그녀가 매일 전화를 하고 함께 쇼핑 다니기를 원했다. 아버지는 딸이 주말마다 저녁을 먹으러 오기를 바랐다. 언니들은 도나가 조카들의 생일이나 크리스마스 때마다 선물을 사 주기를 원했고 오빠는 아기 봐 줄 사람을 구하지 못할 때마다 도나가 애들을 봐 주었으면 했다.

도나를 향한 가족들의 기대가 지나치다는 데는 나도 동의했다. 하지만 가족들의 태도는 바뀌지 않을 것이기 때문에 본인 스스로 자신의 태도를 바꿈으로써 가족들의 기대에서 벗어나야 했다. 이렇게 말했더니 도나는 도리어 내게 화를 냈다. 내가 그녀에게 충분히 관심을 기울이지 않아서 자신을 희생자로 여기지 않는다고 느꼈던 것이다. 그녀를 향한 가족들의 기대와, 가족에 대한 스스로의 기대감에서 벗어나고 자신이 희생당하고 있다는 생각을 멈춰야 한다고 나는 강조했다.

"난 가족들에게 아무런 기대도 안 해요. 그 사람들이 나한테 항상 뭔가를 바라고 부담을 준 거죠." 그녀가 대답했다.

"그건 자매도 마찬가지예요. 가족들은 자매에게 주말마다 저녁을 먹으러 와야 한다고 부담을 주고, 자매는 가족들에게 오라 가라 강요하지 말아야 한다고 부담을 주고 있죠." 다시 말해, 도나는 가족들이 자신에게 어떠한 기대도 하지 말아야 한다고 기대하고 있는 것이다.

여러 차례 상담을 하면서, 가족들이 바뀌어야 한다는 태도를 바꾸지 않는 한 결코 자유로워질 수 없다는 것을 알려 주려고 애를 썼다. 하지만 자신이 나아지기 위해서는 가족들의 태도가 먼저 바뀌어야 한다는(사실 그녀가 어떻게 할 수 없는) 그녀의 주장에 내가 동의하지 않자 상담 치료는 더 이상의 진전 없이 멈춰 버렸다.

만일 내가 도나의 불행이 그녀의 잘못이 아니라 가족들의 잘못이라고 동의해 주었더라면 도나는 내가 자기편이라고 느꼈을 것이다. 도나의 가족들이 그녀에게 깊은 상처를 주었고 그것이 고통의 큰 요인이라는 것에는 동의할 수 있으나, 지금까지 그런 상황이 지속되게 만든 장본인은 결국 그녀였다. 도나는 자신의 행동과 자신을 향한 다른 사람들의 행동을 스스로 통제할 수 있는 성인이다. 하지만 도나는 내가 가족들 편을 들어 주었다고 생각하고 상담을 그만두었다.

3년 후에 도나를 다시 만났을 때도 그녀는 여전히 가족들의 기대와 태도를 원망하면서 문제에서 벗어나지 못하고 있었다.

로버트의 이야기

로버트는 한 직장에 오래 머물지 못하는 이유로 상담을 받으러 왔다. 그는 재주가 무척 뛰어나고 똑똑했다. 그의 어머니는 맹목적인 사랑을 베푸는 분이었고 아버지는 엄하면서 비판적이었다. 아버지가 요구하는 일은 언제나 너무 힘들어 끝까지 해낼 수 없었고, 어머니는 그런 아들을 보호하기 위해 대신 일을 해 주었다.

어머니의 아들 사랑은 도가 지나쳤다. 아들이 성장하는 동안 거의 아무것도 시키지 않았던 것이다. 그런 어머니의 밑에서 성장한 로버트는 자신이 특별하기 때문에 세상도 자신을 돌봐 줄 것이라고 생각하게 되었다. 어머니는 어떤 일들은 로버트처럼 뛰어난 사람이 할 일이 아니며, 그는 그보다 더 나은 일을 해야 한다고 말하곤 했다. 로버트는 어머니의 태도를 그냥 받아들였다. '나는 특별하기 때문에 좀 더 특별한 대접을 받아야 해. 세상은 다른 사람들이 받지 못하는 특별한 배려를 내게 베풀 필요가 있지' 하고 생각했던 것이다.

하지만 직장 생활을 시작하자 상사는 그런 태도를 더 이상 용납하지 않았다. 그 상사는 '월급 받는 사람이라면 당연히 성과가 있어야지!' 라는 철칙을 가진 사람이었다. 성장 배경과 상반되는 상사의 태도에 부딪혔을 때 그의 직장 생활이 어떠했으리라는 것은 짐작할 만했다.

아내 또한 상황을 더 복잡하게 만들었다. 그의 아내는 채무자들이 현관문을 두드릴 때까지 남편이 그런 태도를 계속 유지하도록 부추겼다.

상담 치료를 통해 로버트는 자신이 겪는 문제의 원인이 같이 일하는 '못난 놈들'의 태도가 아니라, 자신의 태도라는 것을 깨달을 필요가 있었다. 그는 세상과 직장에 대한 잘못된 시각을 책임져야 했다. 게다가 아내가 그런 잘못된 시각을 계속 유지하도록 부추기고 있음을 알아야 했다.

그는 서서히 상황을 바라보는 관점을 바꾸기 시작했다. 그 결과 다른 사람들과 좀 더 잘 지내게 되었고 직장도 계속 유지할 수 있었다. 만일 로버트가 자신의 태도를 먼저 책임지지 않았더라면 결코 변화를 경험하지 못했을 것이다. 계속 이 직장에서 저 직장으로 옮겨 다녔을지도 모른다. 주님이 하신 말씀이 맞다. "먼저 네 눈 속에서 들보를 빼어라 그 후에야 밝히 보고 형제의 눈 속에서 티를 빼리라"(마 7:5). 지금껏 로버트는 자신의 잘못된 태도로 생긴 문제를 다른 사람 탓으로 돌렸기 때문에 그들을 정확히 볼 수 없었다. 자신의 눈에서 들보를 빼내고 나서야 비로소 남들을 명확히 볼 수 있게 된 것이다.

행동의 경계를 넘어설 때

자신의 행동을 책임지는 능력은 삶을 통제하는 데 꼭 필요하다. 심은 대로 거둔다는 법칙은 가장 신뢰할 만한 행동 법칙이다. 그 법칙에 따라 우리는 만족감을 느끼기도 하고 비참함을 경험하기도 한다.

하지만 심은 대로 거둔다는 법칙은 중력의 법칙과도 같이 일시적으로 멈출 수 있다. 어떤 완충 작용을 통해 이 법칙에서 우리를 잠시 보호할 수도 있다는 말이다. 만일 유리컵을 위에서 아래로 떨어뜨리면 중력의 법칙에 따라 바닥으로 떨어져서 깨져 버릴 것이다. 하지만 유리컵을 천장에 매단 채로 떨어뜨리면 잠시 중력의 법칙을 지연시키고 유리컵이 깨지는 것을 막을 수 있다.

마찬가지로 심은 대로 거둔다는 법칙도 다른 사람의 행동을 책임짐으로써 그 결과를 잠시 유예할 수 있다. 이 법칙에 따르면 일하기 싫은 사람은 먹지도 말아야 한다. 하지만 일하기 싫은 사람에게 먹을 것을 제공해 줌으로써 법칙의 결과를 지연시킬 수 있다. 이런 사람들은 아무것도 심지 않았으나 음식을 거두어들인 셈이다. 따라서 자신의 행동에 상응하는 결과가 따른다는 것을 인식할 기회를 놓치고 만다. 결국 이들은 완전히 무기력해지기 시작하고 그들을 그렇게 만드는 방관자, 혹은 보호자에게 점점 더 의존적이 되어 간다.

알코올 중독자의 가정이 대표적인 예이다. 남편은 술을 마시고 나중에 후회할 만한 행동을 저지른다. 그러면 아내는 남편이 술을 마셨기 때문에 치러야 할 대가들을 치르지 않도록 미리 손을 쓴다. 남편을 대신해서 직장에 전화를 걸어 아프다고 핑계를 대 준다. 남편이 술에 취해 딸을 밀쳤는데도, 딸이 부주의해서 넘어졌다고 이웃에게 둘러댄다. 그렇게 남편을 대신해서 책임을 져 준 결과 남편이 변화하거나 성장하도록 자극하지 못한다. 남편을 도우려다가 실제로는 망치는 격이다. 알코올 중독은 무책임한 생활 방식이다. 누군가가 완충역할을 해 주지 않는다면 그런 생활 방식은 지속될 수가 없다.

자기 행동의 대가를 스스로 책임지도록 허용하지 않고 다른 사람이 대신 막아 줄 때마다 경계를 침범하는 셈이다. 무책임한 사람이 고통당하는 것을 막아 주기 위해서는 누군가가 대신 그 짐을 져야 한다. 이것은 비성경적인 일이기도 하다. 하나님께서 중력을 허락하셨기 때문에 우리는 걷는 법을 배울 수 있었다. 또한 하나님께서 우리에게 삶을 주셨으므로 일하는 것을 배울 수 있었다. 만일 우리의 행동에 제한도 없고 행동에 상응하는 결과도 없다면 세상은 온통 무질서해질 것이다.

어떤 아이들은 자신이 하고 싶은 일은 무엇이든 할 수 있으며, 혹시라도 곤경에 처하면 누군가가 구해 줄 것이라고 배운다. 이런 아이들은 성인이 된 뒤에도 그런 상황이 계속된다고 생각하며, 자신들의 책임을 대신 져 줄 누군가를 찾게 된다. 하지만 주변의 모든 사람들이 그 사람 대신 고통을 받게 된다. '너는 마음대로 행동하렴. 그 대가는 내가 치를 테니.' 이것이 바로 사람을 망치는 전형적인 태도이다.

해럴드의 이야기

해럴드는 서른다섯 살이나 된 딸 스테이시를 '바로잡아 보겠다'고 나를 찾아왔다. 스테이시는 아버지와 상담 치료 받으러 오는 것을 거절했다. 아버지의 말에 의하면, 스테이시는 아무런 일도 하지 않을뿐더러 다량의 마약을 복용한다고 했다.

"스테이시는 주로 뭘 하면서 시간을 보내나요?"

"주로 클럽에서 테니스를 쳐요." 그는 짜증스럽게 말했다. "그렇게 똑똑한 애가 왜 시간을 그렇게 허비하는지 도무지 이해할 수가 없어요."

내가 물었다. "어떻게 그 경비를 다 대지요? 그런 클럽에 가려면 돈이 많이 들 텐데요. 게다가 아무런 일도 안 하면서 마약에 돈을 허비한다면, 분명 어디에선가 돈이 나오는 곳이 있을 겁니다."

"제가 신탁예금을 만들어 줬거든요. 그 앤 가진 돈이 많아요. 돈이 문제가 아니에요. 인생을 허비한다는 게 문제지."

"제 생각에는 돈이 문제의 일부인 것 같은데요."

"왜 그렇죠?"

"해럴드 씨, 당신은 똑똑한 사람입니다. 만일 선생이 손님에게 배달을 하지 않는다면 어떻게 될까요?"

"아마 다른 회사로 가겠죠. 내 사업은 망하고요. 그런데 그게 스테이시와 무슨 상관이 있죠?"

"따님은 지금 배달도 하지 않으면서 아주 좋은 보수를 받고 있거든요. 그런 직장이라면 저라도 당장 다니고 싶네요. 선생님은 스테이시가 삶을 낭비하도록 방치하고 있습니다. 선생님이 스테이시를 끊어 내기 전에는 따님에게 회복의 기회가 없습니다."

알고 보니 해럴드는 오래전 죽은 첫 번째 부인에게서 낳은 이 딸에게 애정이 남달랐다. 누구보다 밀접했던 딸이 자기 곁을 떠날지도 모른다는 두려움 때문에, 딸이 무슨 행동을 하건 그 행동에 따른 결과를 스스로 치르도록 내버려 두지 않았다. 그는 스테이시가 대학생일 때부터 돈으로 딸을 구출해 냈다. 스테이시는 항상 예산을 초과해서 돈을 썼고 차를 망가뜨리기 일쑤였지만,

그럴 때마다 아버지는 차를 수리하거나 새로 구입할 만큼 충분한 수표를 건네곤 했다. 원인과 결과에 대한 법칙을 한 번도 배울 기회가 없었던 딸은 구제불능 상태가 되어 버렸다.

"내가 돈을 주지 않았다면 그 아이는 어떻게 되었을까요?" 해럴드가 물었다.

"그건 따님께 달렸지요. 그 많은 돈을 교육비로 썼더라면, 아마 뭘 해도 잘 했을 겁니다. 정신 차리고 몸을 추스르도록 약물 치료도 받았어야 해요. 스테이시는 지금 아쉬울 게 없는 세상에 살고 있습니다. 아무리 게을러도 많은 돈을 가질 수 있다니, 선생님 같아도 그렇게 살고 싶지 않겠어요?"

해럴드가 웃었다. 그는 모든 상황이 얼마나 말도 안 되는지를 깨달았다. 그는 스스로 책임 있는 행동을 하고 남들도 그렇게 하도록 이끈 끝에 엄청난 부를 쌓을 수 있었다. 하지만 딸에 대한 사랑과 죽은 아내를 향한 연민이 딸의 삶의 경계선을 침범하도록 만들었다. 그가 딸이 저지른 행동의 결과를 대신 떠맡기 시작했을 때 눈이 멀어 진실을 볼 수 없게 되었다. 삶의 다른 부분에서는 그렇지 않았지만, 정작 자신의 인생에서 가장 중요하게 여기는 딸에게는 무책임한 행동을 부추겼던 것이다.

잠언은 이렇게 기록한다. "매를 아끼는 자는 그의 자식을 미워함이라 자식을 사랑하는 자는 근실히 징계하느니라"(잠 13:24). 만일 스테이시가 좀 더 어려서부터 결과에 따른 싱세를 받았다면 그처럼 삶이 엉망이 되지는 않았을 것이다. 아버지는 슬픔을 자신의 경계 내에서 다루지 않았기 때문에 딸의 경계를 침범하고 말았다.

생각의 경계가 흔들릴 때

　우리는 감정이나 태도와 더불어 반드시 우리의 생각에 책임을 져야 한다. 우리의 생각은 정서 발달과도 밀접한 관계가 있다. 모든 정서장애가 생각에서 비롯되는 것은 아니지만 생각이 아주 중요한 역할을 하는 것은 사실이다.

　우리의 생각은 다른 사람들과 상황에 어떻게 반응하는가에 영향을 미친다. 예를 들어 '그 사람은 절대 나를 좋아하지 않을 거야. 그래서 나도 전화하지 않을 거야'라는 생각은 상대방에게서 멀어지게 만들고 스스로를 고립시킨다. 우리는 인간관계를 방해하는 모든 생각에 책임을 져야 한다. 다른 사람을 정죄하는 생각은 언제나 우리에게 상처를 준다. 따라서 우리는 자신의 비판적인 생각을 책임지고 자백하며, 하나님께서 우리의 사고방식을 변화시키도록 해야 한다.

　또한 다른 사람들의 생각은 우리가 책임질 수 없다. 누군가가 우리에게 긍정적이거나 부정적인 생각을 품는다면, 그것을 받아들이는 수밖에 없다. 우리가 그들의 생각에 영향을 미칠 수는 있으나 통제할 수는 없다. 다른 사람에게 원하는 대로 생각할 수 있는 자유를 주어야 하는 것이다. 사람들이 예수님에 대해 터무니없는 의견을 보일 때도 예수님은 그것을 허용하셨다.

　해럴드가 딸의 신탁예금을 거래 중지시켰을 때, 딸은 아버지가 쩨쩨하다고 생각했다. 어느 알코올 중독자의 아내가 남편의 술주정을 참아 내지 않겠다고 단호하게 거절했을 때, 남편은 아내가 배신자라고 생각했다. 우리가 무엇을 하든 사람들은 그것에 대해 자신의 의견을 가질 것이다. 우리는 그들이 원하는 대로 생각하도록 허용해야 하며, 의견을 변화시키기 위해 그들의 경계를 침범하려 해서는 안 된다.

만일 우리가 사람들의 정죄를 두려워하면 심각한 문제에 빠질 것이다. 많은 사람들이 자신의 삶을 책임지지 않으려 한다. 그러고는 우리가 자신을 보살펴 주지 않으면 나쁜 사람이라고 여긴다. 설혹 그들이 우리를 부정적으로 생각하더라도 그냥 그렇게 생각하게 놔두고, 대신 그들이 자신의 의견에 책임지도록 해야 한다.

유대인들은 요한과 예수님에 대해 어떻게 말했는가? "요한이 와서 먹지도 않고 마시지도 아니하매 그들이 말하기를 귀신이 들렸다 하더니 인자는 와서 먹고 마시매 말하기를 보라 먹기를 탐하고 포도주를 즐기는 사람이요 세리와 죄인의 친구로다 하니 지혜는 그 행한 일로 인하여 옳다 함을 얻느니라"(마 11:18-19). 어떤 사람들은 우리가 뭘 하든 무조건 비판적일 것이다.

다른 사람이 우리에 대해 어떻게 말하는가보다는, 오히려 우리가 자신에 대해 어떻게 생각하는가에 더 주의를 기울여야 한다. "그러므로 이제 그리스도 예수 안에 있는 자에게는 결코 정죄함이 없나니"(롬 8:1)라는 말씀대로 자신을 정죄하는 생각은 분명 비성경적이다. 우리는 그런 생각을 다스리고 책임져야 한다. 그런 생각은 마땅히 우리 영역에서 머물 곳이 없어야 한다.

어떤 종류의 왜곡, 편견, 일반화도 우리 생각의 영역에 들어와서는 안 된다. 어떤 이들은 "사람의 계명"을 교훈인 양 가르친다(마 15:9). 그러한 가르침은 사람들의 영혼의 눈을 가린다. 자신의 생각을 타인에게 억지로 주입하려 할 때 상대방을 감옥에 가두려는 것과도 마찬가지라는 사실을 기억해야 한다. 이런 종류의 경계 침범은 누군가의 영적인 삶과 정서적인 삶을 망가뜨릴 수 있다.

능력의 경계를 인식하지 못할 때

"우리에게 주신 은혜대로 받은 은사가 각각 다르니"(롬 12:6)라는 말씀처럼 하나님께서는 우리 각자를 특별하게 만드셨기 때문에 다른 사람과 우리를 비교해선 안 된다. 우리는 자신의 능력을 인식하고 자신의 경계선 안에만 머물러야 한다. 경계를 침범하는 사람들은 잘못된 자긍심이나 거짓된 죄책감을 느낄 위험이 있다. 눈이 손을 보며 이렇게 말한다면 어떻겠는가? "나는 손보다 훨씬 잘 볼 수 있어! 그러니까 나는 정말 위대해!" "나는 손처럼 물건을 쥘 수가 없어! 나는 너무 바보 같아." 둘 다 정확한 평가가 아니다.

다른 누군가가 우리의 경계를 침범하고, 우리의 능력을 함부로 평가하도록 놔두는 것 또한 잘못이다. 흔히 부모들이 이와 같은 경계선 침범의 잘못을 저지르는데, 예를 들어 자녀가 운동선수일 때는 지식인이 되기 원하고, 지식인일 때는 운동선수가 되기 원한다. 가장 사랑하는 사람과 함께 있을 때 진정한 자신이 될 수 없다는 것은 엄청난 고통이다. 우리를 사랑하는 사람들이 우리의 진정한 재능을 인정하고 귀히 여겨 주지 않는다면, 우리는 그들의 기대에 부응하기 위해 자신의 진정한 능력을 부인하게 된다.

선택의 경계를 뺏거나 빼앗길 때

경계를 지키는 문제에서 선택의 영역만큼 중요한 것도 없을 것이다. 경계의 핵심은 책임지는 것이고, 책임의 중심은 선택이다. 하나님께서는 모든 인간에게 선택할 능력을 부여하셨다. 우리에게 선택권이 제거된다면 온전한 인간일 수도, 온전한 '하나님의 형상' 일 수도 없다.

우리가 다른 사람을 대신해서 선택할 때마다, 혹은 우리를 대신해 선택할 책임이 남에게 있다고 생각할 때마다 경계가 침범되는 것이다.

타인의 선택을 대신하는 경우

다른 사람들이 해야 할 선택을 우리가 대신하는 것만큼 하나님의 마음을 상하게 하는 일은 없다. 구약성경에는 하나님의 백성들이 자유를 빼앗긴 상황이 자주 언급된다. 하나님께서는 "내 백성을 보내라"(출 5:1)라고 하셨으며 또한 "내가 기뻐하는 금식은 흉악의 결박을 풀어 주며 멍에의 줄을 끌러 주며 압제 당하는 자를 자유하게 하며 모든 멍에를 꺾는 것이 아니겠느냐"(사 58:6)라고 외치셨다.

하나님은 당신의 백성들이 각자의 자유의지에 따라 하나님을 사랑하기로 선택하기를 원하신다. 그리고 자기 백성을 구속하는 자들을 대적하신다. 하나님께서는 언제나 포로 된 자를 구원하는 분이셨다.

다른 사람들의 선택권을 빼앗음으로 그들을 구속하려 들 때마다 우리는 그들을 노예로 전락시킨다. 교만하게도 "지금 중요한 건 바로 내 뜻이야"라고 말하며, 능동적이든 수동적이든 상대에게 강요를 한다면 이는 끔찍한 죄악이다. 타인의 선택권을 빼앗는 방법은 다음과 같다.

✚ 죄책감 이용하기

이는 사람들의 선택권을 빼앗는 가장 흔한 방법이다. "어떻게 나에게 이럴 수가 있어?"라는 말은 상대방에게 죄책감을 유도한다. 사실 그 사람은 아무런 일도 하지 않았다. 그저 선택의 자유를 실천했을 뿐이다.

이 방법은 상대방을 우유부단한 사람으로 만들기 딱 좋다. 만일 누군가의 선택 능력이 죄책감에 묶여 있다면 제 기능을 발휘할 수 없다.

버트는 기독교 집안에서 자란 스물다섯 살의 청년이다. 어릴 때부터 부모님은 영적인 문제에 관한 선택들을 대부분 대신해 주었다. 하나님에 관한 한 버트는 어떠한 의문을 갖거나, 의심을 하거나, 스스로 결정하지 못하도록 훈련받았다. 버트의 부모님은 아들이 언제 성경공부에, 청년 모임에, 교리문답 교육에 가야 하는지를 알려 주었고 언제 신앙을 고백해야 하는지까지도 가르쳐 주었다.

그들은 다른 부분에서도 아들을 위해 많은 선택을 대신했다. 옷이나 여자 친구, 집에 초대한 친구들 등 아들이 스스로 선택한 것들은 비판했다.

집을 떠나 대학에 가면서부터 버트의 생활이 흐트러지기 시작했다. 버트는 통제력을 잃었고, 자신의 삶을 스스로 통제하고 있다는 느낌이 들 때까지 술을 마시고 파티를 했다. 이것이 바로 바울이 말한 '율법이 범죄를 더하게 하는' 상황이었다(롬 5:20 참조).

그의 부모는 아들을 전혀 이해할 수 없었다. "나는 너를 사랑하지만 너의 가치관에는 동의할 수 없구나. 그러나 그 가치관은 네 선택이고 나는 네 선택을 존중한다. 다만 언제든 자유롭게 집으로 돌아올 수 있다는 사실을 기억하렴. 네가 돌아오면 결코 '내 그럴 줄 알았다'라고 말하지 않을 거야. 그저 네가 바른 선택을 한 것을 기뻐하며 반갑게 맞아 주마"라고 말했던 탕자 아버지의 심정을 도무지 알 수 없었다.

우리는 버트의 형제자매와 부모, 조부모와 함께 모이는 자리를 마련했다. 그 자리에서 나는 버트가 이제는 어른이고 원하는 선택을 무엇이든 할 수 있다고 말했다. 하나님께서는 버트가 나쁜 것을 선택할 수 있는 자유도 허용하셨으며, 그러므로 가족들도 허용해야 했다. 그렇게 해야만 버트가 자유롭게 하나님의 길을 선택할 능력을 갖게 된다는 사실도 말해 주었다.

하지만 버트의 가족들은 내가 한 말을 알아듣지 못했다. 가족들은 계속해서 버트를 자신들처럼 만들려 했고, 버트가 그렇게 되어 주지 않을 때 죄의식을 느끼게 만들었다. 악순환은 계속되었다. 버트는 스스로 선택을 하기 위해서 가족의 통제로부터 멀어져 갔다.

내 생각에 언젠가 버트는 탕자가 경험했던 것만큼 가족들에게서 충분히 멀어질 것이다. 나중에 돼지우리가 자신이 쉴 만한 곳이 못 된다는 것을 배울 것이고, 결국 하나님의 길을 택하게 될 것이다. 그러나 자신의 선택에 스스로 주인이 되기까지는 그러지 못할 것이다.

✚ 조종하기

조종은 다른 사람이 가진 선택의 힘을 빼앗는 수법이다. 짐의 아내는 자신이 원하는 선택을 남편이 하지 않을 때마다 사랑을 거두어들였다. 남편을 마음대로 조종하기 위해 사랑을 이용하고 남편의 선택을 구속하려 한 것이다. 죄책감 없이 분리를 선택할 수 없는 관계에서는 친밀감이 생성되지 않는다.

피터의 경우도 마찬가지였다. 어머니는 아들이 어른이 되기로 결정하고 집을 떠나면 자살할 것이라고 협박했다. 그러면 피터는 선택의 여지가 없게 된다. 그녀는 조종을 통해 아들의 선택을 통제했으며 또한 경계를 침범했다. 피터에게는 자유로움과 사랑받는다는 느낌을 동시에 느낄 공간이 전혀 없었다.

다른 사람을 대신해서 선택을 하려 드는 경우는 셀 수 없이 많다. 우리가 누군가의 요구를 거절했을 때, 아무런 말도 없이 침묵으로 반응하는 경우를 생각해 보라. 우리는 선택권은 가지게 되지만 사랑받는다는 느낌에서는 멀어진다. '나쁜' 사람이 되고 마는 것이다.

"만약 나를 사랑한다면, 나를 위해 이런저런 일을 해야 해"라는 말을 할 수 있는 분은 예수님 한 분뿐이시다. 그리고 주님은 결코 당신의 힘을 과시하려고 그런 말씀을 하지 않으신다. 문자 그대로의 의미로 그 말씀을 하신다. "너희가 나를 사랑하면 나의 계명을 지키리라"(요 14:15). 사랑하면 자연스럽게 순종하게 되어 있다. 예수님은 우리를 조종하려는 것이 아니라 다만 사실을 말씀하실 뿐이다.

하지만 어떤 사람이 "당신이 나를 사랑한다면 오늘 저녁에 당구 같은 건 치러 가지 않을 거야"라고 말할 때는 상대방이 사랑의 방식을 선택할 자유를 빼앗는 것이다. 그 사람의 경계를 침범하고 있는 것이다. 이럴 때는 경계를 분명히 긋는 말로 답해야 한다. "그렇지 않아. 당신을 사랑하지만 오늘 저녁 시간을 어떻게 보낼 것인가는 내가 선택할 거야. 내가 당신을 사랑하는지 아닌지를 당신이 선택할 수는 없다고. 그건 내 선택이니까."

같은 맥락에서 예수님은 "주 너의 하나님을 시험하지 말라"(눅 4:12)라고 말씀하셨다. "하나님이 정말 나를 사랑하신다면 내게 좋은 남편감을 허락해 주실 거야"라고 말하는 순간 하나님이 하나님 되심을 부인하고, 또한 하나님이 원하시는 방법으로 우리를 사랑할 수 있는 자유를 부인하게 되는 셈이다. 그렇게 간구할 때 하나님은 "나는 너를 사랑하지만 지금 당장은 남편감을 허락하지 않을 것이다"라고 대답하실 것이다. 하나님은 우리의 조종을 받지 않으신다. 우리에게는 하나님께 간구할 자유가 있지만 하나님이 주시기로 한 것은 주실 것이고, 그렇지 않은 것들은 주시지 않을 것이다. 이것이 진정한 관계이다.

그렇다고 우리가 그분의 결정에 화를 낼 수 없다는 의미는 아니다. 다만 우리의 분노는 우리 자신의 문제이지, 그분의 것이 아니라는 사실을 깨달아야 한다. 자신의 감정을 책임질 수 있다면 상대방이 자유로운 선택을 하도록 허용할 수도 있다. 그런 건강한 관계 속의 사람들은 "그럴 줄 알았어. 넌 언제나 네가 원하는 대로 하니까" 하고 말하는 대신 "네가 저녁 식사에 오지 못한다니 서운하다. 다음에는 꼭 보자"라고 말할 줄 안다.

경계를 침범하는 사람들은 상대방이 자신의 선택을 하려 할 때 예외 없이 상대방을 '이기적'이라고 부른다. 이들은 자신의 삶뿐만 아니라 상대방의 삶까지도 통제하길 원한다. 그것이야말로 자기중심적이고 이기적인 것이다.

성경은 우리가 자신을 위해 하는 일들을 결코 나쁘다고 말하지 않는다. 오히려 우리가 스스로를 위해 무엇인가를 해야 한다고 말해 준다. 하지만 우리가 자신만을 위해 살면서 자신을 우주의 중심에 두는 것은 엄격하게 지적한다. 우리는 우리 자신뿐 아니라 서로를 돌아보도록 되어 있다(빌 2:4 참조). 상대방의 유익을 돌아보지 않고 자신 이외에는 다른 누구의 바람에도 상관하지 않는 것, 그것이 바로 악이며 이기주의이다.

누군가의 선택을 죄의식이나 조종으로 묶는 것은 사랑이 아니다. 그것은 상대방을 노예로 만드는 짓이다. 당신이 다른 사람의 발목에 사슬을 묶을 때마다, 그것이 결국 당신의 목을 묶게 된다는 것을 기억하라.

우리의 선택을 타인에게 떠넘기는 경우

경계 침범의 두 번째 형태는 다른 사람에게 우리의 선택을 책임지게 만드는 것이다. 누군가가 나를 조종하려는 행동을 하더라도 내가 허락하지 않고서는 결코 조종당할 수 없는 법이다.

소위 '수동적 공격성'을 지닌 사람들이 흔히 이런 경향을 보인다. 이들은 간접적인 방법으로 다른 사람의 요구를 거절한다. 자신의 선택에 책임을 지지 않는 것이다. 대신에 돌아서서 그 사람이 강요를 했다며 비난한다. 혹은 앞에서는 하고 싶지 않은 일을 하겠다고 동의하고 나서 나중에 불평을 늘어놓기도 한다.

그럴 땐 "하고 싶지 않았다면 그때 그렇게 말하지 그랬어"라고 말해 주어야 한다. 부탁을 들어주고 나서 원망을 퍼붓는 사람들은 상대방에게 상처를 주고 또 다시 부탁하는 것을 꺼리게 만든다.

우리가 죄책감을 느끼는 이유는 우리가 선택한 태도 때문임을 기억하라. 만일 누군가가 나를 조종하려 할 때 그것이 나쁘다는 것을 안다면 '아니요'라고 말해도 죄책감을 느끼지 않을 것이다. 오히려 '이 사람이 날 통제하려고 하는 거 아닌가?' 라고 생각할 것이다. 그러나 다른 사람들을 기쁘게 해 주어야 한다고 믿는다면 죄책감을 느낄 수밖에 없다. 핵심은 죄책감이 '선택의 태도'에 달려 있다는 것이다.

우리가 우리의 선택을 책임지지 않는다면, 조종하려 드는 사람들이 우리를 끌고 다닐 수 있다. 그들은 하룻저녁, 주말, 어쩌면 평생을 두고 우리의 갈 길을 결정할 것이다. 우리가 무엇을 내어 주고 어떤 길을 갈 것인가는 오직 우리 자신과 하나님이 결정해야 한다.

욕구의 경계에 책임지지 않을 때

짐의 아내는 멋진 정원을 갖고 싶은 욕구가 있었다. 이것은 그녀의 욕구였지 남편의 욕구는 아니다. 그러므로 멋진 정원을 갖기 위한 책임은 그녀가 져야 한다.

물론 남편에게 도움을 요청할 수 있고, 또한 짐은 아내의 요청을 들어 줄 수 있다. 그러나 거기에 대한 책임은 여전히 아내한테 있다. 만약 남편이 도와주지 않고 자신은 계속 그것을 원한다면, 멋진 정원을 꾸미기 위해 그녀가 직접 책임을 져야 한다. 설혹 원하는 것을 얻지 못하더라도 그 또한 아내의 문제이다.

우리가 우리의 욕구를 자신의 책임으로 보지 않을 때, 욕구가 채워지지 않아서 생기는 상실감과 불만을 남에게 돌리게 된다. 자신이 처한 상황을 자신의 책임 아래 두지 않는다면 삶이 자신을 속였다며 불평을 할 수밖에 없다. 이런 사람들은 정작 자기 삶의 질을 개선하기 위해서는 아무 일도 하지 않는다.

원하는 것을 스스로 얻으려 하는 사람들은 갖지 못하는 것을 비통해하지 않는다. 그리고 그것을 어떻게 얻을 수 있을지 적극적으로 궁리한다.

바울은 "각각 자기의 짐을 질 것이라"(갈 6:5)고 말했다. 또 그보다 몇 구절 전에는 "너희가 짐을 서로 지라 그리하여 그리스도의 법을 성취하라"라고도 했다(갈 6:2). 바로 여기에서 개인의 책임과 공동의 책임이 함께 만난다. 성경은 이 두 가지 모두를 함께 제시한다. 구약성경에 보면 가난한 이웃을 위해 곡식을 남겨 두라고 명령했지만, 그것을 직접 거둘 책임은 가난한 자들에게 있었다.

또한 자신의 욕구를 인정하면 사랑과 책임감이 생긴다. 누군가에게 무엇을 주더라도 사랑을 얻어내기 위한 것이 아니기에 오히려 순수한 사랑의 마음으로 기꺼이 사람들의 요구를 채워 줄 수 있다. 스스로 선택할 수 있어야 더 쉽게 내어 줄 수 있는 법이다.

한계가 분명하지 않을 때

우리는 자신의 한계를 결정하고, 다른 사람에게도 그들이 정한 한계에 책임지도록 해야 한다. 만일 시간, 돈, 힘에 한계를 느낀다면 반드시 그에 대한 한계를 설정해야 한다. 자신의 한계선을 너무 멀리까지 확대하는 것도, 다른 사람의 한계를 내가 나서서 결정하는 것도 잘못이다.

악한 행위에 한계 정하기

알코올 중독자 가정을 예로 들어보자. 만약 아내가 감당 못할 정도로 술을 마신다면 그것은 그녀의 책임이다. 이때 남편은 아내가 얼마나 술을 마셔야 하는지 그 한계를 대신 정해 줄 수는 없다. 다만 이렇게 말할 수 있을 것이다. "나는 더 이상 당신의 행동을 용납하지 않을 거요. 만일 당신이 계속해서 술을 마신다면, 아이들과 나는 당신이 술에서 깰 때까지 집에 돌아오지 않겠소." 아내가 술 먹는 것을 남편이 금지할 수는 없지만, 아내의 음주가 끼치는 영향에 휘둘리는 것은 막을 수 있다는 이야기이다.

가정 폭력도 마찬가지이다. 배우자가 폭력적인 것은 막을 수 없다. 하지만 자신이나 자녀들을 그 폭력에서 보호할 수는 있다. 경찰을 부를 수도 있고, 집을 떠나 친구의 집으로 피신하든지, 혹은 구타당하는 여성들을 위한 보호소를 찾아갈 수도 있다. 악한 행위에 대해 스스로 분명하게 선을 그을 수 있다면, 변화는 시작된다.

만일 스스로 한계를 정할 수 없다면 다른 사람들의 도움을 구할 필요가 있다. 경찰을 불러서 피해를 제한하도록 요청한다면 이 또한 책임을 지는 행동이다. 스스로 조절이 안 되는 부분이 있을 때 친구에게 기도 부탁을 하거나 상담실을 찾는다면, 그것도 한계가 없는 자신의 영역에 책임을 지는 일이다.

한계를 세운다는 것은 우리가 가진 재산에 울타리를 치는 것과도 같다. 울타리는 우리 마당 안에 무엇을 허용해야 하는지, 혹은 어떤 것을 허용하지 말아야 하는지 기준을 설정해 준다. 좋은 것은 계속 머물도록 지키고, 나쁜 것은 들어오지 못하게 한다는 점에서 울타리의 역할은 아주 중요하다.

인간관계에서 인내와 용서도 물론 필요하지만, 어떤 면에서는 오래 참는 것이 악한 행위가 지속되도록 만들기 때문에 반드시 한계를 정해야 한다. 사람들은 각기 다른 영역에서 저마다의 한계가 있으며, 거기에 대해서는 개인적으로 책임을 져야 한다. 일반적으로 수용될 만한 한계의 예를 들자면 아래와 같다.

"당신이 아이들을 학대하는 것을 더 이상 용납하지 않겠어요. 또다시 아이들을 때린다면 우리는 집을 나갈 거예요."

"그런 식으로 말하면 더는 참지 않을 거예요. 당신이 고함을 멈추고 대화할 준비가 될 때까지 다른 방에 가 있을래요."

"앞으로는 당신이 경제적인 위기에서 빠져나오도록 도와주지 않을 겁니다. 또 돈을 함부로 쓴다면 당신이 그 결과를 책임져야 할 겁니다."

"이제 사다리를 빌려 드릴 수 없겠어요. 당신이 사용할 때마다 물건이 꼭 망가졌거든요. 당신 것을 사세요."

위의 예는 무엇을 허용하고, 무엇을 허용하지 않을지 한계를 정하는 방법을 보여 준다. 한계를 설정하는 것은 모든 인간관계에서 지극히 중요하며, 상호 존경과 사랑의 토대가 된다. 이것은 상대를 용서하지 않는다거나, 더 이상 사랑하지 않는다는 의미가 아니다. 다만 그 사람에게 책임 있는 행동을 요구하는 것이다. 그런 다음에야 비로소 갈등이 해결될 수 있기 때문이다.

이것은 친구나 배우자의 어떤 특징이나 버릇을 단순히 싫어하는 것과도 별개의 문제이다. 그중에서도 파괴적이고 위험한 행동이 있으며, 그런 행동을 허락하지 말아야 한다는 것이다. 사랑에 도움이 되지 않는 악한 행위에는 선을 그어야만 한다.

성경에서도 이 주제는 계속 거론된다. 성경은 우리가 어디까지 용납할 수 있는지 한계를 정하라고 명령한다.

> 네 형제가 죄를 범하거든 가서 너와 그 사람과만 상대하여 권고하라 만일 들으면 네가 네 형제를 얻은 것이요 만일 듣지 않거든 한두 사람을 데리고 가서 두세 증인의 입으로 말마다 확증하게 하라 만일 그들의 말도 듣지 않거든 교회에 말하고 교회의 말도 듣지 않거든 이방인과 세리와 같이 여기라 진실로 너희에게 이르노니 무엇이든지 너희가 땅에서 매면 하늘에서도 매일 것이요 무엇이든지 땅에서 풀면 하늘에서도 풀리리라(마 18:15~18).

여기서 예수님은 악을 제한하라고 말씀하신다. 우리는 악이 우리의 가정과 관계를 지배하지 못하도록 막음으로써 악을 '묶어야' 한다. 많은 성인들이 가정 폭력의 상처를 오래도록 간직한다. 이들은 어렸을 적 폭력적인 부모에게 다른 쪽 부모가 한계를 긋고 제한을 해 줬더라면 얼마나 좋았을까 하고 말하곤 한다. 만일 그랬더라면 그들의 삶은 훨씬 달라졌을 것이다. 고삐 풀린 악은 저절로 잠잠해지지 않으며 도리어 거세질 따름이다.

우리 자신의 한계 정하기

우리는 자신의 신체, 감정, 태도, 행동, 사고, 능력, 선택과 욕구를 적당히 제한할 줄 알아야 한다. 한계가 지나친 경우에는 자신의 진짜 능력을 발견하지 못하며, 한계가 거의 없는 경우에는 선을 넘은 행동을 하게 된다. 성숙이란 우리의 진정한 한계가 무엇인지 깨달아 가는 과정이다.

우리의 욕구를 너무 제한해서 비참해질 정도로 한계를 긋는 것은 옳지 않다. 한계를 넓혀서 하나님의 축복을 충분히 누려야 한다. 그러나 만일 한계가 전혀 없다면, 우리의 욕구가 삶과 현실을 삼켜 버릴 것이다.

울타리는 좋은 것을 지키고 나쁜 것은 들어오지 못하게 할 뿐만 아니라, 좋은 것과 나쁜 것을 교환하게도 해 준다. 울타리에 달린 문은 식료품과 생필품을 들여오고, 쓰레기는 쓰레기 트럭에 실어 내보낸다. 유연한 영적 경계도 이와 같다. 다른 사람들이 사랑을 좇아 우리의 내면세계와 마음속으로 들어오도록 하며, 우리 안의 죄는 고백하여 내보내도록 한다.

레위기 19장 17절에서는 이러한 교환에 대해 다음과 같이 말한다. "너는 네 형제를 마음으로 미워하지 말며 네 이웃을 반드시 견책하라." 사랑하는 이들을 견책하는 것은 '쓰레기를 버리는 것'이며, 쓰레기들이 미움이나 쓴 뿌리로 변질되지 않도록 방지하는 조치다.

울타리에 문이 있으면 우리가 소유한 좋은 것들을 타인과 나눌 수도 있다. 차에 우유와 채소를 싣고서 이웃을 찾아가도 좋을 것이다. 문은 세상을 향해 우리 자신을 활짝 열고 우리가 가진 것을 사랑으로 나눌 수 있게 해 준다. 그러나 많은 사람들이 문을 너무나 단단히 잠가 놓고 있어서 사랑을 주고받을 길이 없다. 사랑을 감추어 놓고 있는 것이다.

한계는 우리가 어디서 끝내야 하며 다른 사람들이 어디서부터 시작해야 하는지를 말해 준다. 한계가 있기 때문에 우리는 우리가 원하는 것이 무엇이고 타인이 원하는 것이 무엇이며, 누가 그것에 대해 책임을 져야 하는지를 알 수 있다.

이에 따라 우리 집에 무엇을 들여오고 무엇을 들여오지 말아야 하는지를 분별해서 악이 집을 집어삼키지 못하도록 해야 한다. 또한 고백을 통해 우리 안의 쓰레기를 치우는 일도 게을리 해서는 안 된다.

우리의 영적이고 정서적인 소유권의 경계를 인식하는 것은 책임과 자유, 그리고 사랑의 열쇠가 된다.

chapter **9**

경계선을
형성하지 못할 때

건강한 경계선을 세우고 그것을 지키지 못하면 수많은 문제가 발생한다. 경계가 분명하지 않아 문제를 겪는 사람들은 주로 아래와 같은 증상을 호소한다.

경계를 세우지 못할 때 나타나는 증상들

우울증

많은 사람들이 건강한 경계선을 세우지 못해서 우울증을 경험한다. 경계가 없으면 다른 사람들에게 잘못된 취급을 받게 되고, 엄청난 고통을 겪는다.

또 어떤 사람들은 자신을 통제하려 드는 사람을 향한 분노를 억제하다가 우울증을 경험하기도 한다. 스스로 선택을 내리지 못하면 자포자기하게 되고 타인이 그 사람의 인생의 선택을 대신하게 된다. 이럴 때 분노의 감정이 쌓이며 쓴 뿌리가 생긴다.

공황장애

공황장애, 즉 갑작스럽게 엄습하는 공포도 경계가 없을 때 나타나는 증상이다. 자신에게 벌어지는 일에 스스로 어떤 조치도 취할 수 없다고 생각할 때 공황장애가 발생한다. 남들이 시키는 대로만 해야 한다고 생각하기 때문에 삶에 전혀 통제력을 느끼지 못한다. 다른 사람의 통제와 조종을 받고, 선택마저 강요되는 삶은 큰 두려움을 안겨 준다.

원한

많은 사람들이 '인색함이나 억지로' 행동하기 때문에 후회하거나 분노하곤 한다. 다른 사람이 원하는 것을 억지로 해 주다가 뒤늦게 분개하는 것이다. 자신을 희생하거나 고생을 자처해서 남들에게 동정심이나 죄책감을 불러일으키는 소위 '순교자'들이 종종 이런 증상을 보인다. 애초에 의도가 불순하기 때문에 이들의 나눔은 진정한 나눔이 아니다.

수동적 공격성

수동적 공격성은 사회나 직장에서 적절한 성취를 요구할 때 간접적으로 저항하는 성향을 말한다. 예를 들어 한 학생이 대학 동아리에서 사람들의 강요로 임원을 맡게 되었다고 해 보자. 이 학생은 마지못해 하겠다고 대답하고서 자꾸 약속 시간을 잊거나, 프로젝트를 일부러 지연시키거나, 혹은 중요한 자료를 잃어버리거나 하는 행동을 통해 간접적으로 저항할 수 있다. 경계를 분명히 하고 학교의 요청에 '아니요' 라고 말할 용기가 없었던 탓이다.

종속적 관계

종속적 관계는 남들이 원하는 것을 들어주다가 정작 자신의 건강과 행복은 전혀 돌보지 못하는 사람들에게서 흔히 찾아볼 수 있는 태도와 행동 방식이다. 종속적 관계에 시달리는 사람은 자신이 손해를 입을 정도로 항상 다른 사람들을 우선순위에 둔다. 이런 경우에는 누가 어떤 일에 책임을 져야 하는지를 알지 못해 상황을 더욱 악화시키곤 한다. 남들을 위해 대신 책임을 지는 동안, 자신의 일을 책임지는 데는 실패하는 것이다.

정체성 혼란

우리가 누구인지 파악하고 우리의 모든 특성을 인식할 때 정체성을 확립할 수 있다. 자기의 경계 안에 있는 일들에 책임을 지지 못하고 타인과 분리되지 못하는 사람들은 대개 자기의 영역과 다른 사람의 영역을 정확하게 구분하지 못한다.

홀로 있는 것을 두려워하는 증상

충분한 경계를 세우지 못한 이들 중에는 독립적인 자아상을 확립하기 힘들어하는 경우가 있다. 그런 사람들은 남들과 떨어져 홀로 있는 것을 두려워한다. 자기 내면에는 아무도 없기 때문이다. 이들 내면에는 남들과 주고받은 사랑을 간직할 공간 또한 전혀 없다. 따라서 살기 위해 항상 누군가와 함께 있어야 한다.

이들은 유대감을 형성하는 것에 실패하지는 않지만, 그러한 유대감을 지속할 수 있는 체계를 형성하지 못한다. 마치 밑 빠진 독에 물 붓는 격이다. 사랑을 받을수록 더 많은 사랑을 필요로 한다. 사랑을 간직할 구조를 갖추기 위해서는 반드시 한계를 세워야 한다.

마조히즘

마조히즘을 앓는 사람들은 다른 사람들의 폭력적인 행동에 한계를 긋지 못한다. 이들은 고통이나 수치의 대상이 될 때 변태적인 쾌감을 느낀다. 고통을 받을수록 더 많은 욕구가 자극되기 때문에, 다른 사람의 행동에 한계를 긋는 일이 더 어려워진다.

피해의식

피해의식에 시달리는 사람들은 언제나 환경이나 다른 사람들을 탓한다. 자신의 삶에 결코 책임을 지지 않으며 늘 "어쩔 수 없었다"고 말한다. 항상 자신이 피해자인 것이다. 특히 선택의 영역에서는 어떤 책임도 부정하며, 자신에게는 선택의 여지가 없었다고 생각한다.

비난

피해의식과도 비슷한 증상이다. 비난하는 사람은 항상 고통과 변화의 책임을 다른 사람에게 돌린다. 물론 다른 사람들이 고통을 줄 수도 있겠지만 '비난 게임'에만 빠지면 그 상황에 갇히고 만다. 비난에 빠진 사람은 절대 변화하지 않는다. 자신의 태도와 느낌, 행동에 대해 스스로 책임지지 않기 때문이다.

지나친 책임감과 죄책감

경계가 불분명한 사람들은 타인의 감정이나 행동 등, 자신이 책임을 느끼지 않아야 할 일들에도 책임감을 느낀다. 또한 남들이 원하는 모습으로 살지 못하고 원하는 것을 해 주지 못하는 것에 죄책감을 느낀다. 그들의 책임을 대신 수행하지 못하고, 그들을 행복하게 만들어 주지 못했다는 이유로 죄책감을 느끼는 것이다.

실망감

많은 사람들이 내가 누군가를 살펴 주는 만큼, 남들도 내게 그렇게 해 주어야 한다고 생각한다. 그리고 그렇지 못할 때는 큰 실망감을 느낀다. 남들이 자신을 책임져 주지 않으면 사랑도, 관심도 없는 것이라고 여기는 것이다. 이런 사람들은 흔히 자신은 항상 '베푸는 쪽'이고 상대방은 '받는 쪽'이라고 느낀다.

고립

경계가 혼란스러워 자유롭지 못하다고 생각하는 사람들은 자신의 경계를 확인하기 위해 타인과의 관계를 피한다. 이들에게 누군가와 가까워진다는 것은 곧 삶에 대한 주인의식을 잃는다는 의미이다. 그래서 누구의 침해도, 통제도 받지 않기 위해 고립의 세계를 선택한다.

극단적인 의존

자신의 삶을 책임진다는 느낌을 한 번도 가져 본 적이 없는 사람들은 삶의 어떤 영역에서도 스스로 책임 있는 기능을 발휘할 수 없다고 생각한다. 세상과의 타협을 위해 다른 사람에게 의존하게 되고, 이 대리 타협자와 자신의 정체성을 혼합하려는 경향이 있다. 그래서 다른 사람들과 분리되는 것을 두려워한다.

방향성의 결여

분명한 정체성이 없는 사람들은 종종 방향과 목적이 상실된 삶을 산다. 자신의 목표나, 자신이 좋아하는 것, 싫어하는 것을 선택할 줄 모른다. 다른 사람들의 의견에 쉽게 곁길로 빠지고, 그래서 산만하다.

약물중독과 섭식 장애

삶에 통제권을 잃었다고 느끼는 사람들 대부분이 고통을 잊거나, 무언가에 대한 통제력을 행사해 보려는 의도로 음식, 마약, 술 등에 빠진다. 대개의 경우, 중독의 문제를 해결하는 중요한 관건은 경계에 있다. 경계의 문제가 해결되고 자기 삶에 분명한 책임을 깨닫게 되면 중독에 빠진 사람들도 자기 통제를 하기 시작한다.

폭식증 환자들은 특별히 분리의 문제를 해결할 필요가 있다. 경계선을 확실하게 하여 관계의 양면 감정을 해소하면, 음식에 대한 양면 감정도 더불어 해소될 수 있다. 더 이상 '내가 원하는 것'과 '원하지 않는 것'의 감정 표현을 음식이나 술을 통해 하지 않게 되는 것이다.

충동성

충동적인 사람들은 거의 예외 없이 경계에 문제가 있다. 이들의 내면에는 통제하는 구조가 약하기 때문에 생각나는 대로 행동한다. 자기 자신의 감정에 대해 '아니요'라고 말하는 능력이 없는 것이다.

만성적인 불안증

경계가 분명치 않은 사람들은 애매한 긴장감과 걱정에 시달린다. 내면의 구조가 온전히 갖추어지지 않아 바깥의 요구를 잘 다루지 못할 뿐 아니라, 자신의 감정을 처리하거나 억누르지도 못하기 때문이다. 이 경우 무엇이 문제인지 정확히 꼬집어 내지는 못하지만 막연한 불안감이 지속된다. 이런 사람들은 어떤 특정한 문제를 다루기보다 강력한 경계를 세워 자신이 누구인지를 재정비할 필요가 있다.

강박증

강박증이란 비합리적인 생각이나 느낌에 사로잡혀 돌출 행동을 반복하는 증상을 말한다. 본질적으로 강박증은 그 사람이 자유롭지 못하다는 반증이다. 명확한 경계를 세우지 못하는 사람들은 에너지를 자기 내부로 돌려 강박적이고 충동적인 양상을 보임으로써 자신을 보호한다. 이때 경계가 바로 서면 내면세계가 강해져서 공격적인 생각이나 충동적인 생각을 스스로 통제할 수 있는 힘이 생긴다.

경계를 세우는 데 방해가 되는 요소들

과거의 상처나 왜곡된 생각은 건강한 경계선을 세우는 데 큰 방해가 된다.

과거의 상처

누구나 한 번쯤은 자기 삶의 주도권을 행사하지 못하도록 통제당한 경험이 있을 것이다. 우리 선택의 자유를 부모님이 통제하거나, 다른 사람들이 인생의 선택을 강제했을 수도 있다. 때로는 그런 경험이 상처가 되어 건강한 경계를 세우지 못하게 하는 장애 요소로 작용하기도 한다. 상처가 심한 경우에는 스스로 삶의 책임을 회피하는 경우도 생긴다.

따라서 우리 모두는 자신의 삶에 분명한 경계를 만들지 못하도록 막고 있는 구체적인 요소가 무엇인지 살펴보아야 한다. "무리를 보시고 불쌍히 여기시니 이는 그들이 목자 없는 양과 같이 고생하며 기진함이라"(마 9:36)라는 성경 말씀대로 하나님은 우리가 얼마나 힘들고 지쳐 있는지 알고 계신다. 또한 우리가 타락하여 잃어버린 정체성과 경계를 다시 세울 수 있도록 돕기 원하신다.

왜곡된 생각

상처와 타락의 결과로 우리는 하나님의 실재를 왜곡하게 되었다. 유대감의 문제에서와 마찬가지로 책임감의 문제에서도 우리의 왜곡된 생각은 세 가지 영역으로 나눌 수 있다.

✚ 우리 자신에 대한 견해

'경계를 지으려는 것은 나쁘다' : 많은 사람들이 타인의 감정과 행동, 선택에 책임을 느끼지 않는 것은 이기적이고 나쁜 것이라고 배웠다. 이런 잘못된 가르침이 종속적 관계를 유발하고 그것이 지속되도록 한다. 이렇게 되면 자신의 한계나 기대에 솔직해지는 것에도 죄책감을 느끼게 된다. 자유롭지 못하기 때문에 스스로를 나쁜 사람이라 여기고, 거꾸로 자신을 나쁜 존재로 여기기 때문에 자유를 누리지 못하는 것이다.

'내가 뭘 원하는가는 별로 중요하지 않다' : 이러한 생각은 삶을 부정하는 것으로 매우 비성경적이다. 성경은 자기를 부인해야 한다고 가르치지만, 자기를 부인하려면 먼저 자신을 소유해야 한다. 자기 것이 아닌 것은 포기할 수도 없기 때문이다. 마찬가지로 삶을 소유하지 않고는 나누어 줄 수도 없다. 남들에게 나누어 주기 전에 먼저 자기 삶의 좋은 청지기가 되어야 한다.

'내가 원하는 것만 중요하다' : 앞과는 상반되는 이 생각 역시 뒤틀린 사고방식이다. 자신에 대한 경계가 분명하지 않을 때 다른 사람의 삶을 침범하고, 그 사람들을 독립된 인격체로 보지 않으려는 경향이 생긴다.

'내가 원하는 것은 무조건 가져야 한다' : 이 생각은 자기통제를 잃어버리게 된다는 점에서 상당히 파괴적이다. 우리가 원하는 것에 경계를 설정해야만 다른 사람들에게 나누어 줄 수도 있고, 모자람을 견딜 수도 있다. 때로는 원하는 바를 얻지 못하는 것이 우리에게 유익이 되기도 한다. 경계선을 세우는 데 도움이 되기 때문이다. 때로 어린아이의 요구를 들어주지 않는 것이 절제를 가르치는 좋은 방법이 되는 것과도 마찬가지이다.

'내가 다른 사람을 책임져야 한다' : 이러한 신념은 상대방을 미숙한 단계에 머무르게 한다. 사실 누군가를 전적으로 책임지는 것과, 그 사람에 대해 책임을 느끼는 것은 별개의 문제다. 어려움에 처한 사람에게는 물론 책임감을 느껴야 하지만 능력이 있는 사람에게는 책임감을 요구해야 한다. 그렇지 않다면, 그 사람을 미숙함에서 벗어나지 못하게 만들 것이다.

'다른 사람의 요구는 반드시 들어줘야 한다' : 이 감정은 다른 사람에게 종속될 때 생긴다. 이렇게 느낀다면, 다른 사람에게 무엇을 주겠다고 결정할 수 없으며 무책임해지기 십상이다. 하나님께서 남들과 나누도록 우리에게 허락하신 양은 유한하다. 그렇기 때문에 무엇인가를 나누고 베풀려면 의도적으로 결정을 해야 한다. 만일 무엇을 얼마나 줄 것인가 하는 결정권을 타인에게 빼앗긴다면 하나님께 순종하지 못하는 것이다.

'뭔가 잘못된다면 그것은 내 책임이다' : 경계의 문제를 안고 있는 사람들은 지나친 자책감을 보이는 경향이 있다. 예를 들어 누군가가 운전을 해서 자신의 집으로 오다가 사고가 나면, 자기의 잘못인 양 책임감을 느낀다. 이들은 다른 사람의 행동과 자기 사이에 약간의 연관성만 있어도 자책감을 느낀다.

자녀가 실패하면 전적으로 자기 잘못이라고 느끼는 부모들도 많다. 그것은 다른 사람들의 책임을 부정하고 자녀를 무능하게 만드는 처사다. 자녀가 스스로 인생을 책임질 능력이 없다고 말하는 것과도 같기 때문이다.

'내 잘못은 아무것도 없다' : 자신의 소유권 안에 있는 것을 파악하지 못하고 자기 행동에 책임을 지지 않으려는 사람들이 있다. 이런 사람들은 매사에 남 탓을 한다. 다른 사람의 고통에 책임을 느끼지 못하는 것도 마찬가지다. 어떤 부모들은 자녀의 고통에 자신도 일정 부분 책임이 있음을 인정하지 않으려 한다. 이는 부모가 모든 책임을 지려 하는 것만큼 잘못된 일이다. 우리는 얼마든지 다른 사람을 실족하게 할 수 있기 때문이다(마 18:6 참조).

✚ 다른 사람들에 대한 견해

'내가 거절하면 사람들이 나를 미워할 것이다' : 만일 다른 사람이 실망하는 것이 내 책임이라고 생각한다면, 원망이나 미움이 두려워 우리 소유가 분명한 것에 대해서도 소유권을 주장하지 못하게 된다. 그러나 실제 연구 조사와 삶의 경험에 비추어 볼 때, 요구를 거절할 줄 아는 사람들이 더 많은 호감을 받는다고 한다.

'사람들은 나를 통제하고 조종하려 한다' : 의지력이 약한 사람들은 조종과 통제를 두려워한다. 항상 남들이 자신을 통제하지 않을까 하는 경계심을 품으며 그들에게 말려드는 것을 두려워한다. 반면에 경계가 튼튼하면 그 누구에게도 통제받거나 조종되지 않을 수 있다는 믿음이 생긴다.

'내가 뭔가를 주장하고 요구하면 사람들이 싫어할 것이다' : 자기주장이 이기적인 것이라고 배운 사람들은 남들의 판단과 비난이 두려워 자신의 요구를 표현하는 것에 소극적인 태도를 취한다. 하지만 단도직입적인 사람일수록 타인과 더 명료하고 매끄러운 관계를 유지한다. 사실 소극적인 사람에게 다가가는 것이 더 어렵다. 그 사람이 뭘 원하는지 몰라 추측해야 하기 때문이다.

'다른 사람들이 나를 책임져야 한다' : 다른 사람들이 우리 인생의 경계선을 넘어오는 것처럼, 때로는 우리도 그들의 삶의 경계선을 침범한다. 우리의 감정, 태도, 선택을 다른 사람이 책임져야 한다고 생각하기도 하며, 그 사람들도 그들의 삶을 책임질 자유가 있다는 사실을 종종 무시한다.

'내가 원하는 것을 해 주지 않는 사람은 이기적인 것이다' : 자신도 모르게 상대방의 경계를 침범해서 그 사람의 자유를 판단하고 비판하는 경우가 많다. 혹시 상대방이 뭔가를 거절이라도 하면 잘 받아들이지 못하고 비난한다. 거절하는 것을 사랑하지 않는 것과 마찬가지라고 생각한다면, 상대방이 나를 사랑할 방법을 택할 권리를 존중하지 않는 것이다.

✚ 하나님에 대한 견해

'하나님은 내가 내 삶을 책임지는 것을 원치 않으신다' : 하나님께서 우리 자신을 부인하고 자신을 드리라고 명령하신 것은 우리가 삶을 전혀 책임지지 않아도 된다는 뜻이 아니다. 먼저 자기 삶의 소유권을 가져야만 자원하는 종으로서 우리 자신을 자유롭게 드릴 수가 있다. 자원하는 종은 해방된 종, 즉 삶의 통제권을 스스로 가지고서 주인에게 자발적으로 복종하는 종을 의미한다.

하나님은 우리와 관계 맺기를 원하신다. 그리고 관계란 자유로운 두 존재 간에만 맺어질 수 있다. 예수님께서 겟세마네 동산에 계실 때 아버지의 뜻에 순종하셨지만, 스스로 원하는 것이 무엇인지도 정확히 알고 계셨다. "이 잔을 내게서 옮기시옵소서"라고 주님이 원하는 바를 먼저 표현하셨고, 그런 뒤에 아버지의 뜻에 순종하셨다. 욥, 다윗, 사도 바울을 포함한 성경 속의 성인들 또한 하나같이 자신이 원하는 것을 하나님께 분명히 표현했다. 하나님은 우리가 진정한 사람이길 원하시며, 우리 것에 분명한 표현을 하기를 원하신다.

'하나님은 내가 내 것을 갖기를 원하지 않으신다' : 경계에 문제가 있는 사람들은 소망이나 욕구 자체에 죄책감을 느낀다. 성경에도 빈번히 나와 있듯이, 하나님은 우리를 축복하시기 위해 우리가 원하는 것이 무엇인지를 구체적으로 물어보신다. 하나님은 우리를 복 주시기 원하신다. 그리고 무엇보다도 우리가 복의 근원을 바라볼 수 있기를 원하신다. "네가 이 세대에서 부한 자들을 명하여 마음을 높이지 말고 정함이 없는 재물에 소망을 두지 말고 오직 우리에게 모든 것을 후히 주사 누리게 하시는 하나님께 두며 선을 행하고 선한 사업을 많이 하고 나누어 주기를 좋아하며 너그러운 자가 되게 하라" (딤전 6:17-18).

하나님은 우리가 누리고 나눌 수 있도록 후하게 주셨다. 죄책감에서 비롯된 금욕주의는 성경적이지 못하다. 이는 우리에게 복 주시는 하나님에 대한 왜곡된 편견이다.

'하나님은 내가 어떤 소원이든 이루기를 원하신다' : 어떤 사람들은 자신의 소원이 하나님의 뜻이라 믿고 하나님의 베푸심은 무제한이라고 생각하기도 한다. 이 생각도 역시 성경적이지 못하다. 왜냐하면 하나님은 종종 우리의 요구에 '아니' 라고 응답하시기 때문이다. '하나님께 원하는 것은 뭐든 요구해도 된다' 고 생각한다면 하나님을 우리의 종으로 여기고 하나님의 경계와 선택을 부인하는 것이다.

'내가 다른 사람들에게 '아니요' 라고 말하면 하나님이 나를 이기적이라고 생각하실 것이다' : 하나님은 우리가 나누고 베풀 때 자원하는 마음으로 하기를 원하신다. 다시 말하면 우리가 주고 싶지 않을 때는 '아니요' 라고 말할 수 있다는 것이다. 하나님은 우리가 경계를 세우는 것을 허락하신다. 왜냐하면 경계는 하나님이 만드신 것이기 때문이다.

한편으로 다른 사람들의 무책임함에 '아니요' 라고 답하는 것은, 하나님께서 그 사람을 성숙함으로 이끄시는 데 도움이 된다. 바울은 이렇게 말했다. "누가 이 편지에 한 우리 말을 순종하지 아니하거든 그 사람을 지목하여 사귀지 말고 그로 하여금 부끄럽게 하라 그러나 원수와 같이 생각하지 말고 형제같이 권면하라"(살후 3:14-15). 특히 폭력적인 행동에 '아니요' 라고 말할 때는 누군가의 삶을 훈련하고 징계하시는 하나님의 손길을 섬기는 것이다. 그들이 자신의 경계를 깨달을 수 있도록 돕는 셈이다.

'모든 것이 하나님의 완전한 섭리 가운데 있으므로 나는 아무런 책임을 지지 않아도 된다' : 이는 삶의 주인의식을 부정하는 태도이다. 하나님은 우리에게 많은 책임을 허락하셨고, 우리 스스로 삶을 관리하도록 자유를 부여하셨다. 심지어 주님은 우리가 자유의지를 실현하도록 당신 자신의 경계에 제한을 두셨다. 하나님은 명령에 무조건 순종하는 로봇을 만들지 않으셨다. 우리는 스스로의 선택에 책임을 져야 한다. 그리고 언젠가는 하나님 앞에서 결산을 하게 될 것이다.

'하나님은 내 삶에 개입하지 않으신다' : 이것은 우리 삶을 향한 하나님의 주권을 부인하는 생각이다. 하나님은 무척이나 적극적으로 우리의 성장 과정에 개입하신다. 우리의 성장에 하나님과 우리는 공동의 책임을 져야 한다. "그러므로 나의 사랑하는 자들아 너희가 나 있을 때뿐 아니라 더욱 지금 나 없을 때에도 항상 복종하여 두렵고 떨림으로 너희 구원을 이루라 너희 안에서 행하시는 이는 하나님이시니 자기의 기쁘신 뜻을 위하여 너희에게 소원을 두고 행하게 하시나니"(빌2:12-13). 우리는 하나님의 협력자이다.

'하나님이 내게 '아니' 라고 말씀하신다면, 나를 사랑하지 않으시는 것이다' : 하나님께는 자신의 목적과 우리의 목적을 위해 베푸시는 것에 제한을 둘 자유가 있다. 하나님이 '아니' 라고 말씀하신다고 해서 우리를 사랑하지 않는 것이 아니다.

심지어 하나님은 우리의 치유를 놓고도 '아니'라고 말씀하시곤 한다. 우리가 치유받기 위해 노력해야 할 부분을 성실하게 이행하는 것이, 주님이 우리를 대신해 주시는 것보다 더 이롭다는 것을 주님은 아신다. 예를 들어 내가 사람들과 유대 관계를 잘 맺지 못해서 우울증에 빠졌는데 하나님이 내 우울증을 그냥 치유해 주신다면, 결국 나는 유대 관계를 맺는 법과 사랑받는 법을 배우지 못하게 된다. 욥이 그랬던 것처럼 우리도 하나님의 거절과 하나님의 시간을 믿어야 한다.

'하나님은 용서의 하나님이시기 때문에 내 죄를 징계하지 않으실 것이다' : 하나님은 악이 우리를 다스리도록 내버려 두시지 않으신다. 주님은 깨끗한 집을 원하신다. 우리 신발에 먼지가 묻어 있을 때는 그 더러운 신발을 벗기 원하신다! 하나님은 우리의 유익을 위해 징계하시며, 우리가 의를 이루어 가도록 이끄신다.

chapter 10 |

관계를 지키면서 나의 영역 지켜 나가기

지금까지 우리의 삶 속에서 경계를 세우는 일의 중요성을 살펴봤다. 또한 경계 세우는 법을 배우지 못해서 고통을 겪은 여러 사람들의 사례도 보았다. 경계를 세우고 우리의 경계를 침범하려는 사람들에게 '아니요'라고 말할 때 도움이 될 수칙들을 소개하면 다음과 같다.

건강한 경계를 세우기 위한 수칙

인지하라

경계를 세운다는 것은 자신의 것에 대한 소유권을 주장하는 것이다. 따라서 무엇보다 자신이 누구인지를 먼저 인지해야 한다. 자신의 신체, 감정, 태도, 행동, 생각, 능력, 선택, 욕구, 한계까지 정확하게 파악하라. 자신이 어디에서 왔는지, 현재 상태는 어떤지, 그리고 어디로 가고 있는지를 정확하게 점검하라.

자신을 점검하는 과정에는 다른 사람의 도움도 필요하다. 객관적인 관점을 갖추기 위해 주변 사람들의 이야기를 들어 보고, 필요하다면 전문가도 찾아가 보라. 잠언 15장 22절은 이렇게 가르친다. "의논이 없으면 경영이 무너지고 지략이 많으면 경영이 성립하느니라."

자신을 정의하라

하나님께서 스스로를 정의하셨던 것처럼 우리도 스스로를 주장할 필요가 있다. 자신이 느끼는 감정, 좋아하는 것과 원하는 것, 하고자 하는 것, 그리고 생각하는 바를 표현해 보라. 자신의 정체성을 분명하게 말할 수 있어야 한다.

또한 자신이 아닌 것에 대해서도 반드시 표현해야 한다. 동의하지 않는 것, 좋아하지 않는 것, 하지 않을 것을 사람들에게 말하라. 경계가 흐릿한 사람들은 어떤 것에도 맞서지 않고 무엇이든 그대로 받아들인다. 이는 아주 파괴적인 태도이다. 잠언 6장에서 하나님은, 어떤 것들에 대해서는 굳게 맞서서 미워하라고 명령하신다.

'아니요'라고 말할 수 있는 힘을 키우라

아이들은 '아니요'라고 말함으로써 경계를 세우는 법을 배운다. 많은 사람들이 이 단어를 자신의 사전에서 지워 버렸지만 다시 회복할 필요가 있다. '아니요'라고 말할 수 있는 근력을 키우라. 작은 것부터 연습하면 좋을 것이다. 별로 먹고 싶지 않은 음식을 먹으러 가자고 하면 '아니요'라고 말하라. 강도를 점점 높여서 좀 더 강한 요구에도 맞서 보라. 나는 원하지 않는데 배우자가 성관계를 요구할 때 거절하는 시도도 해 보라. '아니요'라고 말하는 법을 배우는 것은 경계를 세우는 데 아마도 가장 중요한 과업일 것이다.

남 탓하기를 멈추라

자신의 고통을 스스로 책임지고 다른 사람 탓을 멈추는 일이야말로 속박에서 벗어나 건강한 관계로 나아가는 아주 중요한 조치이다. 자신이 겪고 있는 어려움을 놓고 다른 사람을 탓하지 말라. 문제와 직접 부딪치라. 다른 사람이 아무런 원인 제공도 하지 않았다는 말이 아니다. 그저 당신이 처한 상황은 당신이 헤쳐 나가야 한다는 뜻이다. 매사에 다른 사람을 탓하면 막다른 골목으로 갈 수밖에 없다.

피해의식에서 벗어나라

당신은 어른으로서 선택권을 가지고 있다. 그러한 선택에 책임을 지고, 그것이 자신의 선택이었음을 인정하라. 만일 무엇인가를 다른 사람에게 주었다면 그렇게 선택한 것은 바로 당신이다. 다른 사람이 강제한 것처럼 굴어서는 안 된다. 지금 마음에 들지 않는 곳에서 일하고 있다면, 스스로의 선택에 책임을 지고 다른 직장을 찾으라. 만일 누군가가 당신을 자꾸 비판한다면 그 사람과 만나 담판을 지으라. 스스로 무엇을 할지 선택하는 것은 당신 책임이다. 그렇게 자신의 선택에 책임을 지기 시작할 때 삶이 변화하기 시작한다.

인내하라

하나님은 우리에게 인내하라고, 어려움이나 반대가 있어도 지속하라고 명하신다. "이러므로 우리에게 구름 같이 둘러싼 허다한 증인들이 있으니 모든 무거운 것과 얽매이기 쉬운 죄를 벗어 버리고 인내로써 우리 앞에 당한 경주를 하며 믿음의 주요 또 온전하게 하시는 이인 예수를 바라보자 그는 그 앞에 있는 기쁨을 위하여 십자가를 참으사 부끄러움을 개의치 아니하시더니 하나님 보좌 우편에 앉으셨느니라 너희가 피곤하여 낙심하지 않기 위하여 죄인들이 이같이 자기에게 거역한 일을 참으신 이를 생각하라"(히 12:1~3).

자신을 위한 목표를 설정하고 끈기 있는 노력으로 그 일을 성취해 보라. 인내는 훈련과 책임감을 낳으며, 소망을 이루게 한다. "환난은 인내를, 인내는 연단을, 연단은 소망을 이루는 줄 앎이로다"(롬 5:3~4).

적극적이 돼라

경계에 문제가 있는 사람들 대부분은 어떤 상황을 주도하는 것이 아니라 수동적으로 반응하는 데 그친다. 선택 또한 소극적이다. 사랑하기로 선택하고, 주기로 선택하라. 상대방이 요구했기 때문에 사랑하거나 주지 말라. 일하기로 선택하고, 성취하기로 선택하라. 어쩔 수가 없어서 일하지 말라. 이런 태도가 성품을 계발하며 '내가 하겠다' 라는 의지를 키운다.

한계를 세우라

가장 중요한 과업 중 하나는 다른 사람의 폭력에 한계를 정하는 것이다. 다른 사람이 자기중심적이고 무책임한 행동을 지속하도록 내버려 두지 말라. 당신의 신체를 위협하는 폭력에 한계선을 세우고, 비판이나 불평과 같은 정서적인 학대에도 제한을 두라. 자신의 시간과 돈, 에너지에도 한계가 있음을 인식해야 한다. 인색하게 심으면 거두는 것도 적다. 하지만 자신이 가진 것보다 더 많이 심으면 파산하고 만다. 하나님과 다른 사람들과 함께, 지금 당신에게 합리적인 것이 무엇인지 파악하라.

자신을 통제하는 훈련을 하라

자신이 바라는 것에 한계를 정하라. 원하는 모든 것을 다 가질 수는 없다. 반대로 욕구에 너무 많은 제한을 두어서 자신을 상실할 정도로 스스로를 통제하려 하지 말라. 욕구를 채우는 것과 조절하는 것 사이에 균형을 이루어야 한다.

다른 사람들을 용납하라

다른 사람들을 있는 모습 그대로 받아들이고 사랑하는 법을 배우라. 그렇지 않으면, 그들의 경계를 침범하고 자신의 소유가 아닌 그 사람들의 인격을 통제하려 들게 된다. 타인에게 용납받고 싶다면 그들을 먼저 용납하라. 당신의 거절 의사가 존중받기를 원한다면 그들이 거절하는 것도 존중하라. 만일 남들의 거절을 서운하게 여긴다면 자신이 거절해야 할 때도 혼란을 느낄 것이다. 남의 자유를 인정해야만 나도 자유로울 수가 있다.

분리되는 시간을 가지라

당신이 사랑하는 사람들과는 별개로, 자신만의 시간과 관심 분야를 개발하라. 분리는 좋은 것이며 관계에 도움이 된다. 떨어져 있는 시간 동안 서로에 대한 그리움이 커져서 관계가 더 깊어지기도 한다. 사랑하는 두 사람은 복제 인간이 아니다. 상대방과의 공통점과 더불어 다른 점을 따져 보는 것은 정체성을 확립하는 데 도움이 된다.

정직하라

서로에게 정직하라. 상대와 멀어지고 '하나 됨'을 상실할 거라는 두려움 때문에 많은 사람들이 정직하게 행동하거나 말하지 못한다. 하지만 실제로는 솔직함이 서로를 더 가깝게 느끼게 해 준다. 각자의 정체성이 더 분명해지기 때문이다. 상대방과 다른 정체성을 확인할수록 서로에게 더 가까워지게 된다. 진심을 말하고 솔직한 생각을 말할 때 사랑의 기초가 다져진다.

스티븐의 뒷이야기

6장에서 소개한 스티븐의 이야기는 한 사람이 경계를 제대로 세우지 못하면 어떤 어려움을 겪게 되는지를 잘 보여 주었다. 그는 한꺼번에 너무 많은 일을 벌여서 아무것도 제대로 성취하지 못했다. 다른 사람들을 탓했고 무책임해졌으며, 결국 소진 상태에 빠졌다.

스티븐은 이렇게 말했다. "모두들 나한테 화가 나 있다는 걸 잘 알아요. 계속 실망만 시킬 뿐이죠. 아내도 그렇고 교회도 마찬가지예요. 하지만 저는 더 이상 버틸 수가 없어요. 내가 뭔가를 할수록 사람들은 더 많은 것을 요구해요. 모든 사람을 행복하게 해 주려고 했지만, 남은 거라곤 비통함뿐입니다."

스티븐은 자신이 다른 사람들의 감정과 인생을 책임져야 한다고 믿었다. 그는 아버지가 일찍 돌아가셨기 때문에 어렸을 때부터 어머니를 책임져야 했다. 어머니는 자기중심적이고 남을 통제하려 드는 사람이었다. 그런 성장 과정에서 스티븐은 자신을 돌보는 법을 잊어버렸다.

내가 경계의 개념을 설명해 주자, 스티븐은 자신의 문제가 어디에서 비롯되었는지를 즉각 알아차렸다. 자신이 언제 '강박관념과 충동' 때문에 남들에게 주려 하는지 자각하는 법을 익혔고, 어떻게 '마음의 목적'을 분별하는지도 배워 나갔다. 그렇게 자신에 대한 통제력을 얻게 되자, 단순히 책임감 때문에 주는 일을 멈추게 되었다.

스티븐이 가장 어려워했던 것은 단순하게 '아니요'라고 말하는 일이었다. 누군가를 도울 기회를 거절할 때 그 사람들이 실망하는 모습이나 질책의 눈빛을 마주하는 것이 너무 괴로웠던 것이다. 종종 마지못해 줘야 할 것 같은 유혹에 빠지기도 했다. 하지만, 시간이 지날수록 주고 싶을 때만 주는 법을 배우게 되었다.

스티븐의 아내는 남편을 통제하는 일에 익숙했기에 남편이 새로운 해결책을 들고 나오자 이를 악물고 맞섰다. 하지만 스티븐 역시 절대 굽히지 않았으며 자기 삶의 주도권을 붙잡았다. 그 결과 자신을 책임지는 더 분명한 사람이 될 수 있었다. 시간이 흘러 스티븐의 아내도 결국 남편의 변화를 받아들였고, 남편이 약속한 것을 반드시 지키는 사람이라고 신뢰할 수 있게 되었다. 그는 점점 믿음직한 사람이 되어 갔다.

사역에서도 마찬가지로 스티븐은 '아니요'라고 말하기 시작했다. 하나님께서 자신을 어떤 모습으로 지으셨는가를 발견하면서 자신의 생각과 의견을 피력하는 법을 배웠다. 어려운 순간도 있었지만 그는 목적의식을 되찾았고 더불어 동료들의 시선도 바뀌었다. 그들은 스티븐이 인격적이고 헌신적인 사람이라는 것을 깨달았다.

스티븐은 또한 자신을 위해 목표를 설정하는 법을 배웠다. 사건에 수동적으로 반응하는 것에서 벗어나 먼저 주도권을 쥐고 끝까지 일을 성취해 나가기 시작했다. 그렇게 거둔 성공에 고무되었고 일을 점점 더 즐길 수 있었다.

이제 그 밖의 일들에는 단호히 '아니요'라고 말하게 되었다.

나무를 손질함으로 스티븐의 열매가 변화된 것이다. 만일 그가 나쁜 열매들, 즉 영적인 쇠진과 피해의식에만 초점을 맞추었더라면 절대로 치유될 수 없었을 것이다. 하지만 경계를 개발하는 일에 집중했을 때 하나님의 형상을 좇아 분명하고 책임감이 있는 사람으로 성장할 수 있었다.

4부
완벽하지 않은 세상을 받아들여라

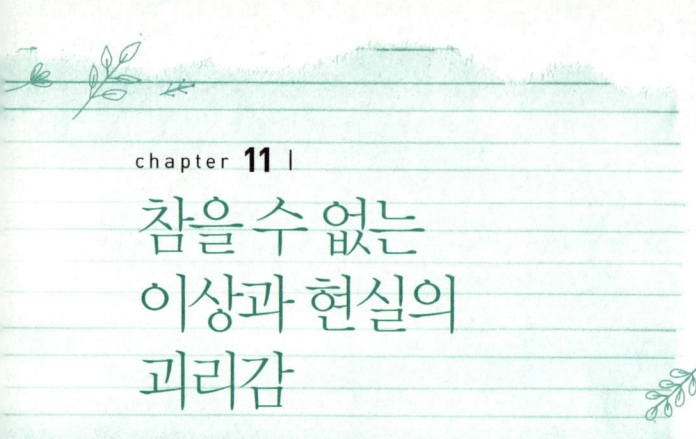

chapter **11**

참을 수 없는 이상과 현실의 괴리감

테드는 미다스의 손을 가지고 있었다. 그가 손대는 모든 것이 황금으로 변했다. 십대 시절부터 학업에서든, 운동에서든, 사회적 활동에서든 모든 분야에서 두각을 드러냈다.

완벽한 대학 시절을 마치고 졸업을 한 후에도 성공은 이어졌다. 서른 살 무렵 그는 백만장자가 되어 지역사회에서 존경을 받았고 '세상에서 가장 아름다운 여인'과 결혼하여 두 명의 '완벽한' 자녀들과 행복하게 살고 있었다. 온 세상이 그의 손 안에 있는 것처럼 보였다.

그러다가 성공이 조금씩 무너져 내리기 시작했다. 법적 소송들이 그의 재력을 갉아먹었고 사람들의 시선도 냉정해졌다. 얼마 되지 않은 짧은 시간 동안 그는 명예와 가정을 모두 잃고 말았다. 좌절감을 극복할 수 없었던 테드는 결국 자살을 시도했다.

병원에 입원한 테드는 며칠 동안 정신을 차리지 못했고 말도 거의 하지 못하는 상태였다. 오랜 친구들이 찾아와도 만나려 하지 않았다. '영웅'이 정신병동에 있는 모습을 보여 주고 싶지 않았던 것이다.

테드가 자신의 고통에 대해 입을 열었을 때, 우리는 그가 실패나 상실감을 잘 다루지 못하는 사람이라는 것을 알게 되었다. 자신이 그려 놓은 이상적인 모습이 조금이라도 위협받을 때마다 그는 더욱 성취에 집착했고, 실망과 고통을 덮어씌우는 거울의 집을 지어 나갔다. 그에게는 그렇게 덮은 상처가 많았다. 그 상처는 어린 시절의 깨어진 가정까지 거슬러 올라갔다.

테드는 더 좋은 것들을 만들어 내기 위해 애쓰면서 자신 안에 있는 나쁜 것들, 가족이나 주변 환경의 문제를 처리하려 했다. 하지만 불완전한 세상을 혼자 상대하는 것은 능력 밖의 일이었기에 그는 점점 시한폭탄이 되어 갔다. 그리고 서른여덟 살이 되어서야 폭발하고 만 것이다.

테드는 완벽한 이미지와 인생을 만들고자 노력했다. 그러다가 조금이라도 나쁜 것이 찾아오면 맥없이 무너져 버렸다. 순식간에 절망의 나락으로 떨어졌던 것이다.

우리가 사는 세상에는 좋은 것도 있고 나쁜 것도 있다. 주변 사람들 중에도 좋은 사람이 있는가 하면 나쁜 사람도 있다. 물론 우리 자신도 좋은 면과 나쁜 면을 함께 지닌다.

우리가 선과 악의 문제를 해결할 때 자연스럽게 취하는 방법은 좋은 것을 지키고 나쁜 것은 골라내는 식이다. 천성적으로 우리는 좋은 나, 좋은 타인, 좋은 세상 등 '모든 것이 좋은 상태'를 경험하고 싶어 한다. 그러기 위해서 나쁜 나, 나쁜 타인, 나쁜 세상은 무조건 '다 나쁜 것'으로만 보려 한다. 이런 시선은 우리 자신과 다른 사람, 그리고 우리 주변의 세상을 이분화하여 경험하게 만든다. 이러한 이분화는 현실에 근거한 것이 아니기에, 시간과 실제 삶의 시험을 견뎌 낼 수가 없다.

또한 이런 이분법적인 분리는 우리의 삶이나 다른 사람들의 삶 속에서 나쁜 것과 연약한 것, 실패를 용납할 수 없게 만든다. 그럴 때 기본적으로 두 가지 문제가 발생한다. 악의 존재 자체를 부정하게 되며, 또 한편으로는 선의 존재를 부정하게 되는 것이다. 실패하면 자신이 무조건 잘못되었다고 여기고, 일이 잘 풀릴 때는 자신이 완벽하게 좋다고 생각한다.

만약 완벽하게 좋은 사람이길 기대했던 누군가가 실수하면 그 사람을 비난하고 처벌하려 한다. 혹은 그들의 나쁜 면을 부정해 버리고, 결국 실패할 수밖에 없는 비현실적인 관계를 추구하기도 한다.

주변 세상에도 완벽함을 요구한다. 우리의 기대에 못 미치는 교회나 직업은 평가절하해 버린다. 그 자리를 떠나 새로운 곳으로 옮기지만 여전히 불완전하고 실망스러운 상황을 맞이하게 된다. 그렇지 않으면, 나쁜 점들이 있다는 사실 자체를 부인하고 모든 것을 이상화하며 스스로의 눈을 가리는 쪽을 택한다.

그러나 선과 악이 공존할 수 있다는 사실을 받아들이지 못한다면, 이 세상에서 성공적인 삶을 살 수가 없다. 왜냐하면 이 세상과 우리 존재 자체가 바로 선과 악의 공존이기 때문이다.

성경이 말하는 선악의 실재

처음부터 이랬던 것은 아니다. 한때는 '모든 것이 완벽하게 좋았던' 때가 있었다. 하나님께서 현실이라는 캔버스에 그림을 그리셨고, 하나님이 그리신 현실은 완벽했다. 인간을 포함한 모든 피조물은 한 치의 오점도 없었다. 우리에게 죄가 없었던 것이다.

현재의 일상에서도 우리는 때로 완벽에 가까운 모습들을 보곤 한다. 아름다운 석양은 그 자체로 완벽해 보이며, 어떤 음악 연주는 조금의 흠도 없는 선율로 우리를 매혹한다. 어떤 운동선수들은 우아함과 아름다움을 갖춘 완벽한 연기로 우리를 놀라게 하기도 한다. 또한 사랑하는 이들의 친밀한 순간을 지켜보면 이 땅에서 천상의 모습을 보는 듯하다.

바로 이러한 순간들 때문에 이상적인 세상을 꿈꾸는 것이 그리 어렵지만은 않다. 악의 존재가 없는 상태의 피조물은 얼마나 환상적이었을지 생각만 해도 황홀해진다. 한때 우리는 바로 그러한 세상을 위해 지음 받았다. 지금의 모습으로 살도록 지어진 것이 아니었다. 우리 인생은 잘못된 주소로 배달되었다. 하나님은 우리를 완벽하게 지으셨는데, 우리는 지금 전혀 엉뚱한 장소에서 살고 있는 것이다.

우리는 애초에 불완전한 세상에서 살 준비가 되지 않았다. 타락의 결과들과 씨름하며 살도록 지어지지 않았기 때문이다. 치아에 충치가 구멍을 내거나, 부드러운 발을 가시와 엉겅퀴가 찌르는 것도 있을 수 없는 일이었다. 사람들은 원래 서로를 경계하고 자신을 방어할 필요가 없었다. 우리의 영혼은 이 세상에서 상처투성이로 살기에는 너무 부드럽게 만들어졌다. 우리는 완벽한 사람들과 완벽한 관계를 맺도록 창조되었지만, 지금은 사람들에게서 번번이 상처를 받고 있다. 사람들은 거짓말을 일삼고 서로에게 신실하지도 않다. 때로는 비열하기 짝이 없는 모습도 보인다.

우리 내면에는 충분한 은혜가 없기에, 자신의 나쁜 면들이 주는 고통을 좀처럼 감당할 수가 없다. 죄를 느낀다는 것 자체로도 충분히 끔찍한데, 죄로 인한 죄책감은 말할 것도 없다. 사랑과 연결 대신 미움과 분리를 느끼고, 기쁨 대신 슬픔과 분노에 시달리며, 자신감이 아닌 수치심과 자기혐오를 느낀다. 그리고 마지막으로 하나님께 형언할 수 없는 경외와 사랑을 느끼는 것이 아니라 두려움과 공포를 느낀다.

이 모든 감정들은 선과 악의 문제와 관련이 있다. 정서적으로나 영적으로 성공적인 삶을 살려면, 반드시 그 문제를 다루어야 한다. 만일 우리 안에 선과 악이 공존할 수 없다면 이 세상에서 큰 어려움을 겪게 될 것이다.

모든 사물을 무조건 좋게만 보거나, 무조건 나쁘게 보는 양극단을 오갈 때는 우리 자신과 타인, 주변 세상과 지속적인 관계를 맺을 수가 없다. 이 사람에게서 저 사람에게로, 이 교회에서 저 교회로, 이 직장에서 저 직장으로 전전하게 될 것이다. 잠시 동안은 모든 것이 좋다고 생각하겠지만 곧 나쁜 점이 드러날 것이고 그러면 또 견디지 못할 것이다. 마치 롤러코스터를 타는 것 같다.

만약 당신이 배우자와 완벽한 관계를 이루고 있다고 생각했는데, 집에 늦게 도착한다는 전화를 딱 한 번 하지 않았다고 배우자가 갑자기 당신을 패륜아 취급한다면 어떻겠는가? 혹은 평소 꿈꾸던 차를 사게 되어 한껏 들떠 있는데 다음날 실수로 차를 조금 긁었다고 해서 완전히 '똥차'라는 소리를 듣는다면?

 이런 문제는 모두 선과 악을 구분 짓는 과정에서 발생한다. 우리가 제대로 된 삶을 가꾸려면 선과 악이 공존하는 세상에서 사는 법을 반드시 찾아야 한다.

이상적인 자아

 우리는 모두 우리가 원래 어떤 모습이어야 하는지 아득한 기억을 가지고 있다. 잠시 눈을 감고 완벽한 자기 모습을 한번 상상해 보라. 무슨 일이든 완벽하게 해낼 수 있다면 어떨까? 의도적으로 그런 상상을 하다 보면 상상과 현실 사이의 긴장이 보일 것이다.

 내면 깊숙한 곳에서 우리는 우리 상상 속의 완벽한 자아와 현실 사이에 간격이 있음을 안다. 만일 이 두 가지 자아가 서로 경쟁을 한다면 갈등이 계속될 수밖에 없다.

 이상적인 자아는 우리가 되기 원하는 모습이다. 만일 자신에게 어떤 능력이 있다면, 그 능력이 완벽한 경지에 오른 상태가 어떨지 상상해 볼 수 있다. 예를 들어, 나는 골프를 좀 친다. 가끔은 매번 이랬으면 싶을 정도로, 내가 봐도 잘 칠 때가 있다. 그보다 더 멋진 스윙은 없을 것 같고 공은 내가 원했던 지점에 정확히 떨어진다. 그때부터 매번 골프를 할 때마다 가장 이상적인 드라이브를 상상하게 된다. 그것은 아주 멋진 환상이고, 또 훌륭한 목표이기도 하다.

 만약 당신이 변호사라면, 유리한 법 조항들을 본인도 놀랄 만큼 명확하게 짚어 내는 날이 있을 것이다. 당신은 이런 상상을 펼칠지도 모른다. 자신은 언제나 맡은 송사의 모든 가능성을 검토하고 아주 명쾌하게 법 해석을 한다. 법정에서는 상대방 변호사가 변론할 기회조차 얻지 못할 정도로 당신의 의뢰인을 완벽하게 변호해 낸다. 당신이 법정에 들어서는 순간 의뢰인은 완벽한 보호를 받는다고 느낄 것이다. 자신도 미처 몰랐던 재능과 잠재력이 발휘되는 것이다.

당신이 만일 부모라면, 자녀에게 무엇이 필요한지 일일이 다 알고서 때마다 적절하게 반응하는 모습을 상상할 수도 있다. 자녀들은 당신을 존경하는 역할모델로서 우러러볼 것이며 늘 화목한 광경이 펼쳐진다.

이렇게 우리 삶의 영역에서 이상적인 기대를 품는 것은 인간이라는 존재의 특성이다. 그러한 바람은 하나님의 형상 안에 담긴 잃어버린 잠재력이기도 하다. 우리 존재의 모든 영역에서 우리는 이상형을 상상하고 열망할 수 있다.

로마서 8장에서는 이런 현상을 다음과 같이 표현했다. "피조물이 다 이제까지 함께 탄식하며 함께 고통을 겪고 있는 것을 우리가 아느니라 그뿐 아니라 또한 우리 곧 성령의 처음 익은 열매를 받은 우리까지도 속으로 탄식하여 양자 될 것 곧 우리 몸의 속량을 기다리느니라 우리가 소망으로 구원을 얻었으매 보이는 소망이 소망이 아니니 보는 것을 누가 바라리요 만일 우리가 보지 못하는 것을 바라면 참음으로 기다릴지니라"(롬 8:22~25).

우리는 잃어버린 이상형이 회복되기를 간절히 소망한다. 그리고 그 간절한 소망이 우리가 누구인가 하는 본성에 깊이 새겨져 있다. 그것이 바로 우리의 본성이며, 언젠가 이루게 될 우리의 모습이다.

실제적 자아

실제적 자아는 우리의 현실 속 모습이지 우리가 원하는 모습이 아니다. 아무리 간절히 원해도 우리의 이상형이 실제적 자아가 될 수는 없다. 우리는 약함과 타락함에 둘러싸여 있다. 바울은 이렇게 말한다. "우리가 율법은 신령한 줄 알거니와 나는 육신에 속하여 죄 아래에 팔렸도다"(롬 7:14).

우리는 죄악된 속성을 가질 뿐 아니라 연약하다. 우리는 연약함을 부정적인 것으로 보며, 따라서 이상적인 자아는 결코 연약하지 않을 것이다.

또한 우리는 깨어졌다. 여러 면에서 상처를 입었다. 그리고 우리의 실제적 자아는 그러한 상처의 흔적을 품고 있다. 우리가 소유한 고통, 상실감, 정서적인 미숙함도 우리 존재의 일부이다.

우리는 선천적으로 실제 자아보다 이상적 자아를 더욱 가치 있게 여긴다. 이상적인 자아가 훨씬 더 좋아 보이고 뛰어나기 때문이다. 문제는 그것이 환상이라는 점이다. 실제로 존재하지가 않는다.

따라서 실제 자아와 이상적 자아의 관계를 살펴볼 필요가 있다. 만일 그 둘이 갈등 관계에 있다면 중심 자리를 놓고 영원히 싸움을 벌일 것이다. 실제 자아가 나설 때마다 이상적 자아가 끼어들어 판단하고 실제 자아를 감추려 한다면 우리는 하나님이나 다른 사람들과 관계를 맺지 못하게 된다.

자신에게 완벽함을 요구할 때 우리는 실제 세상에서 살지 못한다. 실제적인 자아는 완벽하지 않다. 이것이 바로 우리가 받아들여야만 하는 현실이다. 많은 사람들이 이를 인정한다고 말하지만 행동은 그렇게 하지 않는다. 자신이 이상적이어야 하며 자기 안에 불완전함이 있어서는 안 된다는 강력한 믿음을 부지불식간에 드러내는 것이다. 우리는 모두 우리의 이상과는 거리가 먼 불안전함과 연약함, 미숙함을 수없이 가지고 있다. 그것이 현실이다.

이상과 현실 사이

이상과 현실 사이의 본질적인 문제는, 이상이 현실을 받아들이지 못하고 정죄와 분노를 쏟아 낸다는 것이다. 이것이 둘 사이의 적대적 관계를 형성하고, 서로를 점점 더 멀어지게 한다.

리처드라는 마흔여섯의 사업가가 두려움과 통제할 수 없는 생각에 시달리다가 병원에 찾아왔다. 리처드는 아내와 함께 있을 때 아내를 때리는 상상을 종종 한다고 했다. 또 다른 때는 자녀들에게 주체할 수 없이 화를 내는 모습을 상상한다고 했다. 그러한 상상들을 머릿속에서 떨쳐 내려고 무진 애를 써 봤지만 번번이 실패했고, 오히려 증상이 점점 더 심해졌다. 아무리 기도하고 성경을 읽어도 자신의 생각을 제어할 수가 없었다.

리처드는 자신의 상상을 설명할 때마다 항상 이런 표현을 사용했다. "이런 생각을 하면 안 되는 걸 알지만……." "이런 생각을 한다는 것 자체가 끔찍한 일이지만……." 그는 항상 이상적인 모습을 먼저 언급했다. 다시 말해 이상적인 리처드는 그런 생각을 절대로 하지 않을 것이라고 먼저 말하는 것이다. 하지만 현실은 그가 그런 생각을 한다는 것이었다.

리처드는 강박성 인격장애를 보이고 있었다. 끔찍한 생각에서 벗어날 수 없어 스스로를 가망 없는 악마라고 결론지어 버렸다.

병원에 입원해 있는 동안 리처드는 자신에 관한 몇 가지 사실을 깨달았다.

그동안 아내에게 한 번도 말한 적은 없지만 아내에게 여러 차례 화가 난 적이 있었다. 화를 내면 안 된다고 생각했기 때문에 분노의 감정 자체를 부정하고 모든 분노를 억제했던 것이다. 또한 리처드는 자신의 어린아이 같은 모습에 스스로 분노하고 있었다. 그래서 자녀들이 약하거나 무능한 모습을 보이면 그렇게 증오했던 것이다.

문제의 본질은 그가 그 감정들을 자신의 일부로 받아들이지 않았다는 것이다. 그의 이상적인 자아가 그런 모습은 받아들일 수 없다고 결정해 버렸다. 그러자 그 감정들이 리처드를 지배하기 시작했다. 그가 억제하고 부정했던 '나쁜 면'들이 파괴적이고 강박적인 생각으로 표출되기 시작한 것이다.

리처드는 자신의 이상적 자아의 요구를 이해하면서, 그리고 실제 자아를 수용하기 시작하면서 자신과 아내에 대한 분노를 조절할 수 있게 되었다. 그를 괴롭혔던 강박증도 사라졌다.

다른 많은 그리스도인들도 이상과 현실의 분리 때문에 갈등을 겪곤 한다. 교회는 종종 지나치게 높은 이상을 강조한다. 사실 사람들이 그리스도를 찾는 이유가 그런 이상을 실현하지 못하기 때문인데 그처럼 불가능한 믿음을 강조하는 것이다. 사람들이 예수를 믿는 이유는 용서와 포용이 필요한 죄인이기 때문이다.

정죄할 것인가, 포용할 것인가

우리가 실제 자아를 판단하고 정죄하며 여기에 분노하기로 한다면, 그 존재를 부정하게 되고 만다. 수치심과 죄책감 및 다양한 방어기제를 이용하여 실제 자아를 감추려 할 것이다. 우리가 은혜로 수용하지 않는 것들은 모두 심판과 정죄 아래 놓이며, 그것들을 심리적인 무화과 나뭇잎으로 가려 놓게 된다.

그렇지 않고 실제 자아를 사랑하고 수용하기로 할 때 변화의 소망이 싹튼다. 스스로 이상적이지 않다고 느끼는 모습까지도 자기의 일부로 받아들이면 그 부분들이 사랑받게 될 것이며 치유될 것이다. 이전에는 상상하지 못했던 모습으로 성장하기 시작할 것이다. 포용이야말로 이상과 현실의 딜레마를 푸는 해답이며 그것이 바로 은혜다.

로마서 7장에서 바울은 자신의 갈등을 이렇게 이야기한다. "내가 행하는 것을 내가 알지 못하노니 곧 내가 원하는 것은 행하지 아니하고 도리어 미워하는 것을 행함이라 만일 내가 원하지 아니하는 그것을 행하면 내가 이로써 율법이 선한 것을 시인하노니 이제는 그것을 행하는 자가 내가 아니요 내 속에 거하는 죄니라 내 속 곧 내 육신에 선한 것이 거하지 아니하는 줄을 아노니 원함은 내게 있으나 선을 행하는 것은 없노라 내가 원하는 바 선은 행하지 아니하고 도리어 원하지 아니하는 바 악을 행하는도다"(롬 7:15~19). 원하는 것은 따로 있는데 현실은 그렇지 않아 고통스러워하는 모습이다.

우리는 본능적으로 이상을 좇아 열심히 달려가고자 한다. 그러나 바울은 다른 해답을 제시했다. 현실을 받아들이라는 것이다. "그러므로 이제 그리스도 예수 안에 있는 자에게는 결코 정죄함이 없나니"(롬 8:1). 이상의 요구가 채워지고, 바울은 더 이상 완벽하지 못한 것에 정죄함을 느끼지 않았다. 하나님은 "우리에게 율법의 요구가 이루어지게" 하려고 당신의 아들 예수를 보내셨다(롬 8:4). 우리가 실제 자아의 모습에 '정죄함이 없는' 단계에 이르게 되면,

잘못된 부분을 고백하면서도 진정한 자신의 모습과 관계를 맺을 수 있다. 이제는 결코 이루지 못할 이상을 좇아 노력하지 않아도 된다. 이렇게 현실을 받아들이면 놀라운 성장과 영적인 능력을 경험할 수가 있다.

이상과 현실 사이의 관계는 은혜와 무조건적인 사랑, 포용을 필요로 한다. 그렇게 될 수만 있다면 이상과 현실이 서로 싸우지 않고 좋은 관계를 맺게 된다. 좋은 관계란 이상을 포기하지 않으면서 현실을 사랑으로 받아들이는 것이다. 현실이 사랑받고 포용될 때 이상을 향해 자라 갈 수도 있다. 전도서의 저자는 이렇게 말했다.

> 내 허무한 날을 사는 동안 내가 그 모든 일을 살펴 보았더니 자기의 의로움에도 불구하고 멸망하는 의인이 있고 자기의 악행에도 불구하고 장수하는 악인이 있으니 지나치게 의인이 되지도 말며 지나치게 지혜자도 되지 말라 어찌하여 스스로 패망하게 하겠느냐 지나치게 악인이 되지도 말며 지나치게 우매한 자도 되지 말라 어찌하여 기한 전에 죽으려고 하느냐 너는 이것도 잡으며 저것에서도 네 손을 놓지 아니하는 것이 좋으니 하나님을 경외하는 자는 이 모든 일에서 벗어날 것임이니라(전 7:15~18).

다시 말해서 지나치게 완벽함을 추구하면 삶을 망치게 된다는 것이다. 완벽주의자들은 인생을 즐길 줄 모를 뿐 아니라 다른 사람들의 인생까지 비참하게 만든다. 반대로 기준이나 이상을 모두 포기해도 우리 삶은 망가진다. 하나님을 경외하는 사람은 지나친 율법주의나 방종에 빠지지 않으려 한다. 적당한 기준이 용납되며, 진실한 자아가 있는 모습 그대로 받아들여지고 사랑받는다면 그곳에 평화와 성장이 있다. 우리가 비로소 진짜 사람이 되는 것이다.

하나님께서도 우리를 이런 관점으로 보셨다. 주님은 우리가 놀라운 존재이며 동시에 엄청난 죄인이고, 모든 종류의 연약함과 넘치는 은사를 함께 가졌다고 말씀하신다. 그 모든 것이 공존함을 아는 것이 바로 선과 악의 문제를 해결하는 핵심이다. 성경에 기록된 서로 '모순되어' 보이는 말씀들을 살펴보자.

> 사람이 무엇이기에 주께서 그를 생각하시며 인자가 무엇이기에 주께서 그를 돌보시나이까 그를 하나님보다 조금 못하게 하시고 영화와 존귀로 관을 씌우셨나이다 주의 손으로 만드신 것을 다스리게 하시고 만물을 그의 발 아래 두셨으니 (시 8:4~6).

> 기록된 바 의인은 없나니 하나도 없으며(롬 3:10)

> 이는 그가 우리의 체질을 아시며 우리가 단지 먼지뿐임을 기억하심이로다(시 103:14).

성경은 서로 다른 두 가지 주제를 꾸준해서 가르치고 있다. 하나는 우리가 하나님의 형상으로 지음 받았으며 놀라운 가치를 지닌 존재라는 것이다. 그리고 또 하나는 우리가 죄악으로 가득 찬 깨어진 존재라는 것이다. 이상적인 모습과 실제적인 모습이 함께 그려져 있다. 둘 다 맞는 말이다. 그리고 그 둘은 하나님 및 다른 사람들과의 관계에서 은혜를 나눔으로 화합되어야 한다.

이상의 왜곡

사람들이 이상적이라고 여기는 모습 중에는 하나님의 의도와 전혀 다른 것들이 많다. 예를 들어 하나님은 우리가 다른 사람들과의 관계 속에서 살아가도록 만드셨으나, 혼자 사는 것이 더 이상적인 삶이라고 생각하는 사람들도 있다. 성적인 느낌을 부정하는 것을 이상적인 자아상으로 여기는 이들도 있고, 분노나 슬픔을 느끼지 않는 것을 이상으로 삼는 이들도 있다. 또 어떤 사람들은 주어진 재능과 은사를 활용하지 않고, 그냥 있는 모습에 만족해야 한다고 생각한다.

하지만 하나님은 우리에게 세상을 다스리라고 말씀하셨다. 이런 자아상들은 우리 안의 깨져 버린 하나님의 형상을 반영한다.

사람들이 만든 왜곡된 이상형은 우리의 잃어버린 완벽한 모습이거나, 혹은 완전히 비인간적인 모습이다. 어떤 경우든 그것은 실제가 아니며, 우리는 그런 이상적 자아의 요구에 맞서고 현실을 받아들여야 한다.

이런 이상적 자아는 우리가 자라 오면서 내면세계에 저장한 가치관의 체계이며, 우리 자신을 향한 기대에 불과하다. 아무리 좋은 것이라 할지라도 우리의 이상으로 받아들이지 않을 경우에는 어떤 모양으로든 판단을 받고 결국 묵살된다.

패트릭이 심리치료를 받으러 왔을 때는 이미 스무 명 가까운 의사를 만난 후라고 했다. 스스로 심장마비나 뇌졸중, 암에 걸렸다고 생각해서 응급실에 실려 간 것도 여러 차례였다. 그런데 어떤 의사도 그가 무슨 병인지 알아내지 못했다. 결국 주치의는 정신과의 도움을 받는 것이 좋겠다고 권했다.

패트릭은 큰 회사의 최고경영자였다. 그의 인생 목표는 무슨 일에서든 최고가 되는 것이었다. 실제로 그는 아주 잘해 내고 있었다. 그러나 의사들이 아무런 문제가 없다고 진단을 해도 도무지 받아들일 수가 없었다. 그의 생각은 맞았다. 그에게는 아주 심각한 문제가 있었다. 다만 신체적 질병이 아니었을 뿐이다. 패트릭은 삶에서 자기 이상에 부합되지 않는다고 생각되는 부분들을 억누르고 부정했기 때문에 그렇게 힘들었던 것이다.

패트릭의 이상적 자아는 자신의 감정을 절대로 표현하지 않는 '강한 남자'로, 아버지의 모습을 본뜬 것이었다. 패트릭은 어렸을 때부터 남자는 절대 감정이 헤퍼서는 안 되며 어머니와는 완전히 달라야 한다고 생각했다. 그는 자신의 어머니를 '정서적인 만신창이'라고 묘사했다. 연약함은 그 자체로 나쁜 것이라고 여겼기 때문에 자신의 연약한 면을 결코 인정하지 않고 부인했다.

시간이 흐를수록 그러한 태도가 그를 무너뜨리기 시작했다. 다양한 공포증과 두려움이 일어났으며 특히 건강 문제에 두려움이 커져 갔다. 그의 '연약함'은 신체적 질병으로 드러나기 시작했다. 왜냐하면 그의 이상 속에서도 신체적 질병은 용납할 수 있는 연약함이었기 때문이다. 정서적으로 연약함이나 슬픔을 드러내지만 않는다면 몸이 아픈 것은 얼마든지 괜찮다고 생각했던 것이다.

심리치료를 하는 동안 그는 슬픔의 감정도 자신의 현실적 자아의 일부라는 사실을 인정하기 시작했다. 자신의 감정을 인정하자 그는 한층 인간적으로 변했고 두려움과 공포도 사라졌다. 이제는 죽을지도 모른다는 두려움을 안고 응급실을 전전할 필요가 없었다.

선과 악의 갈등 다루기

우리가 삶 속에서 선과 악의 갈등을 다루는 방법은 다음의 네 가지 유형으로 나눌 수 있다. 그런데 그중 세 가지 방법은 항상 실패하게 되어 있다.

✚ 악의 부정

어떤 사람들은 삶 속에서 '부정'이라는 방법으로 악을 다룬다. 리처드는 아내에 대한 분노를 부정했다. 분노는 비난받는 것이라 생각했기 때문이다. 슬픔, 정욕, 질투 등의 감정을 부인하는 사람들도 흔하다. 그리스도인은 절대 그러한 감정을 품으면 안 된다고 생각하고 그런 감정의 존재 자체를 부정하는 것이다.

어떤 내담자는 20년의 결혼 생활이 끝날 위기에 놓였는데도 휴가와 파티를 계획했다. 자신은 이혼에 대해 아무런 느낌도 없다는 것이다. 이는 스스로의 감정을 완전히 부인하는 행동이다.

하지만 성경은 자신의 나쁜 면을 부정하려는 태도를 혹독하게 꾸짖는다. 왜냐하면 그것은 곧 교만이기 때문이다. 예수님께서 바리새인들에게 뭐라고 말씀하셨는지 들어 보라. "화 있을진저 외식하는 서기관들과 바리새인들이여 잔과 대접의 겉은 깨끗이 하되 그 안에는 탐욕과 방탕으로 가득하게 하는도다 눈 먼 바리새인이여 너는 먼저 안을 깨끗이 하라 그리하면 겉도 깨끗하리라 화 있을진저 외식하는 서기관들과 바리새인들이여 회칠한 무덤 같으니 겉으로는 아름답게 보이나 그 안에는 죽은 사람의 뼈와 모든 더러운 것이 가득하도다"(마 23:25~27).

성경은 내면의 나쁜 것들을 부정하지 말라고 엄중하게 경고한다. 또한 우리에게 다른 사람을 우상화하지 말라고 권고한다(롬 3:23 참조). 타인의 나쁜 면에 눈을 감고 모든 것이 좋다고만 여긴다면 그 사람을 우리와 같은 죄인이 아닌 완벽한 존재로 보려는 것이다.

니콜은 우울증을 치료하기 위해 찾아왔다. 그녀는 어떤 일에 싫증을 느낀다든가, 저녁 식사 준비를 늦게 한다든가 하는 아주 사소한 문제로 자신을 자꾸만 깎아내렸다. 나는 그녀를 괴롭히는 원인을 찾아낼 수가 없었다. 아주 끔찍한 부담감을 느끼고 있는 듯 보였지만, 그녀의 삶에 대해 물어봤을 때 모든 것이 괜찮다고만 했다.

남편은 그녀의 우울증에 어떤 반응을 보이느냐고 물었더니 매우 협조적이라고 했다. 니콜에게 꽃도 보내 주고, 요리하는 것도 도와주었으며 고칠 것이 있으면 배관공이나 목수를 불러서 즉시 해결해 주었다. 심한 우울증에 시달리는 사람에게 그처럼 협조적인 남편이 있다니 다행스러운 일이었다.

그런데 니콜이 심리치료 시간에 남편을 처음 데리고 왔을 때, 뭐가 잘못되었는지를 비로소 알 수 있었다. 니콜의 남편은 편안하고 친근한 사람이기는 했지만 상담 시간 내내 아내를 무시하고 깎아내렸다. 머리 모양이 지저분하다느니 앉은 자세가 꾸부정하다느니 하며 계속 잔소리를 했고 아내 말에 사사건건 반박했다.

니콜은 비판적이고 까다로운 남편의 단점을 오랫동안 부정했으며 그래서 남편의 공격에 무방비로 노출되어 있었다. 그녀가 우울증에 빠진 것도, 두 사람 사이의 어려움을 해결하지 못한 것도 당연한 일이었다. 니콜은 모든 문제를 혼자 끌어안고서 참아 냈다. 그녀의 머릿속에서 자신은 항상 나쁘고, 남편은 항상 좋은 사람으로 그려져 있었던 것이다.

✚ 좋은 면을 부정하기

어떤 사람들은 위의 경우와 정반대이다. 이들은 선을 부정한다. 산더미 같은 이상적 요구에 치이고 있다고 생각하는 경우 사람들은 모든 규범을 무시한다. 그 결과 악한 것이 악한 것인지도 모른 채 그 안에서 살아간다. 이처럼 '마음이 굳은 죄인'은 그들이 따라야 할 이상적인 기준은 존재하지 않는다고 단정 짓는다. 뭐든 정당하다고 보는 것이다.

결혼한 지 얼마 안 된 스물여섯 살의 청년 존이 자신의 결혼 생활을 도와달라며 찾아왔다. 그는 아내가 얼마나 비판적이고 까다로우며, 집안일에 소홀한지 호소했다. 아내 린은 결혼과 동시에 스스로를 포기했고 몸무게가 너무 불어 더 이상 매력적이지도 않다고 했다. 그래서 존에게 다음 시간에는 아내와 동행하라고 부탁했다.

다음 주에 존의 아내가 문을 열고 사무실로 들어오는데, 나는 깜짝 놀랐다. 린은 키도 크고 날씬했으며, 자신감이 넘쳐 보였다. 그녀와 얼마간 얘기를 나눈 후에, 나는 존이 아내에게 말도 안 되는 완벽한 기준을 요구했음을 알게 되었다.

린은 자신이 부족하다고 생각해 남편을 기쁘게 해 주려고 더욱 노력했다. 하지만 완벽주의자에게는 전혀 통하지 않는 방법이었다. 남편은 그녀가 이상적인 모습에 조금이라도 미치지 못하면 못 견뎠고 심하게 질책했다. 사실 그녀는 매우 잘하고 있었으며 단지 완벽하지 않을 뿐이었지만, 남편은 아내의 좋은 면까지 무조건 부정했던 것이다.

✤ 공격과 비판

공격과 비판은 악을 다루는 가장 흔한 방법이다. 사람들은 흔히 자신을 비난하고 정죄할 때 이렇게 말한다. "나는 바보 같아." "쓸모없는 존재야." "나는 나쁜 인간이야." 실제적 자아에 대한 이런 분노의 공격은 상처와 정죄감을 남긴다. 성경은 이것을 "세상 근심"이라고 부른다. "하나님의 뜻대로 하는 근심은 후회할 것이 없는 구원에 이르게 하는 회개를 이루는 것이요 세상 근심은 사망을 이루는 것이니라"(고후 7:10).

악을 슬퍼하고 회개하는 것은 경건한 근심이다. 그러나 공격과 정죄는 나쁜 것을 다루는 세상적인 방법이다. 가룟 유다와 베드로의 경우가 그 차이를 아주 잘 설명해 준다. 가룟 유다는 자신을 정죄하고 스스로 목숨을 끊었다. 반면에 베드로는 예수님을 배반한 것을 후회했지만 그의 눈물은 회개로 바뀌었다. 비판은 결코 아무것도 치유할 수 없다. 율법은 자비 없는 심판을 할 뿐이다.

필은 사랑이 넘치는 남편이었다. 아내의 좋은 면들을 보았고 성실하게 후원해 주었다. 아내가 뭔가를 잘할 때마다 칭찬해 주었으며, 아내를 얼마나 자랑스러워하는지 말해 주곤 했다. 하지만 아내가 뭔가를 잘못하거나 자신이 원하는 것과 다른 방법으로 하면 화를 내고 소리를 질렀으며 심한 말을 퍼부었다.

그는 아내의 좋은 면과 나쁜 면을 모두 부정하지 않았지만, 나쁘다고 생각하는 것에는 혹독했다. 아내에게 은혜 없는 진리를 주었던 것이다.

✚ 받아들이기

좋은 것과 나쁜 것을 받아들이는 것은 성경적인 대안이다. 이것이 바로 은혜와 진리이다. 여기서는 이상적인 면이나 나쁜 면, 그 어느 것도 부정하지 않는다. 이상을 계속 추구해야 할, 아직 실현되지 못한 목표로 온전하게 받아들이는 한편 나쁜 면들은 포용하고 용서한다. 이 전략은 좋은 것과 나쁜 것을 따로 구분 짓거나 화를 내거나 정죄하지 않는다. 좋은 것과 나쁜 것을 동시에 인정하고 받아들이는 것이다.

우리는 자신만이 아니라 다른 사람들 안에 있는 좋은 면과 나쁜 면도 모두 받아들일 수 있어야 한다.

> 서로 친절하게 하며 불쌍히 여기며 서로 용서하기를 하나님이 그리스도 안에서 너희를 용서하심과 같이 하라(엡 4:32).

> 그러므로 너희는 하나님이 택하사 거룩하고 사랑 받는 자처럼 긍휼과 자비와 겸손과 온유와 오래 참음을 옷 입고 누가 누구에게 불만이 있거든 서로 용납하여 피차 용서하되 주께서 너희를 용서하신 것 같이 너희도 그리하고(골 3:12~13).

> 그러므로 그리스도께서 우리를 받아 하나님께 영광을 돌리심과 같이 너희도 서로 받으라(롬 15:7).

이 모든 말씀에는 은혜와 진리의 조화가 확연히 드러난다. 우리는 진리를 직면하되, 배척하지 말고 받아들여야 한다.

선악 개념의 발달 과정

사람들은 선과 악의 문제에 왜 그렇게 시달리는 걸까? 그 둘의 존재를 그냥 인정하는 것이 뭐 그리 대수란 말인가? 그 과정을 이해하려면 타락의 본질을 먼저 알아야 한다. 우리는 원래 선과 악의 공존을 다룰 수 있도록 지음 받지 않았다. 하나님은 오히려 우리가 그렇게 되지 않도록 지키려 하셨다. 하지만 우리는 죄를 범했고, 아주 어려운 상황에 처하게 된 것이다.

우리는 애초에 은혜에 대한 지식이 없이 태어났기 때문에, 다른 사람과의 관계를 해치지 않고 나쁜 면을 있는 그대로 받아들이기 위해서는 먼저 은혜를 배우고 내면화할 필요가 있다.

성경은 우리가 다른 사람과의 관계가 없는 상태에서 태어났으며, 관계 속으로 초대받아야 한다고 말한다. 그럴 때 사랑과 용서를 내면화하기 시작하는 것이다. 성경의 원리에 따르면 우리는 사랑받고 용서받았기 때문에 사랑하고 용서할 수 있게 된다.

예수님께서 시몬이라고 하는 바리새인의 집에서 저녁 식사를 하고 계셨다. 주님께서 식탁에 몸을 기대고 있을 때 "죄를 지은 한 여자"가 예수님의 발에 향유를 붓고 자신의 머리카락으로 닦았다. 바리새인은 예수님께서 선지자였다면 그 여자가 어떤 사람인 줄 아실 것이라고 생각했다. 그때 예수님께서 성경의 원칙이 담긴 한 이야기를 들려주셨다.

> 이르시되 빚 주는 사람에게 빚진 자가 둘이 있어 하나는 오백 데나리온을 졌고 하나는 오십 데나리온을 졌는데 갚을 것이 없으므로 둘 다 탕감하여 주었으니 둘 중에 누가 그를 더 사랑하겠느냐 시몬이 대답하여 이르되 내 생각에는 많이 탕감함을 받은 자니이다 이르시되 네 판단이 옳다 하시고 그 여자를 돌아보시며 시몬에게 이르시되 이 여자를 보느냐 내가 네 집에 들어올 때 너는 내게 발 씻을 물도 주지 아니하였으되 이 여자는 눈물로 내 발을 적시고 그 머리털로 닦았으며 너는 내게 입맞추지 아니하였으되 그는 내가 들어올 때로부터 내 발에 입맞추기를 그치지 아니하였으며 너는 내 머리에 감람유도 붓지 아니하였으되 그는 향유를 내 발에 부었느니라 이러므로 내가 네게 말하노니 그의 많은 죄가 사하여졌도다 이는 그의 사랑함이 많음이라 사함을 받은 일이 적은 자는 적게 사랑하느니라(눅 7:41~47).

성경은 우리가 용서받은 만큼 용서할 수 있다고 말한다. 따라서 우리가 사람들을 '다 나쁘다'고 구분 짓고 관계를 깨뜨리지 않기 위해서는, 우리가 먼저 용서받았다는 사실을 깨달아야 한다.

아기가 세상에 처음 태어날 때는 자신이 용서받았다는 사실을 모른다. 그래서 아이는 용서할 줄 모른다. 자신이 행복하면 사랑하고 기분이 나쁠 때는 미워한다. 아기의 머릿속에는 그 두 가지 상태가 분명하게 구분 지어져 있다. 좋은 사람과 나쁜 사람, 그리고 좋은 나와 나쁜 나가 분리된 것이다. 왜냐하면 나쁜 것이 좋은 것을 쓸어버릴 것이라는 깊은 두려움을 갖고 있기 때문이다.

아이가 충분한 양육을 받고 필요가 채워지면, 세상은 좋은 곳이며 엄마는 좋은 사람이고, 스스로 행복하다고 느낀다. '모든 것이 좋다' 고 말하는 상태인 셈이다. 한편으로 욕구 불만에 빠질 때는 모든 사람이 나쁘게 보인다. 엄마도 나쁘고, 아빠도 나쁘며, 이 세상은 살기 좋은 곳이 아닌 것만 같다.

아기는 우유를 3분 늦게 준 엄마가 지난밤 자신을 따뜻하게 돌봐 준 그 사람이라는 사실을 알지 못한다. 엄마가 와서 자신이 원하는 것을 충족시켜 주어야 엄마가 다시 좋은 사람으로 보인다. 세상 누구도 그 아이에게 엄마가 완벽할 수 없다는 사실을 이해시킬 수 없다. 지금 엄마는 그저 '모든 것이 다 좋은' 존재일 뿐이다.

시간이 흘러 꾸준한 양육을 받은 아이는 엄마의 사랑을 내면화하면서 엄마가 늘 좋거나 늘 나쁜 사람이 아니라는 사실을 서서히 깨닫는다. 자신을 사랑해 주는 바로 그 사람이 자신을 좌절시키기도 한다는 사실을 배운다. 함께 놀아 주던 엄마가 때로는 자기를 기다리게 만든다는 것도 안다. 만일 좋은 점이 충분하다면 나쁜 점이 있어도 참아 낼 수 있다.

그러나 좋은 것과 용서가 충분히 제공되지 않는 환경에서 자란 아이들은 세상을 좋은 쪽과 나쁜 쪽으로 계속해서 구분 짓는다. 자신을 만족시켜 주는 사람은 사랑하고, 그렇지 않은 사람은 미워한다. 만족을 주는 직장은 좋아하고, 그렇지 않으면 그만둔다. 아내가 자신을 기쁘게 해 주면 사랑하고, 그렇지 않으면 떠난다. 왜냐하면 나쁜 사람들은 항상 나쁘기 때문이다.

단 한 번도 좌절을 경험해 본 적이 없는 아이 또한 용서할 줄 모르는 사람으로 자랄 가능성이 높다. 불만을 경험해 보지 못하면 불만을 초래하는 대상을 용서하는 법도 배우지 못하기 때문이다. 영화를 보기 위해 5분간 줄을 서야 한다는 이유로 온 세상을 아주 나쁜 곳으로 매도하는 철없는 사람들을 본 적이 있을 것이다. 이들은 가끔 실수도 하는 '좋은 사람'을 용납하지 못한다.

아이의 발달 과정이 어느 정도 진행되고 움직임이 한층 자유로워질 때쯤이면 이상적인 자아가 발달하기 시작한다. 자신에게서 새로운 '힘'을 발견하고 마치 대단한 초인이라도 된 듯 느낀다. 이제 아이는 말하고, 탐구하고, 뛰기 시작한다. 아직 충분히 넘어지는 경험은 하지 못했다. 이상은 최고에 달해 있고, 그런 이상적인 모습으로 비치길 원한다. 이 시기는 "엄마, 나 좀 봐 주세요"라고 외치는 아주 행복한 시기이다.

하지만 이 대단한 이상은 어느 순간 현실과 부딪히게 된다. 아이들은 넘어지는 것이 인생의 일부이며 자신이 천하무적이 아니라는 사실을 깨닫는다. 이 과정에서 부족함이 사람들에게 이해받고 사랑받을 때 그 부족함을 자신의 일부로 받아들이게 되고, 완벽하지 않고 이상적이지도 않은 실제 자아를 가치 있게 여기는 법을 배우게 된다. 자신을 생각할 때 바울이 "마땅히 생각할" 만큼의 생각이라 부르는 판단력을 갖추는 것이다(롬 12:3). 동시에 한계를 지닌 다른 사람들의 실제 자아 역시 용서하고 받아들일 수 있게 된다.

나중에는 자신이 인생에서 성공도 하고 실패도 하는 존재임을 배우기 시작한다. 기대와 성취 사이의 관계를 풀어 가는 것이다. 때로는 이 시점에서 실제 자아를 공격하고 비판하는 태도를 발전시킬 수도 있다. 이런 태도는 실패가 사랑으로 용서받지 못하고 가혹하게 비난받을 때 생겨난다.

세상의 부모들은 하나님과 똑같은 방법으로 자녀의 실패를 받아들여야 한다. 주님은 실패를 부정하시지 않으셨고, 우리가 실패했다고 때리지도 않으셨다. 주님은 우리의 잘못을 진리로 깨닫게 해 주시지만 동시에 사랑과 긍휼을 베푸신다. 왜냐하면 하나님의 인자하심은 우리를 "인도하여 회개하게" 하기 때문이다(롬 2:4). 하나님은 정죄함과 가혹한 심판이 아닌 인자와 긍휼로 우리의 실패와 나쁜 면을 다루도록 인도하신다. 만일 모든 부모가 자녀를 이런 방법으로 양육한다면, 실패를 감당하지 못하고 스스로를 낙오자라고 자책하는 사람은 없을 것이다.

사랑과 용납

선과 악에 대한 모든 문제의 해답은 바로 사랑이다. 만일 우리가 균형 잡힌 사랑, 즉 진리가 동반된 은혜를 누릴 수 있다면 하나님이 우리와 관계 맺으시는 법을 경험할 수 있을 것이다(롬 5:2 참조). 또한 우리가 죄를 범했을 때 정죄받을 것을 염려하지 않을 수 있다면, 그 에너지로 우리가 상처 준 상대방을 한층 더 염려할 수 있을 것이다. 그것이 바로 죄책감을 대신하는 경건한 근심이다.

예수님께서는 모든 계명이 사랑의 계명으로 요약될 수 있다고 말씀하셨다. 우리 자신의 실패와 죄를 그저 '나쁜 것'이 아닌 사랑의 부족으로 볼 수 있을 때, 선과 악의 문제를 좀 더 성숙한 시각으로 바라보게 되는 것이다.

우리는 자신에게도 이와 같은 태도를 취해야 한다. 우리가 죄를 범했을 때 스스로를 '나쁜 사람'이라 자책하는 대신, 그 죄가 우리에게 주는 상처가 얼마나 큰지를 볼 수 있어야 한다. 그래야 '죄와 사망의 법'의 종노릇에서 벗어날 수가 있다. 우리의 죄가 얼마나 파괴적인지를 알아야만 우리가 변화하게 된다. 죄책감을 주어 조종하는 것은 효과가 없다. 그러면 오히려 더 많은 죄를 짓도록 부추길 뿐이다. "율법이 들어온 것은 범죄를 더하게 하려 함이라 그러나 죄가 더한 곳에 은혜가 더욱 넘쳤나니"(롬 5:20).

이것이 복음의 단순한 진리이다. 오직 은혜가 우리를 자유하게 한다. "이 사망의 몸에서 누가 나를 건져내랴"(롬 7:24). 바울이 끊임없이 죄의 문제와 싸울 때 던진 질문이다. 바울은 계속해서 이렇게 말한다. "그러므로 이제 그리스도 예수 안에 있는 자에게는 결코 정죄함이 없나니"(롬 8:1). 우리의 나쁜 면들에 대해 더 이상 정죄함이 없을 때 비로소 그것에서 자유로워질 수 있다. 율법에서 자유로운 사람이라야 성령을 따라 행할 수 있는 것이다.

그렇게 하지 못하는 경우 죄의 악순환은 계속된다. 중독과 강박증으로 고생하는 사람들이 전형적인 예이다. 이들은 행동으로 표현한다. 그리고 사랑받지 못한다는 느낌에 시달린다. 그러면 그 느낌에서 벗어나기 위해 또 다시 나쁜 행동을 반복한다.

리는 성중독증에 대한 엄청난 죄책감과 우울증으로 병원에 입원했다. 그는 외로움을 느낄 때마다 사창가를 찾았다. 그리고 나면 죄책감에 사로잡혀 그것을 떨쳐 버리는 데 몇 주가 걸린다. 그러는 사이 자신이 사랑스럽지 못하다는 생각에 친구와 가족들에게서 거리감을 느낀다. 그것이 더 많은 '욕구'를 낳고 그 긴장감과 고통, 외로움에서 벗어나고픈 충동이 되살아난다. 그래서 다시 사창가를 찾고 또다시 죄책감이 찾아온다. 그런 식으로 악순환이 계속되는 것이다.

리는 소그룹에서 자신의 중독 문제를 털어놓았다. 하지만 누구도 그를 정죄하지 않았다. 덕분에 사람들이 자신의 '나쁜 면'에 놀라지 않고, 여전히 자신을 사랑해 준다는 사실을 깨달았다. 처음에는 그런 사랑과 용납을 거부하고 숨으려고만 했다. 하지만 '정죄함 없음'이라는 상태가 자신의 행동에 따라 변하는 것이 아니고, 자신이 또 다시 죄를 저지른다 해도 정죄받지 않으리라는 사실을 서서히 배워 나갔다. 그의 나쁜 면과 죄책감은 이미 십자가에서 모두 해결되었던 것이다.

진짜 문제는 스스로를 하찮게 여기는 태도였다. 이것이 그를 사랑에서 멀어지게 했고 그를 죽이고 있었다. 하지만 죄책감의 악순환에서 벗어나기 전까지는 자신의 죄가 얼마나 파괴적이었는지를 깨닫지 못했다. 죄의 힘을 잃게 만드는 것은 바로 '정죄함 없음'을 통해서만 가능하다.

죄인은 용서하되 죄를 미워하라

그리스도인에게는 나쁜 점이 문제가 되지 못한다. 우리는 "그가 사랑하시는 자 안에서" 받아들여졌기 때문이다(엡 1:6). 진짜 문제는 죄인이 아니라 죄다. 착한 일을 했을 때 좋은 사람처럼 느끼고 나쁜 일을 하면 나쁜 사람처럼 느끼는, 끝없이 돌고 도는 회전목마에 올라타서는 안 된다. 우리는 끊임없이 사랑받는 위치에 있다.

히브리서는 우리의 죄책감과 죄의 문제, 또 선과 악의 문제가 이미 해결되었음을 강조한다. "그가 거룩하게 된 자들을 한 번의 제사로 영원히 온전하게 하셨느니라 또한 성령이 우리에게 증언하시되……또 그들의 죄와 그들의 불

법을 내가 다시 기억하지 아니하리라 하셨으니"(히 10:14-15, 17).

많은 그리스도인들이 용서받은 상태와 죄책감 사이를 오가는 오래된 회전목마에 여전히 앉아 있다. 자신이 용납되었다는 사실을 안심하고 받아들이지 못하는 것이다. 그들은 예수께서 "자기를 힘입어 하나님께 나아가는 자들을 온전히 구원하실 수 있"는 분이며, "저 대제사장들이 먼저 자기 죄를 위하고 다음에 백성의 죄를 위하여 날마다 제사 드리는 것과 같이 할 필요가 없으니 이는 그가 단번에 자기를 드려 이루"셨음을 알지 못한다(히 7:25, 27). 예수님은 우리를 "단번에" 용납받는 존재로 만드셨다. 이것은 빼앗길 수 있는 대상이 아니다. 우리는 하나님과 다시 나쁜 관계로 빠져들 수 없다. 따라서 '우리가 좋은 사람인가 나쁜 사람인가'를 물을 것이 아니라 '우리가 무엇을 하고 있는가'를 자문해야 한다.

만일 하나님이나 다른 사람, 혹은 자신에게 상처를 주고 있다면 죄책감이 아닌 경건한 근심에 의지해야 한다. 그럴 때 상처 받은 사람에게 관심을 돌릴 수 있다. 바로 이것이 두려움과 처벌에 근거한 도덕이 아니라, 사랑을 근거로 한 도덕성의 핵심이다. 또한 이것이 실패하면 화내고 공격하는 관계가 아닌 사랑의 목표를 향해 책망하는 관계, 곧 이상과 현실의 관계의 본질이다.

chapter **12** |

선과 악을
있는 그대로
받아들이지 못할 때

우리는 어쩔 수 없이 불완전한 세상에 살고 있다. 이 세상은 순전하게 좋지만은 않지만 다행스럽게도 온전히 나쁜 것만도 아니다. 세상은 선과 악이 교묘하게 섞여 있다. 이처럼 선과 악이 공존한다는 사실을 잘 받아들이지 못하는 사람들은 아래와 같은 문제를 키운다.

선악을 구분 지을 때 나타나는 증상들

완벽주의

완벽주의는 자신과 다른 사람, 이 세상에 완벽함을 추구하는 극단적인 노력이다. 완벽주의는 타락 이전의 상태를 요구하는 것이며, 흠이 있으면 좋은 것이 아니라고 여긴다. 직장 생활, 인간관계, 감정에서도 이런 증상이 나타난다.

이상주의

이상주의는 완벽주의의 로맨틱한 버전으로, 나쁜 것이 존재한다는 사실을 볼 능력이 없는 상태를 말한다. 이상주의자들은 장밋빛 안경을 통해 세상을 보기 때문에 세상의 모든 것이 완벽해 보인다. 그러다 아주 곤혹스러운 상황에 처하기도 하는데, 처음에는 보지 못했던 나쁜 점들이 나중에 튀어나와 그들을 위협할 수도 있기 때문이다. 예를 들어, 사랑에 눈먼 여자는 연인을 이상화하여 그 남자의 심각한 성격적 결함을 그냥 무시하고 지나칠 수 있다.

연약함을 용인하지 못함

어떤 이들은 이상적이지 못하다는 이유로 인간에게 있는 모든 종류의 나약함을 거부한다. 하나님처럼 되고 싶어 하는 소망에 근거한 이 증상은 모든 관계를 어려움에 처하게 만든다. 이것은 교만한 상태이다. 우리는 모두 연약한 존재들이고, 그 연약함을 통해 하나님의 강하심이 드러나기 때문이다.

부정적인 느낌을 용인하지 못함

부정적인 감정의 회피는 다음의 두 가지 방식으로 드러난다. 분노, 슬픔,

실망감과 같은 부정적인 감정으로부터 도망하며, 한편으로는 자기 안에 그러한 감정이 있다는 사실 자체를 부정하는 것이다.

자아상의 문제

우리가 자신에게 좋은 감정을 느끼고 좋은 자아상을 가질 유일한 방법은 실제 자아가 조건 없이 사랑받는 것이다. 선과 악을 다루지 못하는 사람들은 사람들과의 관계 속에서 자신의 모습이 이상에 못 미칠 때 이를 있는 그대로 받아들이지 못한다. 그러면 결국 긍정적인 자아상을 가질 수가 없다.

불안과 공포

사람들은 어떤 부정적인 느낌이 의식 속으로 들어올 것 같을 때 불안함을 느낀다. 또는 다른 사람들이 자신의 부정적인 측면을 보게 되지 않을까 하는 생각 때문에 공포에 빠지기도 한다. 심한 경우에는 옷에 묻은 작은 얼룩 때문에 공포를 느끼는 이들도 있다.

약물중독과 섭식 장애

많은 사람들이 상실감이나 실패감 등의 부정적인 감정을 무마하기 위해 음식을 먹거나 마약을 하거나 술을 마신다.

자아도취

자아도취는 자기 사랑을 뜻하는 한편 자신의 외모나 안녕, 능력에 대한 지나친 관심을 말하기도 한다. 한마디로 자아도취란 자신에 대한 이상적인 이미지에 사로잡힌 상태이다. 자신과 자신이 상상하는 이미지에 지나치게 집착하는 나머지 현실적인 자아를 잃어버리는 것이다. 이러한 사람들에게 삶이란 바로 그 이상화된 이미지를 추구하기 위해 구성된 사건의 연속일 뿐이다. 사랑은 안중에도 없다. 다른 사람들의 찬양과 감탄만이 중요할 뿐이다.

죄책감

자신의 실수를 인정하지 못하는 사람들은 하나님과 다른 사람들과의 관계 속에 자신의 실제 자아를 개입시키지 못한다. 자신을 향한 비판 의식을 해결하지 못하며 정죄함이 없는 정서적 상태에 결코 이르지 못하는 것이다. 이들은 또한 '전적인 용납'을 경험하지 못한다. 그리스도와 다른 사람들과의 사랑 대신, 오직 자신의 선함과 악함의 문제에 사로잡히게 된다.

성중독증

충동적인 성적 행동을 보이는 많은 사람들이 잃어버린 이상과 처리되지 못한 감정에서 도망치는 이들이다. 성적인 이상주의를 추구하거나, 자신의 고통을 처리하는 방법으로 섹스를 이용하려는 것이다.

깨어진 관계

주변 사람들, 직장, 혹은 배우자와의 관계가 계속해서 일그러진다면 이는 선과 악에 관한 심각한 문제가 있다는 전조다. 이들은 처음에는 좋아보였지만 후에 부정적인 측면이 튀어나오면 바로 관계를 깨뜨리거나, 직장을 때려치우고 배우자를 떠난다. 이런 사람들은 다른 사람과의 관계나 상황 속에 좋은 것과 나쁜 것이 함께 존재할 수 있음을 받아들이지 못한다. 그들에게는 누군가의 모든 것이 다 좋든지, 혹은 다 나쁘든지 둘 중 하나다.

과도한 분노

선과 악을 구분 짓는 사람들은 대개 과도한 분노의 문제를 겪는다. 그들은 참을성이 없다. 뭔가 나쁜 상황이 벌어지면 상대방을 순식간에 최악의 적으로 보게 되어, 온통 부정적인 감정에 휩싸인다. 분노를 누그러뜨릴 만한 사랑이 없는 것이다.

선과 악의 문제를 해결하는 데 방해가 되는 요소들

우리 자신과 다른 사람들, 그리고 하나님에 대한 우리의 관점을 왜곡하여 선과 악의 문제를 해결하는 데 걸림돌로 작용하는 요소들은 다음과 같다.

왜곡된 생각

✚ 우리 자신에 대한 견해

'나는 사랑받을 만한 가치가 없다' : 자신의 실제 자아를 다른 사람들에게 보여 주는 모험을 감행하지 못하는 사람들은 스스로를 사랑스럽지 못하다고 여긴다. 이는 어린 시절부터 자리 잡은 사고방식인 경우가 많다. '사랑받을 만한 가치'란 우리가 가진 장점이 아니라 우리를 사랑해 주는 사람의 능력에 달렸음을 깨닫지 못하는 것이다. 사랑받을 자격은 그 누구에게도 없다. 사랑은 노력으로 쟁취하는 것이 아니라 그냥 주어지는 것이다.

'나는 도저히 용납할 수 없는 감정을 품고 있다' : 어떤 사람들은 공허함, 슬픔, 성적 충동, 나약함 등 '이상적이지 못한' 감정 때문에 스스로를 정죄한다. 이러한 인간적인 감정들이 그 자체로는 죄가 되지 않지만, 이상적 자아는 이를 나쁜 것이라고 심판한다.

'나는 용서받을 수 없다' : 이런 사람들은 자신의 악행이 인간의 한계와 하나님이 용서하실 수 있는 한계를 초월한다고 생각한다. 용서받지 못하는 유일한 길은 용서받기를 거부하는 것임을 이들은 모른다.

'나는 이상적인 존재다' : 노골적으로 이렇게 말하지는 않지만, 많은 사람들이 그렇게 믿고 있다. 자신은 특별한 존재이며, 일반적인 나쁜 점들은 자신에게 해당사항이 없다고 생각한다. 자신이 그 이상의 존재라고 믿는 것이다.

'나는 불완전한 세상을 견딜 수 없다' : 이러한 왜곡된 관점은 사람들을 완벽주의의 노예로 몰아넣는다. 사람들은 이상적이지 못한 세상에서 결코 행복해질 수 없다고 생각한다. 조금이라도 부족한 것을 발견하면 실망하여 그것들을 부정할 뿐 아니라 현실마저 부정하고 놓친다.

'내게는 아무런 장점도, 은사도 없다' : 어떤 사람들은 본인이 아무런 장점이나 재능도 없이 태어났다고 생각한다. 성경은 우리가 비록 타락했지만 강점과 재능은 여전히 있다고 가르친다. 하지만 많은 이들이 두려움과 왜곡된 시선에 붙들려 스스로를 포기하고 거들떠보지 않는다.

✚ 다른 사람들에 대한 견해

'나의 나쁜 점 때문에 사람들이 나를 싫어할 것이다' : 선과 악의 문제로 씨름하는 사람들은 다른 사람들이 자신의 나쁜 점을 보고 싫어하거나 가혹하게 판단할 것이라고 생각한다. 타인을 비판적이고 매정한 부모로 여기는 것이다. 이러한 두려움 때문에 사람들에게 자신을 열어 보이지 못하며, 새로운 경험을 하지 않고서는 그 생각이 잘못되었다는 것을 깨닫지 못한다. 그런 까닭에 타인에게 고백하는 것이 중요하다.

'다른 사람들은 나처럼 느끼지 않을 것이다' : 사람들은 종종 상대방을 완벽한 사람이라 생각하고 이상화한다. 그리고 자신이 완벽하지 못할까 봐 두려워한다. 다른 사람들도 역시 죄인이라는 사실을 알면 삶이 훨씬 편안해질 것이다.

'내가 부족한 면을 보여야 사람들이 좋아할 것이다' : 어떤 사람들은 남들의 질투를 차단하기 위해 자신의 나쁜 면만 강조해서 드러낸다. 자신에게 좋은 면이나 재능이 전혀 없을 때만 사람들이 자신을 좋아할 것이라 오해해서 강점이나 성취를 감추는 것이다.

'사람들은 내가 완벽할 때만 나의 신앙을 존중해 줄 것이다' : 이것은 아주 잘못된 이단적 생각으로 이렇게 믿는 이들은 바리새인과 다를 바가 없다. 사람들은 그리스도를 존중해야지 우리를 존중해서는 안 된다. 우리는 다른 사람들이 영적인 자기도취에 빠지지 않고 은혜로 인도될 수 있도록, 예수님이 우리 같은 불완전한 사람들의 구세주라는 사실을 보여 주어야 한다. '영적인 존경'을 받고 싶어 하는 것은 하나님 앞에 엎드려 자비와 용서를 구하기를 거부하는 행동이다.

✚ 하나님에 대한 견해

'하나님은 내가 항상 좋은 면만 보이기를 원하신다' : 이것처럼 진실에서 먼 생각도 없지만, 또 이것처럼 흔한 오해도 없다. 하나님은 거듭해서 우리가 죄인이라는 사실을 말씀하셨으며, 우리가 수없이 넘어질 것임을 잘 아신다. 시편 기자는 주님께서 우리의 체질을 아신다고 말했다(시 103:14 참조). 완벽주의에서 벗어나 겸손해지고 주님의 은혜를 경외하기 위해서는 하나님이 우리를 어떻게 보시는가를 반드시 이해해야 한다.

'하나님은 가끔 나 때문에 충격 받으신다' : 분명한 진리는 우리가 어머니의 복중에 있을 때부터 하나님은 모든 것을 다 알고 계셨다는 것이다. 주님은 우리의 죄와 약점을 이미 알고 계셨으며, 그런데도 우리를 사랑하고 구원하셨다. 우리의 어떤 생각이나 행동에도 하나님은 충격 받지 않으신다.

'내가 만일 ~을 한다면 하나님이 나를 거부하실 것이다' : 성경은 그리스도인은 결코 거부당하지 않는다고 가르친다. 언제나 조건부 사랑만 경험한 사람들은 누군가가 우리를 결코 떠나지 않는다는 사실을 좀처럼 상상하지 못한다. 그래서 하나님과의 관계를 잃어버리지는 않을까 두려워하며 살아간다.

'하나님은 내 나쁜 점들을 기록하고 계신다' : 하나님께서 우리를 지켜보시고 우리의 삶을 기록하신다는 것은 사실이지만, 징벌하기 위해 그렇게 하시는 것이 아니다. 주님은 우리의 죄를 "동이 서에서 먼 것 같이" 옮기셨다(시 103:12). "이와 같이 그리스도도 많은 사람의 죄를 담당하시려고 단번에 드리신 바 되셨고 구원에 이르게 하기 위하여 죄와 상관 없이 자기를 바라는 자들에게 두 번째 나타나시리라"(히 9:28).

'하나님은 미숙함이 나쁜 것이라고 생각하신다' : 이렇게 믿는 사람들은 하나님께서 우리의 성장 과정을 알고 계신다는 사실을 잊은 것이다. 하나님은 또한 성장에 시간이 걸린다는 사실을 잘 아신다. 아버지가 자녀를 지켜보듯 주님은 우리를 지켜보고 계신다. 그리고 우리가 성장하는 과정에서 완벽할 것을 기대하지 않으신다. 예수님은 베드로의 실패와 회복을 예견하셨다. 그리고 그것이 가까웠음을 아셨다. 미숙함은 도덕적인 문제가 아니다. 어리다는 것은 나쁜 것이 아니라 그저 어린 것뿐이다.

'하나님은 나의 고통을 이해하지 못하신다' : 사람들은 가끔 하나님은 하나님이시기 때문에 인간의 연약함과 부족함을 이해하지 못하신다고 생각한다. 그것이 바로 예수님이 인간이 되신 이유다. 주님은 우리의 "연약함을 동정"하시는 대제사장이시다(히 4:15). 주님은 우리가 느끼는 모든 감정을 느끼셨지만, 죄는 없으신 분이다.

이러한 왜곡된 생각들은 감옥을 만들어 실제 자아를 그곳에 가둔다. 사탄은 언제나 우리가 거짓말을 믿도록 속인다. 그리고 이러한 거짓말과 왜곡을 통해 사람들의 생명을 훔친다. 우리는 거짓에 맞서야 하고, 그것들이 어디에서 오는지 알아내어 위대하신 예수님의 이름으로 책망할 수 있어야 한다.

이러한 모든 왜곡은 관계 속에서 학습된 것이다. 그러므로 이것들을 잊고 새로 배워야 하는 곳도 관계 속이다. 옛 습관을 버리고 하나님께서 우리와 관계 맺으시는 그 방법을 다시 배워야 한다. 다른 단계들과 마찬가지로 위험과 고통 없이는 이루어질 수 없는 일이다. 하지만 안전한 고백의 관계로 들어선다면 우리의 어두운 부분이 용서와 용납을 만나게 될 것이다. 그렇게 어두움이 빛이 될 때 진정한 치유와 영적인 능력을 찾을 수 있다.

chapter **13**

선과 악을 다 받아들이는 법 배우기

선과 악의 문제에서 우리 모두가 거해야 할 장소는 '정죄함이 없는 곳'이다. 어떻게 그곳에 이를 수 있을까?

첫 번째 단계는 이상과 현실 사이에 놓인 우리 관계의 정서적인 환경을 살펴보는 것이다. 만일 이 관계가 사랑을 목표로 하는 용납과 교정의 관계라면, 실패를 교훈의 토대로 볼 수 있게 된다. 하지만 만일 그 관계가 선과 악, 분노, 정죄함으로 점철되어 있다면 우리는 실패를 감추려고만 들게 될 것이다.

우리는 왜 선과 악을 구분 짓는가?

우리는 모두 '하나님처럼 되고 싶은 욕망'이라는 죄성을 가지고 태어난다

(창 3:6~7, 사 14:13~14 참조). 우리의 본래 모습보다 더 나아지고 싶어 하는 것이다. 바로 이 때문에 이상적 자아에 교만한 관점을 보인다. 또한 우리는 율법 아래 놓이도록 태어났다. 어떤 모양으로든 실패하면 스스로를 심판하는 타락한 양심이 우리 안에 있다. "누구든지 온 율법을 지키다가 그 하나를 범하면 모두 범한 자가 되나니"(약 2:10).

게다가 우리는 우리와 불완전한 방법으로 관계 맺는 불완전한 사람들의 손에 양육된다. 부모는 우리가 실패하면 분노에 찬 행동을 하며, 비판하고 정죄하는 양심을 자극한다. 우리는 부모님의 그런 비판적인 성향을 양심이라고 부르는 자기평가 시스템에 내면화한다. 그 양심은 부모님이 했던 것과 똑같은 방법으로 우리에게 말한다. 만일 부모가 사랑 많고 포용력 있는 이들이었다면, 우리의 양심도 사랑이 넘친다. 만일 부모가 우리를 가혹하고 비판적으로 대했다면, 우리의 양심 역시 그런 모습을 띤다.

좋은 것과 나쁜 것을 어떻게 다시 통합할 수 있을까?

우리는 용서를 통해 사랑받지 못한 상태에서 벗어날 수 있다. 은혜의 관계에서 용서를 배우는 일은 그리스도의 몸이 해야 하는 중요한 과제 중 하나이다. 우리는 실패 속에서도 서로를 용납하고 사랑하며 사랑의 목표를 향해 부드럽게 서로를 바로잡아 주어야 한다.

선과 악의 문제를 치유하는 가장 좋은 두 가지 약은 바로 고백과 용서이며,

세 번째는 부정적인 감정을 통합하는 것이다.

고백하라

"죄를 서로 고백하며 병이 낫기를 위하여 서로 기도하라"(약 5:16). 그리스도인들은 자신의 죄를 하나님께 고백해야 한다는 사실을 안다. 하지만 이것은 반쪽짜리 진실이다. 우리는 서로에게도 자신의 죄를 고백해야 한다. 우리의 죄를 다른 사람에게 고백하지 못하기 때문에, 그래서 사랑받고 용서받지도 못하기 때문에 우리는 많은 고통을 경험한다. 만일 우리가 서로에게 잘못을 고백하고 서로를 받아들인다면, 이상적인 모습에 대한 관계에도 변화가 일어난다. 남들에게 용납받은 느낌이 내면화되면서 우리의 양심이 변화하는 것이다. 그렇게 우리는 사랑이 더 많은 사람이 될 수 있다.

동시에 어둠 가운데 있던 나쁜 면들이 빛 가운데로 나오게 되고, 예수님께서 그것을 변화시키신다. 선과 악을 구분 짓는 문제가 해결될 수 있는 유일한 방법은 바로 고백이다. 이를 통해 우리는 하나님과 사람들에게서 사랑받게 된다.

타락은 우리를 하나님에게서 분리시키고, 우리 자신과 또 다른 사람들로부터 분리시켰다. 그 결과 우리 삶의 많은 영역들이 어둠 속에 감추어졌다. 그래서 성장하지 못하고 변화하지도 않게 된 것이다. 우리가 하나님께 고백할 때 이 묻혀 있던 부분들이 주님과의 은혜의 관계 속으로 들어오고, 주님은 그것을 씻고 치유해 주시기 시작한다. 또한 우리가 다른 사람들에게 고백할 때는 그들이 우리를 받아들이고 우리의 고립을 치유하기 시작한다. 사랑받는 위치로 움직여 나가는 것이다.

하지만 많은 사람들이 '승리가 확실해지기 전까지는 나누지 말라'는 핑계를 대며 고백을 외면한다. 이것은 하나님의 말씀과 정면으로 위배된다. 성경은 우리에게 서로 고백하라고 명령한다. 여기에서 조금이라도 벗어난다면 교만이 되고 만다. 우리는 완벽해 보이고 좋아 보이고 싶어 하기 때문에 우리의 실제 자아를 드러내고 싶어 하지 않는 것이다. 아무리 '좋은 증인'이 되고자 노력해도 우리는 결국 하나님의 용서가 얼마나 큰지를 보여 주는 죄인일 수밖에 없다.

그렇다고 아무에게나 고백을 해야 한다는 것은 아니다. 이는 위험한 일이다. 우리를 사랑해 줄 수 있고, 주님의 대사로서 하나님의 은혜를 베풀 수 있는 사람이어야 한다. 그런 사람을 통해 선과 악을 구분 짓는 우리의 태도가 변할 수 있다.

슬픈 사실은, 많은 사람들이 "마음에서 나오는" 진정한 죄를 고백하는 대신 (마 7:21~22), 얄팍하고 피상적인 것들만 고백한다는 점이다. 만일 우리가 마음의 죄를 하나님과 다른 사람들에게 고백할 수만 있다면, 그리고 결코 정죄함을 느끼지 않는다면, 우리의 인격이 통합될 수 있을 것이다. 그러한 것들을 감출 때는 이를 더 깊은 어둠 속으로 몰아넣고 그것들과 운명을 같이하게 된다. 그래서 수많은 그리스도인들이 롤러코스터처럼 기복이 심한 체험을 하는 것이다.

이처럼 고백을 통해 이상과 현실 사이의 갈등은 줄어든다. 이상적인 자아가 요구가 아닌 목표가 될 수 있으며, 더불어 실제적 자아가 사랑받게 된다. 앨의 경우는 이를 보여 주는 좋은 예이다.

앨이 병원에 찾아온 이유는 폭발적인 분노 때문이었다. 누군가가 실수를 하면 예측할 수 없는 순간 버럭 화를 내곤 했다. 그가 쏟아 내는 분노는 주변 사람들을 겁에 질리게 만들었다. 특히 자녀들이 아버지를 많이 무서워했다.

상담 치료 중에 그는 아버지를 향한 강렬한 분노를 고백했다. 그리스도인으로서 아버지를 그렇게 증오해서는 안 될 것 같았기에 그는 자신의 감정을 부정하고 이중적인 사람이 되었다. 한편으로 그는 아주 성실한 그리스도인이었다. 소그룹 활동을 통해 성경이 증오를 정죄하지 않는다는 사실을 배우고 나서부터는 속마음을 다른 사람들과 하나님께 고백할 수 있었고, 증오의 진짜 이유를 발견하게 되었다.

그는 분노의 원인이 되는 상처를 깨달았고, 동시에 아버지를 향한 복수심을 용서받는 경험을 했다. 그의 어두운 부분은 마침내 치유되기 시작했다. 이것은 문제를 의식 가운데로 끄집어내서 제거하는 심리학적 치료와는 또 다른 방법이었다. 상처 입은 어두운 부분을 빛 되신 분이 만지시도록 하고, '용납될 수 없는' 부분을 감추도록 만든 율법을 제거하는 과정이었다.

이 과정을 거치면서 앨은 다른 사람들이 실패했을 때 받아들이고 용서하는 법을 배워 나갔다. 아버지가 그에게 저질렀던 죄가 고백을 통해 변화하기 시작한 것이다.

용서하라

예수님은 이렇게 말씀하셨다. "너희가 사람의 잘못을 용서하지 아니하면 너희 아버지께서도 너희 잘못을 용서하지 아니하시리라"(마 6:15). 우리는 그리스도를 영접했을 때 이미 용서받았다. 그러므로 예수님이 말씀하시는 의미는, 우리가 다른 사람들을 용서하지 않는다면 주님의 은혜가 우리를 어루만지고 열매를 맺도록 하지 못한다는 것이다.

마태복음 18장 29절은 위의 말씀을 해석하는 데 중요한 실마리가 된다. 큰 빚을 진 종이 주인에게 이렇게 말한다. "나에게 참아 주소서 갚으리이다." 주인은 그를 불쌍히 여겨 빚을 탕감하고 보내 주었다. 그런데 그 종은 자신에게 아주 조금 빚진 동료에게 찾아가 빚을 갚으라고 요구했다. 사실 그는 은혜를 전혀 경험하지 못한 것이다. 주인에게 여전히 빚을 갚으려고 마음먹었기 때문에 동료에게도 빚을 갚으라고 요구했던 것이다.

많은 사람들이 바로 이런 이유에서 용서하지 못한다. 자신이 먼저 은혜를 누리지 못했기에 여전히 하나님께 갚으려고 노력한다. 그리고 이상적인 위치를 얻으려 한다. 여전히 율법 아래 있는 것이다.

치유를 경험하기 위해서는 먼저 다른 사람을 용서해야만 한다. 용서하지 않으면 우리 자신에게 수갑을 채우는 꼴이 되고 만다. 용서는 그 수갑을 끊어 내는 칼이다. 그들이 당신에게 저지른 일을 끊어 내야 당신을 괴롭히던 그 관계에서 자유로워질 수가 있다.

쓴 뿌리와 원한을 품으면 당신을 괴롭히는 그 사람과 영원히 연결될 수밖에 없다. 용서를 통해 그 연결을 제거하고 하나님이 우리를 받아주셨듯이 우리에게 상처 준 그 사람들을 받아들일 때, 우리 자신의 나쁜 점과 용서받지 못한 부분들을 통합할 수 있는 자유가 생긴다. 복수를 통해서는 다른 사람들과 연결된 우리의 어느 부분도 사랑하거나 사랑받을 수 없다. 우리는 반드시 고백하고 미움을 떨쳐 버려야 한다.

부정적인 감정을 통합하라

많은 사람들이 분노와 슬픔, 두려움과 같은 부정적인 감정을 감춘다. 그러면 좋은 것과 나쁜 것에 잘 대처할 수 없다. 부정적인 감정을 처리하지 못한 결과, 관계 속에서 두려움이나 불안감 등에 시달리게 되기 때문이다. 부정적인 감정들도 타당한 감정이기 때문에 잘 처리하지 않으면 나중에 문제를 일으킨다.

✚ 분노

분노는 가장 근본적인 감정으로 뭔가가 잘못되었다는 사실을 우리에게 알려 준다. 누구에게나 잃고 싶지 않은 좋은 것을 지키려는 경향이 있다. 분노는 바로 중요한 무엇인가를 잃을 위기에 놓였다는 신호이다.

그러므로 분노를 억누르라는 것은 자신에게 중요한 것을 포기하라는 이야기와도 같다. 에베소서 4장 26~27절은 이렇게 말한다. "분을 내어도 죄를 짓지 말며 해가 지도록 분을 품지 말고 마귀에게 틈을 주지 말라." 분노는 우리가 위기에 처했다는 것을 경고하고 무엇을 지켜야 하는지를 알려 준다는 점에서 긍정적인 것이다. 그러나 그 문제를 해결하는 과정에서 죄를 짓지 말아야 한다. 사랑이 없는 방법으로 문제를 해결하려 한다면 다른 사람들은 물론이고, 궁극적으로는 우리가 상처를 받게 된다.

분노의 감정을 부인한 대가는 두통과 위궤양 등의 증상에서부터 수동적 공격성이나 무력감, 심각한 우울증과 공황장애 등의 인격 장애에 이르기까지 그 범위가 넓다.

분노를 부인하는 데서 비롯되는 또 다른 문제는 그것이 쓴 뿌리로 바뀌고, 비판적이고 용서하지 못하는 마음을 품게 한다는 것이다. "너희는 하나님의 은혜에 이르지 못하는 자가 없도록 하고 또 쓴 뿌리가 나서 괴롭게 하여 많은 사람이 이로 말미암아 더럽게 되지 않게 하며"(히 12:15). 쓴 뿌리는 사탄이 들어와 다스릴 수 있도록 문을 활짝 열어 놓게 만든다.

따라서 분노를 부정하는 대신 그것을 수용하고 원인을 찾아야 한다. 분노를 점검하면 우리가 지키려 하는 것이 무엇인지가 분명해진다. 분노는 어쩌면 우리의 상처 입은 연약함이나 통제받은 의지를 보호하려는 수단일 수도 있다. 타인의 정죄나 자신의 완벽주의가 문제일지도 모른다. 원인이 무엇이든 분노는 어딘가에 문제가 있다는 사실을 알려 주기 때문에 절대로 무시해서는 안 된다.

✚ 슬픔

슬픔은 상처와 상실의 신호다. 슬픔은 이 세상을 살면서 받은 상처와 상실을 털어 내고 애도할 수 있도록 도와준다. 만약 슬픔을 억제하고 부인한다면 우리는 어쩔 수 없이 우울증을 겪게 될 것이다.

전도서의 저자는 이렇게 말한다. "슬픔이 웃음보다 나음은 얼굴에 근심하는 것이 마음에 유익하기 때문이니라 지혜자의 마음은 초상집에 있으되 우매한 자의 마음은 혼인집에 있느니라"(전 7:3~4). 시편 30편 5절에도 이렇게 기록되어 있다. "그의 노염은 잠깐이요 그의 은총은 평생이로다 저녁에는 울음이 깃들일지라도 아침에는 기쁨이 오리로다." 슬픔은 항상 기쁨으로 가는 길목에 있다. 왜냐하면 슬픔은 처리해야 할 상처의 신호이기 때문이다.

슬픔의 감정을 부인할 때 사람들의 마음은 굳어지고, 은혜를 베푸시는 부드러운 하나님의 형상과 단절된다. 자신의 죄에 슬픔을 느끼지 못하는 무감각한 사람이 되고 마는 것이다.

수전이 공황장애를 겪기 시작한 것은 이십대 중반 무렵이었다. 한밤중에 잠에서 깨어 갑자기 자기가 죽을지도 모른다는 불안감에 빠졌다. 텔레비전에서 죽음에 관한 장면을 보거나, 그런 내용의 신문기사를 읽으면 갑자기 모든 기능이 마비됐다. 공포와 죽음에 대한 두려움이 그녀를 엄습했다. 결국 공황장애가 심해져서 일조차 할 수 없게 되자, 누군가의 소개로 나를 찾아왔다.
"죽음을 두려워한다는 사실이 부끄러워요." 그녀는 첫 상담 시간에 이렇게 말했다. "저는 기독교인인데 두려워하면 안 되잖아요. 친구들은 계속 죽음에 관련된 말씀을 암송하라고 하는데, 그게 도움이 안 돼요." 수전은 친구들의 조언이 별로 효과가 없자 더 큰 혼란과 절망감을 느꼈다. 더 이상 뭘 해야 할지 모르겠다고 했다.
수전은 가정에서 늘 고립감을 느끼며 자랐다. 부모님은 사교성이 없는 사람들이었고 그녀가 가깝게 느낀 유일한 사람은 몇 살 위의 언니 레베카였다. 수전이 열다섯 살이던 어느 날 아침 언니를 깨우려고 했는데 아무런 기척이 없었다. 간밤에 언니가 죽은 것이다.
그때의 슬픔은 이루 말할 수 없을 정도였다. 하지만 아버지는 그날 가족들에게 이렇게 말했다. "레베카의 죽음에 대해서 더 이상 아무 말도 하지 말자. 우리는 강해져야 해. 과거는 잊고 계속 전진하는 거야."
수전에게는 언니를 향한 해소되지 못한 슬픔이 많이 남아 있었다. 유일한 사랑의 원천이었던 언니가 곁에 있다면 좋겠다는 소망이 늘 마음 깊은 곳에 있었다. 그런 바람이 수전의 의식 속에 두려움으로 접수가 되었다.

상실감을 말하기 시작하면서 수전은 언니의 죽음을 향한 비통함에 빠져들었다. 그리고 오랫동안 감추어 왔던 감정들을 모두 털어놓을 수 있었다. 몇 달이 지나자 정상적인 애도의 수준까지 돌아왔고 언니를 마음에서 떠나보낼 수 있게 되었다. 열다섯 살 때 이미 거쳐야 했던 경험이었지만, 슬픔과 연약함을 억누르는 가족들의 보이지 않는 압력 때문에 긴 시간 지연되었던 것이다.

수전이 슬픔의 감정을 처리하는 동안 죽음에 대한 두려움도 멈췄고, 몇 년 동안 간헐적으로 찾아오던 우울증도 사라졌다.

슬픔의 중요한 요소는 부드러움이다. 슬픔은 하나님의 형상 중에서도 중요한 특성이며, 우리는 어떤 대가를 치르더라도 이를 지켜야 한다. 슬픔을 느낄 수 없다면 우리는 무자비한 사람이 되어 버릴 것이다.

✚ 두려움

두려움은 위험을 알려 주는 또 다른 부정적인 감정이다. 그 위험은 실제적인 것일 수도 있고, 상상 속에만 존재하는 것일 수도 있다. 어찌되었든 그것을 처리하기 위해서는 우리의 두려움을 인식해야 한다.

성경은 하나님께서 우리를 보호하시므로 두려워 말라고 가르친다. 그것은 아주 중요한 선택이다. 하지만 우리가 자신의 두려움을 인식하지 못한다면 하나님을 신뢰하겠다는 이 선택을 할 수 없게 되고, 따라서 하나님과 더욱 멀어지게 된다. 어떤 때는 두려움의 뿌리에 신뢰의 부족이 아닌 다른 것이 있을 수도 있다.

두려움을 부정하는 사람들은 무감각하고 냉정하게 변하기도 한다. 이런 사람들은 교만하고 전투적이다. 만일 우리가 두려워하지도 않고 하나님을 신뢰하지도 않는다면, 유일한 대안은 모든 상황에서 승리하기 위해 우리 자신의 능력을 믿는 것뿐이다. 하나님을 필요로 하는 위치에 이르려면 반드시 두려움을 인정해야 한다.

만일 사람들이 버림받는 것에 두려움을 느끼지 못한다면 다른 누군가를 필요로 하지도 못할 것이다. 부부 사이에 배우자의 존재를 '당연한 것'으로 여기는 경우 이런 일이 종종 발생한다. 두려움은 우리의 실제적인 연약함을 인정하게 해 주고, 또한 다른 사람들과 하나님에 대한 필요를 느끼게 해 준다.

선과 악을 통합하는 데 필요한 그 밖의 수칙들

노력 없는 성장은 없다. 선과 악을 구분 짓는 문제를 해결하기 위해서는 많이 배우고 훈련해야 한다. 몇 가지 도움이 될 수칙들을 아래에 소개한다.

기도하라

죄를 고백하는 일 외에도, 자신이 무시하고 있는 것들을 깨닫게 해 달라고 하나님께 간구하라. 다윗은 이렇게 기도했다. "하나님이여 나를 살피사 내 마음을 아시며 나를 시험하사 내 뜻을 아옵소서 내게 무슨 악한 행위가 있나 보시고 나를 영원한 길로 인도하소서"(시 139:23~24).

하나님께 그분의 빛을 당신의 영혼에 비추어 깨닫지 못하고 있는 것이 무엇인지 드러나게 해 달라고 기도하라. 그리고 그에 대한 용서를 구하라.

이상을 재점검하라

우리가 꿈꾸는 이상향은 거짓된 부분이 많다. 이상적인 사람의 모습이 아닐 때가 많다는 것이다. 당신이 꿈꾸는 이상에서 제거해야 할 부분이 무엇인지 점검해 보라. 하나님이 아닌 가족이나 문화에서 온 것들이 있다면 버려야 할 것이다.

왜곡된 관점을 재점검하라

하나님과 자신, 그리고 다른 사람들에 대한 왜곡된 관점을 다시 점검하고 도전하라. 강력하게 자리 잡은 이 생각들은 쉽게 버려지지 않겠지만, 새로운 관계 속에서 지우고 다시 학습할 수 있다. 우리의 이상과 현실, 그리고 하나님과 구원은 진정 어떤 모습인지를 다시 살펴보기 위해서 말씀을 연구하라.

이상과 현실 사이의 관계를 관찰하라

자신의 이상에 미치지 못하는 것들에 스스로 어떻게 반응하고 있는지 귀 기울이라. 좋은 것을 부정하는가? 공격하고 비판하는가? 포용하고 용서하는가? 자신이 다른 사람들과 스스로에게 얼마나 공격적인지를 안다면 놀랄 것이다.

다른 사람들의 이상적이지 못한 부분을 사랑하도록 훈련하라

남들의 나쁜 부분과 연약함을 받아들일 때 치유가 일어난다. 다른 사람들이 이상향에 미치지 못한다 하더라도 관계를 유지하라. 그러면 진정한 관계의 가치를 깨닫기 시작할 것이다. 건강한 유대감이 증가하고 사랑할 수 있는 능력도 커진다. 이상에 미치지 못한 것들이 이상보다 더 가치 있게 느껴지기 시작할 것이다. 왜냐하면 그것이 진짜 관계이기 때문이다.

부정적인 감정을 가치 있게 여기라

좋은 것과 나쁜 것이 공존하는 현실에 충실할 때 부정적인 감정들도 삶의 일부분으로 받아들이게 된다. 부정적인 감정이 동반하는 대부분의 문제는 그 감정을 두려워하는 데서 비롯된다. 그 감정은 당신이 두려워하는 것만큼 나쁘지 않을 수도 있다. 부정적인 감정은 당신을 죽이지 못하지만, 그것을 마냥 피하기만 한다면 죽을지도 모른다.

모든 피조물에는 결함이 있음을 받아들이라

세상은 이상이 아닌 현실이기 때문에, 모든 것은 시간이 감에 따라 망가지게 되어 있다. 계획했던 휴가를 비 때문에 망칠 수도 있고, 키우던 화초 잎사귀가 시들 수도 있다. 모든 일이 잘못될 수 있음을 기억하면 실제로 그런 일이 터졌을 때 놀라지 않을 것이다. 이상에 조금 못 미치는 차나 집, 당신이 지금 살고 있는 도시의 가치를 그대로 인정할 수 있을 것이다. 그것들은 완벽하게 이상적이지는 않을지 몰라도, 충분히 좋은 것들이다.

테드의 뒷이야기

테드의 이야기를 기억하는가? 그는 어린 시절의 상처를 극복하기 위해 성공만을 뒤쫓다가 자신을 파괴로 몰아갔다.

테드의 부모님은 문제가 많은 분들이었다. 그들 역시 '성공'으로 그 문제를 감추고자 했다. 테드나 다른 자녀들이 자신의 완벽한 이미지에 부합하지 못하면 비판했다. 아이들은 모든 면에서 완벽해야만 했다.

"우리 아버지는 너무 독재자 성향이에요." 테드가 말했다. "아버지는 내가 연약한 모습을 보이면 공격했어요. 그래서 우울할 때도 표현할 수 없었고, 아버지 앞에서는 울 수조차 없었어요!"

테드는 상처나 연약함은 드러내지 않는 것이라고 배웠다. 그런 부정적인 감정을 누구와도 나눌 수 없었고, 어느덧 자신에게조차 그런 면들을 감추기 시작했다.

부모님이 이혼하자 그는 큰 충격을 받았다. "아버지가 냉정한 사람처럼 보일지 몰라도 나는 그분을 사랑했어요. 어머니도 사랑했고요."

테드는 부모의 이혼으로 받은 상처와 분노를 표현하지도, 해결하지도 못했다. 오랫동안 그는 자신의 감정을 감춰 두었다. 부모님과 마찬가지 방법으로 한 가지 성취를 하면 또 다른 성취를 추구했다. 하지만 그 어떤 성취도 고통을 없애 주지는 못했다.

사업 실패로 그동안 이룬 것들이 위협받고 결혼 생활에까지 문제가 생기자 테드는 더 이상 갈 곳이 없었다. 그의 실제 자아는 단 한 번도 받아들여진 적이 없었다. 그가 실패했을 때 사랑해 주는 사람도 없었다. 그래서 우정이나 사랑을 성취와 따로 떼어 놓고 생각할 수가 없었던 것이다.

다행히도 다른 사람들이 대신 다가왔다. 친구들은 테드가 이룬 성취와는 상관없이 그의 있는 모습 그대로를 사랑한다는 사실을 보여 주었다. 자신들이 실패했던 이야기도 들려주었다.

테드는 실패가 세상의 끝이 아니며, 성공이 사랑의 기초가 아니라는 사실을 깨달았다. 그리고 자신의 상처와 두려움을 사람들에게 열어 보이기 시작했다. 자신의 이상적 자아를 좇는 일을 포기하고 대신에 상처와 미숙함으로 가득한 실제 자아를 보여 준 것이다. 그렇게 이상적 자아에서 자유로워지고 난 뒤 그는 자신과 같은 처지에 있는 사람들을 돕기 위한 소그룹을 만들었다.

테드가 뛰어난 것을 추구하기를 포기한 것은 아니었다. 그는 멀리 보았다. 사람들의 존경과 감탄을 받아 내려고 일을 하는 대신, 사랑을 기초로 일했다. 이제 실패는 끝이 아니었고 성공이 그의 존재를 규정하지도 않았다. 그는 자신이 하는 일을 사랑했다. 하지만 일보다 사람들을 더 사랑했다. 사랑을 발견한 후로 그는 더 이상 이상향을 필요로 하지 않게 되었다.

5부
삶의 권위와 주도권을 되찾아라

chapter 14 |
동등한 위치에 서지 못하다

세라는 항상 불안했다. "일이 아무리 잘돼 가도 도무지 긴장을 풀 수가 없어요. 언젠가는 뭔가 잘못될지도 모른다는 생각이 들고, 뭔가 해야 할 일을 꼭 빼먹은 것 같은 느낌도 들어요." 첫 번째 상담 시간부터 세라는 이렇게 고백했다.

그녀를 괴롭히는 가장 큰 걱정거리는 다른 사람들의 생각이었다. 끊임없이 긴장한 상태를 유지했고 직장에서는 윗사람들에게 인정받기 위해서 할 수 있는 일이라면 뭐든지 했다.

지금까지 살면서 그녀의 곁에는 늘 나이가 더 많고 존경할 만한 여자가 한 명씩 있었다. 하지만 문제는 한 번도 그 사람들에게서 인정을 받아 본 적이 없다는 것이었다. 세라는 20대 초반부터 30대 후반까지 그 사람들 때문에 심적인 고통을 겪어야 했다. 그들은 항상 올바르고 상냥했으며 세라를 염려해 주었지만, 한편으로는 간섭하기를 좋아했고 모든 일에 비판적으로 참견하기 일쑤였다. "거실의 커튼 색깔을 바꾸면 집이 좀 더 따뜻해 보일 텐데." "애들을 좀 더 엄격하게 키웠다면 지금보다 더 순종적으로 자랐을 거야." 그들은 늘 이런 식이었다.

어떤 의견이든 세라는 성실하게 따르려 노력했고 상대방이 인정해 주기를 기다렸다. 인정을 받지 못할 때는 극심한 죄책감에 시달렸고, 설혹 인정을 받더라도 만족감은 오래가지 않았다.

세라는 남편에게도 엄청난 노력을 기울였다. 항상 남편을 기쁘게 하려 노력했고 남편이 인정해 주지 않을 때는 끔찍한 기분을 느꼈다. 성적인 면에서도 편안하지가 못했다. 항상 '잘하고 있는지' 걱정스러웠고 성생활에 만족함 같은 것은 없었다. 시간이 지나면서 부부관계에 점점 흥미가 없어졌지만 남편이 자신을 차가운 여자라고 여기는 것도 원치 않았다.

세라는 가엾게도 '거인들의 세계에서 살아남으려고 발버둥 치는 꼬마'였다. 도대체 그녀가 뭘 잘못하고 있었던 걸까?

세라는 중요한 인간관계에서 항상 스스로를 한 단계 아래로 낮추었다. 남편과 그 여인들이 항상 자기보다 위에 있었고, 그들의 용납과 인정을 받아야만 비로소 자신의 존재감을 느낄 수 있었다. 어린아이처럼 그녀는 끊임없이 상대의 인정을 갈구했다.

그녀는 다른 어른들과 동료 관계를 제대로 누리지 못했다. 다른 사람의 허락 없이 의사를 결정할 수 있는 자유, 자신이 하는 일을 스스로 평가하고 판단할 자유, 자신의 가치를 선택할 자유, 다른 사람들과 자유롭게 의견 대립을 할 수 있는 자유, 그리고 배우자와 동등한 위치에 있는 자유를 빼앗긴 것처럼 보였다.

진정한 어른이란

인생을 살다 보면 누구나 이 같은 문제에 봉착한다. 우리에게는 거인들의 세상에 작은 사람으로 태어나 시간이 지날수록 큰 사람이 되어 가야 한다는 임무가 주어진다. 우리 모두는 어른의 권위 아래 놓인 어린아이로 태어났다. 시간이 흐르면서 우리 스스로 그 권위를 갖게 되고 자신의 인생을 책임지게 되는 것이다.

어른이 된다는 것은 다른 동료 어른들과 동등한 위치로 옮겨 가는 과정을 의미한다. 이는 자기 삶의 권위를 되찾는 일이며, 하나님의 형상을 회복해 가는 중요한 과정이다.

권위는 여러 가지 다른 얼굴을 가지고 있다. 힘, 전문성, 직책, 영향력, 순종 등이 모두 그 안에 있다. 어른들은 다른 사람에게 명령하고 순종을 주문할 수 있으며, 최종적인 결정을 내릴 수 있는 힘과 권리를 가진다. 또 종종 자신의 전문성과 지식, 직책이나 위치를 바탕으로 권위를 얻어 낸다.

예를 들면 부모는 그저 부모이기 때문에 자녀에게 권위를 행사할 수 있다. 어른들은 자신이 속한 영역에서 영향력을 발휘한다. 그러나 권위를 가진 위치에 있다는 것의 궁극적인 모습은 결국 권리를 포기하고 순종으로 다른 사람들을 섬기는 것이다.

하나님의 형상 안에서 역할을 다한다는 것은 자신의 삶에 지배력을 가지며, 하나님이 허락하신 다스림을 회복하며, 필요할 때 직책을 잘 감당하고, 어떤 것에 진정한 주인의식을 행사하며, 전문성을 발휘하고, 하나님과 다른 사람들의 권위에 갈등 없이 순종한다는 뜻이다. 성장이 왜 그리 어려운 일인지 실감이 가리라.

만일 우리가 어른의 위치에 도달하지 못하거나, 어른이 되고 난 후에도 여전히 어린아이의 상태에 머문다면 심리적으로나 정서적으로 심각한 고통을 경험하게 된다. 이렇게 '어른'이 되지 못할 때는 동료들에 비해서 한 단계 낮은 곳에 있다는 느낌을 갖게 되거나, 혹은 다른 사람들보다 의도적으로 한 단계 위로 올라서려 하게 된다.

어른들은 시간이 흐르면서 더 많은 힘과 책임을 감당할 수 있는 존재가 된다. 어른이란 나름의 경력을 쌓고, 성생활을 누리며, 동료들과 우정을 나누고, 다른 사람들을 동등한 어른으로 대하며, 자신만의 고유한 의견을 표현하는 등의 역할을 충분히 감당할 수 있는 존재다. 그렇게 삶에서 자신감을 찾아가는 것이다.

작은 존재에서 시작하여 다른 '거인'들과 동등한 위치가 되어 가는 이 과정은 유대감 형성, 경계 세우기, 건강한 분리, 선과 악의 문제를 해결하는 것을 모두 포함한다. 또한 궁극적으로는 우리가 하나님께 받은 은사와 책임감을 잘 사용할 수 있게 되는 마지막 발달 단계이기도 하다. 이처럼 어른의 시기로 들어서는 것은 아주 큰 도약을 뜻하지만, 다른 어른들을 앞서 가는 것이 아니라 그들과 동등한 위치가 되어야 한다. 그럴 때 한 하나님 아버지 안에서 한 형제자매가 될 수 있는 것이다.

예수님은 다른 사람들과의 종속적인 관계에서 벗어나도록 우리를 불러내시며, 동시에 권위에 대한 존경의 마음을 가질 것을 권면하신다.

> 서기관들과 바리새인들이 모세의 자리에 앉았으니 그러므로 무엇이든지 그들이 말하는 바는 행하고 지키되 그들이 하는 행위는 본받지 말라 그들은 말만 하고 행하지 아니하며 또 무거운 짐을 묶어 사람의 어깨에 지우되 자기는 이것을 한 손가락으로도 움직이려 하지 아니하며 그들의 모든 행위를 사람에게 보이고자 하나니 곧 그 경문 띠를 넓게 하며 옷술을 길게 하고 잔치의 윗자리와 회당의 높은 자리와 시장에서 문안 받는 것과 사람에게 랍비라 칭함을 받는 것을 좋아하느니라 그러나 너희는 랍비라 칭함을 받지 말라 너희 선생은 하나요 너희는 다 형제니라 땅에 있는 자를 아버지라 하지 말라 너희의 아버지는 한 분이시니 곧 하늘에 계신 이시니라 또한 지도자라 칭함을 받지 말라 너희의 지도자는 한 분이시니 곧 그리스도시니라(마 23:2~10).

주님께서는 모세가 말한 것을 지키라고 하시면서, 동시에 다른 사람들을 우리보다 높게 여기지 말라고 하신다. 우리 아버지는 하나님 한 분뿐이시고 어른들은 모두 한 형제자매이므로, 다른 사람들을 아버지로 여기지 말라고 하시는 것이다. 또한 그리스도 한 분만이 우리의 지도자이시기 때문에 다른 사람들을 우리의 지도자로 여기지 말라고 말씀하신다.

주님께서는 우리를 상호 동등한 믿음의 동지들로 부르셨다. 하지만 한편으로 사람들에게 맡겨진 직책을 무시하지 않으셨다. 우리는 교회의 직책들을 존중해야 한다. 하지만 직책을 가진 사람일지라도 한 하나님 안의 형제자매로 동등하게 여겨야 한다. 다른 사람들에게 순종한다는 것은 그들의 하나님께 순종하라는 것이지, 그들에게 순종하라는 것이 아니다.

다른 사람들이 자기보다 위에 있다고 생각한다면 여전히 자신을 하나님 아래의 존재가 아닌, 사람 아래 있는 어린아이로 여기는 셈이다. 이러한 믿음은 하나님의 인정을 구하고 하나님의 뜻을 따르는 능력에 영향을 끼친다.

이렇게 '사람을 기쁘게 하려는 단계'에 머물러 있는 사람들은 하나님이 원하시는 삶을 살지 못한다. "그러나 관리 중에도 그를 믿는 자가 많되 바리새인들 때문에 드러나게 말하지 못하니 이는 출교를 당할까 두려워함이라 그들은 사람의 영광을 하나님의 영광보다 더 사랑하였더라"(요 12:42-43). 성경 속 관리들은 다른 사람의 권위에서 나오는 인정을 필요로 했기 때문에 자신의 믿음을 행동으로 옮기지 못했던 것이다. 그래서 성장할 수가 없었다.

이 사람들을 마가복음 12장 14절에 나오는 예수님의 모습과 비교해 보라. "와서 이르되 선생님이여 우리가 아노니 당신은 참되시고 아무도 꺼리는 일이 없으시니 이는 사람을 외모로 보지 않고 오직 진리로써 하나님의 도를 가르치심이니이다." 예수님은 사람을 두려워하거나 다른 사람들의 인정을 받으려 하지 않으셨다. 그런 까닭에 주님은 그들에게 진리를 말하실 수 있었고, 그들이 주님의 말을 좋아할지 싫어할지 신경 쓰지 않으셨다.

오히려 예수님은 모든 사람들이 우리를 좋아한다면 뭔가 잘못된 것이라고 말씀하셨다. "모든 사람이 너희를 칭찬하면 화가 있도다 그들의 조상들이 거짓 선지자들에게 이와 같이 하였느니라"(눅 6:26). 모든 사람들이 우리에 대해 좋게만 말하고 있다면, 우리가 하나님이 아니라 사람들을 기쁘게 하려고 노력하고 있다는 뜻이다. 한 입으로 두말을 하지 않고서는 그렇게 할 수 없는 일이다. 사람들을 기쁘게 하려는 사람은 하나님의 진리를 볼 수 없게 될 수 있다. "너희가 서로 영광을 취하고 유일하신 하나님께로부터 오는 영광은 구하지 아니하니 어찌 나를 믿을 수 있느냐"(요 5:44).

바울 역시 사람의 인정을 받고 싶어 하는 올무에서 벗어나야 한다고 이야기했다. "우리가 이와 같이 말함은 사람을 기쁘게 하려 함이 아니요 오직 우리 마음을 감찰하시는 하나님을 기쁘시게 하려 함이라"(살전 2:4).

예수님과 바울 모두 우리가 어른답게 살기 위해서는 다른 어른들의 인정을 받으려 애쓰지 말아야 한다는 사실을 강조했다. 그것은 어린아이들이나 하는 일이다. 그리고 어린아이는 어른답게 살 수 없다. 하나님의 인정을 갈구하는 마음이 어른이 되는 과정에서 중요한 요소인 것이다.

어른에게는 헤아릴 수 없는 자유와 책임이 따른다. 하지만 핵심은 이것이다. 어른들은 자신의 생각과 느낌과 행동에 대해 다른 사람의 '허락'을 따로 받을 필요가 없으며 스스로 책임을 져야 한다는 것이다.

세라의 경우는 아직 어른이 되지 못한 전형적인 사례였다. 그녀는 자기 삶의 관리자로서 원하는 대로 생각하고 행동하는 데 자기 내면의 허락을 받지 못했다. 그래서 스스로 결정하지 못하고 항상 부모와 같은 역할을 해 주는 사람들에게 승인을 얻으려 했다. 세라가 다른 사람들의 바리새인 같은 통제에서 자유로워질 때까지는 엄청난 부담감과 끊임없는 불안감에 시달릴 것이다.

어른이 된다는 것은 또한 인생에서 권위를 얻어 가는 과정이다. 제대로 된 어른들은 자기 삶의 주도권을 가진다. 자신이 무엇을 믿는지 확실히 알고, 자신을 위해 생각할 줄 알며, 스스로 결정을 내리고, 생존을 위해 다른 사람들에게 의존하지 않는다. 이들에게는 자기만의 전문 영역이 있다. 이런 사람과 함께 있으면 권위가 있다는 느낌이 든다. 바로 그런 사람을 어른이라 말할 수 있는 것이다.

자신이 뭘 생각해야 하는지, 무엇을 믿어야 하는지 늘 다른 사람에게 묻고, 최종적인 '권한'을 가진 사람의 말이라면 무조건 따라야 된다고 생각하는 우유부단한 이들을 주변에서 쉽게 찾아볼 수 있을 것이다. 이런 사람들은 남의 생각과 의견에 쉽게 흔들리고 동요한다. 누군가의 말 한마디로 방향을 돌리기도 한다. 타인이 이들의 정체성에 엄청난 영향력을 끼치며, 그래서 늘 강한 죄책감과 불안을 느낀다. 아직 어른이 되지 못한 것이다.

한 사람이 스스로의 선택으로 하나님의 권위에 순종할 수 있는 어른이 되기까지는 이 모든 문제를 거치게 된다.

성경이 말하는 권위의 기초

태초에 하나님이 눈부시게 아름다운 세상을 창조하시고 사람들에게 통치하고 다스리도록 맡겨 주셨다. 주님은 아담과 하와에게 피조물들을 다스릴 권위를 주셨다.

> 하나님이 이르시되 우리의 형상을 따라 우리의 모양대로 우리가 사람을 만들고 그들로 바다의 물고기와 하늘의 새와 가축과 온 땅과 땅에 기는 모든 것을 다스리게 하자 하시고……하나님이 그들에게 복을 주시며 하나님이 그들에게 이르시되 생육하고 번성하여 땅에 충만하라, 땅을 정복하라, 바다의 물고기와 하늘의 새와 땅에 움직이는 모든 생물을 다스리라 하시니라(창 1:26, 28).

이 놀라운 권위 안에는 모든 피조물에 대한 결정권이 담겨 있었다. 하나님은 인간에게 진정한 자유와 책임을 허락하셨다. "여호와 하나님이 흙으로 각종 들짐승과 공중의 각종 새를 지으시고 아담이 무엇이라고 부르나 보시려고 그것들을 그에게로 이끌어 가시니 아담이 각 생물을 부르는 것이 곧 그 이름이 되었더라"(창 2:19). "아담이 각 생물을 부르는 것이 곧 그 이름이 되었더라"는 부분에서 실로 놀라운 권위 부여의 장면이 펼쳐진다.

오직 하나의 조건 아래에서 이 놀라운 권한이 주어졌다. 바로 더 높은 권위, 즉 하나님께 대한 순종이었다. 하나님은 아담과 하와에게 모든 것을 자유롭게 다스릴 수 있도록 권한을 위임하셨다. 하지만 하나님이 정한 한도 안에 머물러야 했다. "선악을 알게 하는 나무의 열매"를 먹음으로 하나님의 권위를 침범하지 않아야 했던 것이다. 하나님은 주어진 권위를 넘어서면 어떤 일이 벌어질지를 경고하셨다. 도를 지나치면 죽을 것이라 말씀하신 것이다.

이것이 우리가 따라야 할 모델이다. 하나님은 우리에게 고귀한 다스림의 위치와 권위, 어른으로서의 책임감, 삶의 주도권을 가질 자유를 허락하신다. 그리고 이 모든 것과 더불어 하나님의 권위에 순종해야 할 의무와, 우리가 실패했을 때 져야 할 상호 책임도 따라온다. 권위, 책임, 의무. '주도권'의 세 가지 요소는 이렇게 요약할 수 있다.

이 놀라운 신뢰는 타락의 본질에도 잘 나타난다. 아담과 하와가 하나님의 권위를 침범했을 때 그 결과는 참혹했다. 모든 인류는 하나님의 권위에서 벗어난 인류 최초 부부의 죄로 인해 고통 받게 되었다.

삶에 권위와 주도권을 찾는 데 실패할 때 우리는 엄청난 책임감을 느낀다. 다시 말해 어른의 책임감을 가지고서 어린아이처럼 행동하면 곤경에 처한다는 것이다. 이것이 바로 아담과 하와가 저지른 실수였다. 아무런 의심도 없이 뱀의 말에 귀를 기울였고 파괴적인 결과가 뒤따랐다.

어쩌면 당신도 하나님께서 허락하신 권위를 제대로 행사하지 못한 대가로 어려움을 겪어 봤을지 모른다. 재정적으로 어려움에 빠졌을 수도 있고, 특정 교리에 혼란을 느낄 수도 있으며, 자녀가 손쓸 수 없을 정도로 망가졌거나, 재능과 은사가 묻혀 버렸을지도 모른다. 어떤 영역이 되었든 하나님께서 허락하신 주도권을 취하지 않으면 하나님이 주신 위치에서 떨어지게 되며 심각한 대가를 치르게 된다. 그런데 그것은 하나님이 벌하신 것이 아니다. 하나님께서 우리에게 허락하신 신뢰와 책임의 크기만큼의 대가인 것이다.

이것은 하나님께서 최초에 우리에게 허락하신 권위이다. 하지만 아담과 하와의 타락 이후 우리는 더 이상 자신의 삶에 권위를 취할 자유가 없게 되었다. 대신 우리는 종노릇하게 되었고 죄가 우리를 다스리게 되어 버렸다. 로마서 전체는 우리가 어떻게 자유를 잃어버리고 죄의 종노릇하게 되었으며, 어떻게 은혜로 말미암아 다시 자유를 얻고 의의 종노릇하게 되었는지를 잘 설명해 준다(롬 6:17~18 참조).

구속은 타락의 영향을 뒤로 돌리게 해 준다. 우리가 처음에 누렸던 자유와 권위로 돌아가는 것이다. 우리는 이제 '새로운 아담'인 예수님과 연합할 수 있는 위치에 서게 되었다. 그리고 예수님은 결코 하나님께 대적할 수 없으시다. 그러므로 예수님과 연합한다는 것은 절대 실패할 수 없는 권위를 회복한다는 뜻이다. 구원의 능력은 얼마나 놀라운가!

그렇다면 우리 삶의 권위를 회복하는 일은 얼마나 예수님 안에서 동행하느냐와 직접적인 관련이 있다고 할 것이다. 주님은 새로운 아담으로서 임무를 실패할 수 없는 분이다. 우리가 그분과 함께할수록 그분을 더 닮아 가게 되며, 삶의 주도권을 회복하는 일에서 실패할 확률이 적어진다.

권위는 태초부터 존재했다. 그리고 하나님이 궁극적으로 모든 권위의 주인이셨다. 하나님이 권위의 주인이셨다면, 하나님의 형상대로 지음을 받은 우리도 역시 권위의 주인이 되어야 한다.

구약에서 하나님은 수많은 사람들을 권위로 세우셨다. "너희의 각 지파에서 지혜와 지식이 있는 인정 받는 자들을 택하라 내가 그들을 세워 너희 수령을 삼으리라"(신 1:13). 하나님은 당신이 세우신 왕과 지도자들이 항상 당신과 동행하며 하나님의 방법으로 하나님의 백성들을 이끌기 원하셨다. 율법을 보면 권위에도 질서가 있었고, 가정에도 권위의 구조가 존재했다. 에덴동산에 존재했던 권위, 책임, 의무의 세 가지 요소가 여전히 남아 있었던 것이다.

예를 들어 부모는 자녀를 하나님의 방법대로 양육하고 가르치도록 자녀 위에 권위로 세워졌다. "오늘 내가 네게 명하는 이 말씀을 너는 마음에 새기고 네 자녀에게 부지런히 가르치며 집에 앉았을 때에든지 길을 갈 때에든지 누워 있을 때에든지 일어날 때에든지 이 말씀을 강론할 것이며"(신 6:6~7). 부모는 자녀의 삶에서 하나님의 권위를 대신한다. 그래서 자녀들이 나중에 하나님의 아버지 되심과 권위로 돌아갈 수 있도록 하신 것이다.

어린 자녀들은 부모의 지시를 가슴에 새기고 따르면서 이 땅의 아버지에게 하듯 하늘에 계신 아버지께 순종할 준비를 하게 된다. "너는 네 하나님 여호와께서 명령한 대로 네 부모를 공경하라 그리하면 네 하나님 여호와가 네게 준 땅에서 네 생명이 길고 복을 누리리라"(신 5:16). 자녀들이 하나님의 허락하신 것들 안에서 양육되고 자라나면 나중에 하나님의 방법과 규례를 따라 순종하게 된다.

　구약성경에서 권위의 역할은 하나님의 형상을 나타내는 아주 중요한 요소이다. 처음에는 하나님께서 아담과 하와에게 권위를 부여하시는 것으로 시작하여 그 다음 모세와 족장들에게 이어졌고, 예언자들이 그리스도에 대해 예언하기 전까지는 사사들과 왕들에게 권위가 주어졌다. 그리고 그날이 오면 모든 권위를 가지신 진정한 왕이 오실 것이다. 주님이 그분의 나라를 세우시고 다스리실 것이다.

　주님께서 이 권위를 세우실 때 모든 만물은 그분께 복종하게 될 것이다. 바로 이 권위의 위치에서 주님은 아버지 하나님께 순종하시며, 하나님의 궁극적인 권위를 다시 세우게 될 것이다. 바울은 고린도전서 15장 22~28절에서 이렇게 설명했다.

> 아담 안에서 모든 사람이 죽은 것 같이 그리스도 안에서 모든 사람이 삶을 얻으리라 그러나 각각 자기 차례대로 되리니 먼저는 첫 열매인 그리스도요 다음에는 그가 강림하실 때에 그리스도에게 속한 자요 그 후에는 마지막이니 그가 모든 통치와 모든 권세와 능력을 멸하시고 나라를 아버지 하나님께 바칠 때라 그가 모든 원수를 그 발 아래에 둘 때까지 반드시 왕 노릇 하시리니 맨 나중에 멸망 받을 원수는 사망이니라 만물을 그의 발 아래에 두셨다 하셨으니 만물을 아래에 둔다 말씀하실 때에 만물을 그의 아래에 두신 이가 그 중에 들지 아니한 것이 분명하도다 만물을 그에게 복종하게 하실 때에는 아들 자신도 그 때에 만물을 자기에게 복종하게 하신 이에게 복종하게 되리니 이는 하나님이 만유의 주로서 만유 안에 계시려 하심이라.

이것이 바로 구속의 계획이다. 그리스도께서는 권위를 취하심으로 하나님이 잃으신 것을 되찾으실 것이다. 그리고 그분의 권위에 순종하심으로 권세를 하나님께 돌려드릴 것이다. 권능을 주신 하나님께 다시 그 권능을 돌려드리는 것이다. 얼마나 놀라운 계획인가!

하나님께서 그리스도께 하셨던 그대로, 그리스도는 우리에게 행하고 계신다. 주님은 우리가 잃어버린 것을 되찾고, 돌려받아서 다시 주님께 드릴 수 있도록 그분 안에서 우리에게 권세를 주신다. 그리고 주님은 그것을 다시 아버지 하나님께 돌려드린다. 실제로는 하나님이 우리가 잃어버린 것을 다시 되찾는 전쟁을 치르도록 도우시는 것이다. 그렇게 하기 위해서는 예수님이 행하셨던 두 가지를 우리도 실천해야 한다.

첫째로, 권위에 복종하고 순종하는 법을 반드시 배워야 한다. "그는 육체에 계실 때에 자기를 죽음에서 능히 구원하실 이에게 심한 통곡과 눈물로 간구와 소원을 올렸고 그의 경건하심으로 말미암아 들으심을 얻었느니라 그가 아들이시면서도 받으신 고난으로 순종함을 배워서"(히 5:7~8).

우리는 먼저 우리의 부모에게서 순종하는 법을 배워야 한다. 그리고 주님에게 순종을 배워야 한다. 이런 훈련을 통해 우리는 온전해진다. "온전하게 되셨은즉 자기에게 순종하는 모든 자에게 영원한 구원의 근원이 되시고"(히 5:9). 우리는 그리스도 안에서 하나님의 권위에 순종하는 법을 배워야 하며, 그분의 형상을 닮아 가는 일을 내면화해야 한다.

둘째로, 우리에게 주어진 것들에 대해 권위를 회복하고, 잃어버린 것을 회복하여 그분께 돌려드려야 한다. 자기 삶의 권세를 되찾아 권위를 행사하며 구속 사역의 증인으로 살기 위해 주님의 모범을 따라야 한다. 그렇게 할 때,

주님과 함께 영원히 왕 노릇 할 수 있게 되는 것이다.

신약에는 예수님께서 권위를 행사하시고 우리에게도 똑같이 할 것을 요구하시는 장면이 자주 나온다. 몇 가지 예를 살펴보자.

권능을 펼치시다

> 다 놀라 서로 물어 이르되 이는 어찜이냐 권위 있는 새 교훈이로다 더러운 귀신들에게 명한즉 순종하는도다 하더라(막 1:27).

> 예수께서 이르시되 어찌하여 무서워하느냐 믿음이 작은 자들아 하시고 곧 일어나사 바람과 바다를 꾸짖으시니 아주 잔잔하게 되거늘 그 사람들이 놀랍게 여겨 이르되 이이가 어떠한 사람이기에 바람과 바다도 순종하는가 하더라(마 8:26~27).

예수님은 당신에게 능력을 행할 권세가 있음을 보여 주셨다. 이를 통해 권위를 증명하셨던 것이다.

전문성을 보이시다

> 예수께서 이 말씀을 마치시매 무리들이 그의 가르치심에 놀라니 이는 그 가르치시는 것이 권위 있는 자와 같고 그들의 서기관들과 같지 아니함일러라(마 7:28~29).

예수님은 하나님의 말씀에 지식을 갖고 계셨으며 그것을 해석할 능력 또한 있으셨다. 그래서 가르침을 듣던 사람들은 주님의 권위를 눈치챘다.

직책을 행하시다

> 아버지께서 자기 속에 생명이 있음 같이 아들에게도 생명을 주어 그 속에 있게 하셨고 또 인자됨으로 말미암아 심판하는 권한을 주셨느니라(요 5:26~27).

권위가 위임되었다는 것은 누군가에게서 받았다는 말이다. 예수님은 당신의 권위를 하늘에 계신 아버지에게서 부여받으셨다.

영향력을 미치시다

> 예수의 소문이 곧 온 갈릴리 사방에 퍼지더라(막 1:28).

예수님은 은사를 펼치심으로 사람들에게 영향력을 미치셨다. 재능과 지식, 은사를 통해 존경받는 사람들은 영향력을 얻고, 그것을 좋은 일에 사용할 수 있다.

순종하시다

> 예수께서 제자들을 불러다가 이르시되 이방인의 집권자들이 그들을 임의로 주

관하고 그 고관들이 그들에게 권세를 부리는 줄을 너희가 알거니와 너희 중에는 그렇지 않아야 하나니 너희 중에 누구든지 크고자 하는 자는 너희를 섬기는 자가 되고 너희 중에 누구든지 으뜸이 되고자 하는 자는 너희의 종이 되어야 하리라 인자가 온 것은 섬김을 받으려 함이 아니라 도리어 섬기려 하고 자기 목숨을 많은 사람의 대속물로 주려 함이니라(마 20:25~28).

예수님 같은 권위를 얻기 위해서는 자신의 권리를 포기하고 다른 사람들을 섬기는 능력이 꼭 필요하다. 주님은 십자가에 순종하셨고 아버지께 순종하셨다. 우리는 예수님을 본받아야 한다.

너희 안에 이 마음을 품으라 곧 그리스도 예수의 마음이니 그는 근본 하나님의 본체시나 하나님과 동등됨을 취할 것으로 여기지 아니하시고 오히려 자기를 비워 종의 형체를 가지사 사람들과 같이 되셨고 사람의 모양으로 나타나사 자기를 낮추시고 죽기까지 복종하셨으니 곧 십자가에 죽으심이라(빌 2:5~8).

예수님께서 이렇게 여러 가지 다른 모양으로 권위를 행사하신 것처럼 우리도 성장해서 능력을 베풀고, 주님이 주신 직무를 수행함으로써 전문성을 기르고, 주어진 영향력을 사용하고, 다른 사람들에게 순종하고 섬김으로 권위를 세워야 한다. 주님은 우리와 같은 인간이셨다. 단지 우리와 달리 죄가 없으실 뿐이다(히 4:15 참조). 그러므로 주님은 우리의 모델이 되실 수 있다. 주님은 성장하는 과정에서 우리처럼 모든 유혹을 받았지만 죄를 범하지 않으셨다. 주님은 우리가 삶의 주인이 되어 권위를 행사하도록 도우실 수 있다.

어른이 되는 발달 과정

어른이 되는 과정에는 힘과 전문성이 필요하다. 그래서 그 과정이 그렇게 어려운 것이다. 우리는 그 두 가지 모두 없이 태어나기 때문이다. 우리가 세상에 처음 나왔을 때 능력과 전문성은 다른 사람들에게 있다. 그들과 비교하면 우리는 너무 작은 존재에 불과하다.

하지만 우리가 지속적으로 성장하고 지혜와 키가 자라면서 내면화와 동질화 과정을 통해 점점 능력과 전문성을 갖추게 된다. 특히 부모님의 특성을 내면화하고 역할모델로 삼기 시작한다. 이렇게 권위를 가진 사람들과 동일화하는 과정을 통해 우리는 자신의 역할을 취하고 그들처럼 되어 가는 방법을 배운다. 어른이 되기까지는 대략 18년 정도의 시간이 걸린다.

초년 시기

초기 단계에서 이루어지는 중요한 내면화 과정은 바로 사랑이다. 우리를 돌봐 주는 큰 사람들이 사랑을 바탕으로 행동한다는 것을 알게 되면 그 사람들과 유대 관계를 형성하고 이를 통해 그들을 우리 안에 내면화한다. 부모는 우리에게 한계를 가르쳐 주기도 하지만 이 과정을 잘 통과하면 서로 약간의 갈등을 거친 후 결국 한계가 좋은 것임을 배우게 된다.

시간이 흐를수록 우리는 점차 전문성을 키우고, 부모는 우리에게 조금씩 더 많은 일을 맡기게 된다. 이 모든 것들을 잘 감당하면 더 크고 많은 일들이 주어진다. 이제 엄마 손을 놓고 혼자 걸어갈 수 있고, 시간이 더 지나면 자전

거를 타고 길가로 가는 것도 허용된다.

네 살에서 여섯 살쯤 되면, 성역할과 성정체성 계발과 같은 조금 더 구체적인 동일화가 시작된다. 남자아이는 아빠를 남자로, 여자아이는 엄마를 여자로 인식하고 닮아 가기 시작한다. 그 다음에는 엄마와 아빠의 관계를 이해하기 시작한다. 남자아이는 '아빠와 결혼한 엄마 같은 여자'를 원한다. 여자아이는 '엄마와 결혼한 아빠 같은 남자'를 원한다. 그럼으로써 동일화 과정의 한 단계를 더 배우고 나중에 가게 될 어른의 길을 미리 닦는다.

이때쯤이면 아이들은 부모의 기준을 배우기 시작하며, 수행 능력이 아주 중요해진다. 이 무렵 죄책감에서 벗어나는 유일한 방법은 부모의 인정이다. 그래서 부모에게 반항적이고 경쟁적인 마음이 계속 증가하는데도 그 느낌을 억제하려고 노력한다. 동성의 부모를 이기고 싶어 하는 마음에서 비롯되는 죄책감이 너무 커서, 차라리 그 경쟁심과 스스로를 동일화하고 동성의 부모를 닮아 간다.

일곱 살에서 열두 살 사이는 임무 수행이 특히 중요해지는 시기이다. 학교에 들어갈 나이의 아이들은 근면성이 늘고 기술을 계발하는 데 집중한다. 이 시기에 놀이는 일과 같다. 세상의 법칙을 배우는 이 시기에 친구들은 아주 중요한 역할을 한다.

부모의 역할

자녀가 어른으로 성장하고 권위를 계발해 가는 기간 동안 부모는 도움이 되기도 하고, 때로 방해가 되기도 한다. 올바른 부모의 역할은 다음과 같다.

✚ 건강한 힘의 모범이 되기

어린아이가 자라서 어른이 되어 책임감 있는 삶을 살도록 하는 힘은, 어린 시절 권위에 대한 동일화 과정을 통해 형성된다. 부모의 힘이 부드럽고 따뜻하고 확고하게 비치면, 아이는 개인의 힘이 좋은 것이라고 느끼게 된다. 만일 부모가 힘을 소극적이거나 가혹하게 사용한다면, 아이는 힘에 대해 혼란을 느낀다.

특히 소극적인 부모의 모델을 접한 아이는 힘의 유익함을 배우지 못하고 파괴적인 결과를 경험할 수도 있다. 예수님은 우리에게 굳게 서라고 말씀하신다. 하지만 어린아이가 '굳게 서 있는' 어른의 모습을 본 적이 없다면 어떻게 배울 수 있단 말인가? 아이는 자신이 경험한 그 어른만큼 강해진다. 다시 말해 힘에 대해서 잘못된 관점을 갖게 될 수도 있다는 말이다(이 힘은 부모의 위치에서 비롯되는 것이 아니라 성품에서 묻어 나온다).

어떤 부모가 힘을 잔인하고 냉혹하게 사용한다면 그 아이는 힘과 증오의 관계를 형성하며, 충돌 없이는 그것을 받아들이기 어렵게 된다. 신약성경은 이 문제를 두 곳에서 분명하게 언급한다.

> 자녀들아 주 안에서 너희 부모에게 순종하라 이것이 옳으니라 네 아버지와 어머니를 공경하라 이것은 약속이 있는 첫 계명이니 이로써 네가 잘되고 땅에서 장수하리라 또 아비들아 너희 자녀를 노엽게 하지 말고 오직 주의 교훈과 훈계로 양육하라(엡 6:1~4).

> 자녀들아 모든 일에 부모에게 순종하라 이는 주 안에서 기쁘게 하는 것이니라

아비들아 너희 자녀를 노엽게 하지 말지니 낙심할까 함이라(골 3:20~21).

이 두 가지 성경 본문은 자녀와 부모 사이의 역할에 관해 분명한 그림을 보여 준다. 자녀들은 순종해야 하고, 부모는 자녀를 노엽게 만들지 말아야 한다. 어린아이는 미워하는 대상을 닮고 싶어 하지 않는다. 아이가 어른이 되기 위해서는 힘과 전문성, 영향력을 키워야 하는데 만일 그 아이가 힘과 전문성과 영향력의 원천을 미워한다면 어려움을 겪을 수밖에 없다. 권위를 계발하는 데는 물론이고, 나중에 하나님께 순종하는 데도 어려움을 겪을 것이다.

랠프가 처음 심리치료를 받기 위해 찾아왔을 때는 스물여덟 살 청년이었다. 그는 지금까지 다닌 모든 직장에서 쫓겨났다. 내가 물었다. "왜 이런 일이 벌어질까요?"

"그 인간들은 나를 사람 취급도 안 하거든요. 저는 도저히 참을 수가 없어서 '본때를 보여 줘야겠다' 생각하고는 일을 저지르는 거죠."

"하지만 그러다가 항상 직장에서 쫓겨나잖아요. 그럴 필요가 있었나요?"

"물론이죠. 난 절대로 그런 사람들에게 굽실거리지 않아요. 그래야 다시는 나를 함부로 대하지 않죠."

"그 사람들이 어떻게 대하는데요?"

랠프는 분노 때문에 치를 떨기 시작했다. 이야기를 더 나누면서 랠프는 권위적인 아버지를 향한 오랜 분노를 털어놓았다. 그는 모든 권위적인 존재들을 증오했기 때문에 윗사람에게 순종하는 법을 배우지 못했고, 또한 스스로도 권위 있는 삶을 추구하지 못했다. 그는 아직도 아버지와 힘겨루기를 하고 있는 분노에 찬 어린아이였다.

상당한 기간 동안 상담 치료를 하면서 랠프는 권위에 대한 자신의 문제를 인정하고 해결을 시도했다. 무엇보다 아버지를 향한 주체할 수 없는 분노의 문제를 해결해야 했다. 그런 다음 성숙한 인생의 선배들을 찾아가 멘토링을 받았다. 하나님의 도우심으로 랠프는 마침내 어른이 될 수 있었고 삶의 주도권을 되찾게 되었다.

마이크는 정반대의 경우였다. 그는 폭력적인 아버지에게 항상 소극적인 태도로 복종했고 자신의 힘을 행사하는 것은 완전히 포기했다. 어떤 남자든지 그에게 뭔가 지시를 하면, 자신의 일은 접어 두고 그 일부터 해 줬다. 서른 살이 될 때까지 그렇게 줏대 없이 떠밀려 살아왔고 항상 불안감과 혼란스러움으로 괴로워했다. 자신감이라고는 전혀 찾아볼 수가 없었다.

마이크는 치료 그룹에 참여해서 권위가 있으면서도 호의적인 사람들을 만났다. 1년 정도는 다른 남자들과 부딪히지 않으려고 의도적으로 피했지만, 점차 사람들에게 당당하게 맞서기 시작했다. 그러면서 이제는 어릴 때처럼 처참하게 깨지지 않고 맞서 싸울 수 있다는 사실을 확인했다.

한편으로는 이런 도전을 운동으로 승화했다. 어느덧 사람들과 경기를 하면서 물러서지 않고 겨루는 것을 즐기는 수준에 도달하게 되었다. 이제 누군가를 이기는 것이 두렵지 않았다. 새롭게 발견한 건강한 자신감은 직장 생활에까지 이어졌다. 그는 점점 새로운 일과 모험을 시도했고 권위 있는 사람들을 향해 건강한 도전 정신을 키워 갔다. 그리고 마침내 남자의 권위에 대한 두려움을 극복할 수 있었다.

처음 마이크의 소극적인 해결책은 랠프의 폭력적인 태도만큼이나 파괴적이었다. 두 사람의 아버지는 모두 하나님의 명령에 순종하지 못했기 때문에, 자녀들이 건강한 어른의 권위를 경험할 수 없었다. 한 사람은 아들을 분노로 자극했고, 다른 한 사람은 좌절하게 만들었던 것이다.

✚ 전문성을 키울 기회를 제공하기

아이는 자랄수록 전문성을 익힐 충분한 기회를 점점 더 많이 접해야 한다. 그것을 채워 주는 것은 부모의 몫이다. 부모는 아이들에게 전문성의 모델이 되어 일의 가치와 근면함의 본보기를 제시해야 한다. 아이들은 이러한 긍정적인 역할모델을 받아들이고 동일시하면서 "소원을 성취하면 마음에 달아도"(잠 13:19)라는 말씀을 체험하게 된다. 탁월함을 추구하고 자존감을 키우며, 자신보다 나은 사람을 좇는 법을 배우기 위해서는 먼저 부모를 우러러볼 수 있어야 한다.

부모가 힘과 은사를 인정해 주고 계발하도록 도울 때 아이는 전문성을 키우게 된다. 나를 찾아왔던 한 청년은 어렸을 때 아주 오랫동안 열심히 야구 연습을 했지만 아버지가 아무런 말도 없이 지나쳐 버렸다고 했다. 아버지는 아이가 새로운 일을 시도할 때마다 찬물을 끼얹었다. 아이가 청년이 되어 세상으로 들어설 때가 되자 그 생각 때문에 심각한 우울증과 좌절감에 빠졌다. 부모님이 자신을 믿어 주거나 용기를 북돋아 주는 모습은 상상도 할 수 없었다. 부모가 자녀의 전문성을 키우는 데 아무런 역할도 해 주지 않은 것이다.

어린아이가 능력을 계발할 때는 반드시 기회가 있어야 한다. 노력하고 배운 것을 잘해 낼 수 있다는 느낌은 반드시 필요하다. 부모는 자녀가 다음 단계로 도약할 수 있도록 필요한 자원을 공급함으로써 자녀의 노력에 보상을 해 주어야 한다. 예를 들어 야구를 배우는 아이에게는 마음대로 휘두를 수 있는 야구방망이가 필요하다. 배울 수 있을 때 기회가 제공된다면 나머지 삶은 아주 쉬워진다. 어떤 일도 해낼 수 있다는, 자기 능력에 대한 기본적인 믿음이 생기기 때문이다. 이것이 바로 성인이 되는 과정이다.

✚ 부드럽게 교정하기

관계의 가장 이상적인 조건은 사랑과 용납, 그리고 계속 성장할 수 있도록 격려하는 것이다. 이 가이드라인을 잘 지키는 것이 바로 좋은 양육이다. 실패했을 때 혹독하게 책망받은 아이는 어떠한 노력도 하지 않게 된다. 아이의 인생에서 권위를 행사하는 누군가가 질책을 할 때 실패의 두려움에 사로잡히게 되는 것이다.

하나님은 우리를 결코 그렇게 대하시지 않는다. 히브리서 5장 14절에 보면 우리는 "지각을 사용"하고 "연단을 받아" 배운다고 되어 있다. 하나님은 우리가 무엇인가를 배우거나 경험할 때 우리와 함께하신다. 마찬가지로 부모는 자녀가 새로운 것을 배우고 익힐 때 이해와 인내로 지켜봐 주어야 한다. 그런 부모를 둔 아이들은 새로운 일을 배우고 시도하는 것을 사랑하고 즐기게 될 것이다.

히브리서는 주님께서 우리의 자람의 과정을 사랑으로 지켜보시는 모습을 이렇게 이야기한다.

> 우리에게 있는 대제사장은 우리의 연약함을 동정하지 못하실 이가 아니요 모든 일에 우리와 똑같이 시험을 받으신 이로되 죄는 없으시니라 그러므로 우리는 긍

> 휼하심을 받고 때를 따라 돕는 은혜를 얻기 위하여 은혜의 보좌 앞에 담대히 나아갈 것이니라 대제사장마다 사람 가운데서 택한 자이므로 하나님께 속한 일에 사람을 위하여 예물과 속죄하는 제사를 드리게 하나니 그가 무식하고 미혹된 자를 능히 용납할 수 있는 것은 자기도 연약에 휩싸여 있음이라(히 4:15~5:2).

우리의 대제사장 되시는 예수님은 우리를 부드럽게 교정하신다. 왜냐하면 그분은 우리의 연약함을 동정하시는 분이기 때문이다. 만일 세상의 부모가 주님이 하신 대로 할 수 있다면, 그 자녀들에게 배움처럼 즐거운 일이 또 없을 것이다.

✚ 분명한 권위를 보여 주기

지위란 권위나 신뢰를 얻는 위치를 말한다. 부모들은 부모라는 지위를 가졌기 때문에 일의 결과에 권리를 행사할 수 있다. 그리고 자녀들이 부모의 권위를 닮으려 하기 때문에, 부모는 자녀의 역할모델이 된다.

아담과 하와의 이야기에서 하나님은 친히 그 두 사람의 권위자가 되어 주셨고 그들에게도 청지기의 권위를 허락하셨다. 그리고 두 사람의 행동이 선을 넘었을 때, 주님은 그 행동의 결과에 책임을 묻는 권위를 행사하셨다. 이 사건을 통해 하나님이 말씀하시면 반드시 이루신다는 사실을 하늘의 천군 천사들까지 배우게 되었다.

권위가 아무런 힘도 발하지 못하는 상황에서 자란 아이들은 권위를 존중하지 않을뿐더러 그 권위를 닮고 싶어 하지도 않는다. 연구에 의하면, 부모가 다음과 같을 때 아이들이 부모를 더 모방하는 경향이 있다고 한다. 따뜻하고 사랑스러우며, 자신을 따르는 자녀와 닮은 모습을 보이고, 완벽하지는 않지만 삶을 적극적으로 살아가며, 분명한 권위가 있는 부모가 바로 여기에 해당한다.

그러므로 발달 과정에 있는 자녀들에게는 부모라는 지위에 걸맞은 힘을 가진 역할모델이 필요하다. 자녀가 부모를 존경할 때 건강한 경외감, 즉 사랑을 바탕으로 하는 두려움을 품고 따르게 된다. 사랑의 힘이야말로 본받고 싶은 최고의 힘이다. 그러한 힘은 부모의 성품에서만이 아니라, 부모라는 지위에서 비롯된다. 아이들이 부모의 지위를 존중할 때 훗날 자라서도 규율과 법칙, 공적인 권위와 교회의 권위에 순종할 수 있는 기초가 형성되는 것이다.

이렇게 자란 아이들은 나중에 가정주부로서든, 교회의 지도자로서든, 혹은 공장의 일꾼이나 회사의 사장으로서든 나름의 권위를 잘 수행할 수 있는 능력을 갖추게 된다. 권위를 가지고 어떤 역할이나 직책을 수행한다는 것이 어떤 것인지 머릿속에 역할모델이 분명하게 서 있기 때문이다.

청소년기

위의 과정을 잘 통과하고 나면, 건강한 열두 살짜리 아이가 질풍노도의 시기로 접어드는 무대가 마련된다. 사춘기는 유아기라고 하는 '종의 멍에'를 벗어버리는 시기의 시작이다. 어른들의 세계에 첫발을 내딛으며 어른과 동등함을 추구하는 시기이기도 하다. 한편으로 이 과정은 어느 정도의 반항 없이는 이루어질 수가 없다.

성경은 어린 시절을 종의 신분에 비유하는데, 왜냐하면 어린이들은 법적으로 자신의 삶을 스스로 책임질 수 없기 때문이다.

> 내가 또 말하노니 유업을 이을 자가 모든 것의 주인이나 어렸을 동안에는 종과 다름이 없어서 그 아버지가 정한 때까지 후견인과 청지기 아래에 있나니 이와 같이 우리도 어렸을 때에 이 세상의 초등학문 아래에 있어서 종 노릇 하였더니 때가 차매 하나님이 그 아들을 보내사 여자에게서 나게 하시고 율법 아래에 나게 하신 것은 율법 아래에 있는 자들을 속량하시고 우리로 아들의 명분을 얻게 하려 하심이라(갈 4:1~5).

아이들은 이러한 신분에서 벗어나 어른으로서 자유를 인정받게 될 때까지 계속해서 저항하고 반항한다. 그리고 결국 자신의 역할을 되찾는다. 말 그대로 '질풍노도'의 시기인 셈이다. 청소년기는 작은 사람이 큰 사람이 되어 가는 과정이며, 삶의 주도권을 갖기 위해 노력하지만 아직 다 이루지는 못한 시기이다. 그 시기의 어린아이, 혹은 어른에 가까운 아이는 성인기와 청소년기에 양쪽 다리를 하나씩 걸치고 있다.

청소년기는 끊임없이 권위에 도전하며 스스로 선택을 하는 시기이다. 이때는 실제적으로 부모의 통제는 점점 사라지고 부모로서의 영향력만 남아 있게 된다. 만일 부모가 자녀들과 오랜 시간에 걸쳐 좋은 관계를 형성했다면 이 질풍노도의 시기에 부모로서의 영향력을 행사할 수 있을 것이다. 하지만 통제권은 거의 없다.

이때쯤 되면 아이들은 자기가 원하는 일을 할 수 있고, 가고 싶은 곳에 마음대로 갈 수 있을 정도로 성장해 있다. 부모가 한계선을 정해 주고 일의 결과에 책임을 물을 수는 있지만, 이미 성인이 다 된 자녀를 통제할 수는 없는 노릇이다. 다만 부모 자신을 통제하고 자녀들에게 어떻게 반응할 것인가를 통제할 수 있을 따름이다.

이 놀라운 시기에, 한 사람이 어른의 자리에 설 수 있도록 온갖 종류의 준비가 이루어진다. 청소년들은 자신의 힘이 이전에 경험했던 것과 다르다는 사실을 체험한다. 잔심부름이 아닌, 급여가 훨씬 괜찮은 아르바이트 거리를 찾을 수 있고 물건을 구입할 능력도 생긴다. 세상이 어떻게 돌아가는지 파악하고 거기에 맞춰 대응하는 지적인 능력도 생기기 시작한다. 이때는 자신의 삶을 스스로 운영하기 위해 필요한 힘들을 시험해 보는 시기인 것이다.

지위에도 변화가 생긴다. 이 시기에 많은 자녀들이 부모에게 존경심을 잃고 가정 밖의 권위에 더 많이 귀 기울이기 시작한다. 자신의 부모들만 모든 것을 알고 있는 것이 아님을 깨닫는 것이다. 청소년 지도자들이나 교사, 코치들이 가치 있는 영향력의 근원으로 자리를 잡고, 그러한 사람들이 부모와 다르다고 느껴질 경우 영향력은 더 커진다. 이렇게 다른 사람들의 조언에 귀 기울이면서 아이는 부모로부터 독립심을 느낀다. 한편으로 이것은 청소년기의 가장 중요한 발달과제이기도 하다.

게다가 이 시기에는 동료 집단이 가장 중요한 유대 관계의 중심이 된다. 부모님 외에도 다른 공동체와 친구들의 후원을 필요로 하게 되는 이러한 변화는 건강한 것이다. 이렇게 동료들과 강한 유대감을 형성하면서 삶의 후반부를 위한 인간관계의 네트워크를 구축할 수 있다.

그러나 많은 사람들이 삼십대 초반의 나이에도 정서적으로 집을 떠나지 못한다. 부모에게서 독립하려 하지만, 다른 사람들과 서로를 후원하는 유대 관계를 형성하지 못하기 때문에 어른의 과정으로 진입하지 못하는 것이다. 부모가 아닌 다른 사람들에게 의지하지 못할 때는 이렇게 어린 시절에 갇혀 꼼짝 못하게 된다.

한편으로 청소년들은 자신의 진정한 재능과 은사를 인식하고 여기에 스스로 책임지기 시작한다. 아직 직업을 선택할 준비는 되어 있지 않지만 다양한 활동에 참여하면서 자신이 운동이나 공부, 사회활동, 예술 분야 등에 관심이나 재능이 있는지 자기평가를 한다. 자신과 부모님이 원하는 것이 서로 다를 경우에는 갈등을 빚기도 한다. 부모들은 이 싸움에서 져 주어야 한다, 그렇지 않으면 나중에 더 큰 싸움을 치러야 하기 때문이다. 어른으로 성장해 가기 위해서는 아이들이 스스로 선택을 시작하고 그 선택이 존중받아야 한다.

하나님이 주신 소질을 발견한 후에는 그 은사를 계발하기 위해 가정 밖에 있는 것들을 추구하기 시작한다. 운동 팀, 학교 동아리, 봉사 기관, 교회 소그룹, 스터디 그룹 등의 모임이 십대에게는 세상을 배우는 데 더없이 좋은 기회를 제공한다.

과업이 더욱 중요해지고 아르바이트로 상당한 돈을 벌기도 한다. 이렇게 번 돈은 원하는 대로 쓸 자유가 보장되어야 한다. 청소년기가 어른이 되기 위한 훈련소라는 사실을 기억한다면 부모들은 이런 질문을 할 수 있어야 한다. '이 아이가 내 도움 없이 혼자 살아가도록 도우려면 어떻게 준비시켜야 할까?' 이 과정에서 부모와 자녀 사이에 상당한 힘겨루기가 벌어지곤 한다.

십대는 또한 이성에 눈을 뜨고, 이성과 어떻게 친밀함을 키워 가는지를 배울 좋은 시기이다. 청소년기에는 신체와 감정이 이전과 다르게 느껴진다. 깊이 있는 관계를 추구하게 되고, 애완동물을 아끼고 좋아하는 것과는 차원이 다른 사랑의 모험을 시도하기 시작한다. 지난 10년 동안 억눌렀던 것들을 모두 던져 버리고 통제하기 어려운 충동의 공장이 되는 것이다. 또한 그런 충동을 왜 통제해야 하는지 이해하지 못한다.

이때 부모와 다른 권위자들의 건강한 지도가 절실하다. 어른들은 청소년이 이성 교제의 가치를 긍정하되 억압을 느끼지 않고 적절한 한계선을 그을 수 있도록 이끌어 주어야 한다. 한편으로는 성에 대한 관점이 일그러지지 않도록 조심해야 한다.

십대들은 가치관의 혼란을 경험한다. 부모의 가르침이 옳은 것이었는지 처음으로 의문을 품기 시작한다. 부모가 믿는 것에 질문을 던지고 자신들만의 신념과 가치관에 합리적인 이유를 찾는다. 만일 어떤 신념을 자기 것으로 승화하지 못하면 나중에 그 신념을 저버리거나 바리새인처럼 될 가능성이 높다.

그래서 이 시기에는 좋은 중고등부 그룹과 지도자들이 중요하다. 부모가 아닌 다른 사람들을 통해 의심과 질문을 해결할 수 있어야 하기 때문이다. 이들과 교제하며 '어린 시절의 믿음'이라는 사망의 음침한 골짜기를 함께 통과하는 것은 참 중요한 과정이다. 탕자나 포도원의 두 아들을 비롯한 성경의 수많은 사람들도 이 의심의 시간을 통과했다.

십대들은 부모의 기준을 버리고 자신만의 기준과 삶의 가치관을 선택한다. 물론 이 과정에서 부모의 역할은 여전히 중요하다. 하지만 십대들은 스스로 생각하고 선택하고 도전하고 질문할 자유가 필요하다. 특별히 청소년기 후반, 어른이 되기 직전의 시기에는 더욱 그렇다. 이때는 다른 어른들의 역할이 삶에서 큰 영향을 끼친다.

이 과정을 잘 통과하면 그 과정의 끝에 소위 '어른'이 되어 나오는 것이다. 이제 집을 떠나 자신의 재능과 은사, 방향, 목적, 힘, 지위, 영향력, 전문성을 토대로 자신만의 삶을 형성하고 책임져 나갈 수 있다. 이것이 어른이 되는 과정이고, 그 과정이 그리 쉽지만은 않은 이유이다.

하지만 어른이 되었다고 해서 모든 게 갖추어진 것이 아니다. 다만 옳은 길로 접어들었다는 의미일 뿐이다. 만일 좋은 씨앗과 좋은 경험을 심었다면, 역경과 승리가 공존하는 성인기로 뛰어들 준비가 된 것이다. 이 시기에는 스스로 생각하기 시작한다. 자신의 두 발로 굳건히 서서 권위적인 존재들에 맞서며, 자신의 의견을 고수할 수 있다. 부모에게서도 자유로워지고 한편으로는 주변 사람들과 하나님의 권위에 순종할 수도 있게 된다.

여기에서 관건은 한 단계 아래 수준의 의식에서 벗어나 삶의 영역에서 자신감을 갖게 된다는 것이다. 다른 어른들과 동등하게 눈을 맞출 수 있고 삶에서 부모의 노릇을 대신해 줄 사람들을 더 이상 찾지 않게 된다. 어떻게 살아야 할지 가르쳐 주고, 무엇을 믿어야 하는지 일일이 간섭하는 부모의 역할은 이제 기대하지 않는다. 다른 어른들이 자신에게 없는 전문성에 대해 조언해 줄 수는 있지만, 결국 자기 삶의 책임은 스스로 져야 한다. 이것이 바로 성인기의 어른이 해야 하는 일이다.

청소년기의 영적인 의미

이 같은 성숙의 단계와 그 안에 담긴 영적 의미를 연결시키는 것은 아주 중요하다. 청소년기는 우리와 하나님의 관계에서 율법적인 체제를 벗어던지는 시기이다. 하나님이 우리 삶 속에서 부모의 역할을 하시도록 하려면 이를 대신하던 육신의 부모의 권위를 벗어던져야 한다. 다시 말하면, 우리의 부모를 제쳐 두어야 하나님의 자녀 됨을 누릴 수 있다는 것이다. 만일 이 과정을 통과하지 않으면 영적인 어린아이의 수준에서 벗어나지 못하고, 율법과 규율의 종노릇에서 자유롭지 못하게 된다.

앞에서 살펴보았듯이 사도 바울은 이러한 부모의 역할을 율법의 기능에 비유했다. 바울은 어린 시절을 종에 빗대어 "이 세상의 초등학문 아래에 있어서 종 노릇"하는 것이라고 말했다(갈 4:1). 종교 규범으로 볼 수 있는 이 세상의 초등 학문은 우리가 성숙하는 데 어떤 유익도 끼치지 못한다.

> 너희가 세상의 초등학문에서 그리스도와 함께 죽었거든 어찌하여 세상에 사는 것과 같이 규례에 순종하느냐 (곧 붙잡지도 말고 맛보지도 말고 만지지도 말라 하는 것이니 이 모든 것은 한때 쓰이고는 없어지리라) 사람의 명령과 가르침을 따르느냐 이런 것들은 자의적 숭배와 겸손과 몸을 괴롭게 하는 데는 지혜 있는 모양이나 오직 육체 따르는 것을 금하는 데는 조금도 유익이 없느니라(골 2:20~22).

바울은 우리가 종교적 규례에서 자유로워져야 하며 하나님의 자녀로 거듭나야 한다고 강조한다. 부모의 속박에서 벗어나는 것이 우리를 하나님과의 사랑의 관계로 이끌며, 그분의 사랑의 규례에 순종하게 만든다. 규범 중심의 사고방식에서 사랑 중심의 사고방식으로 전환하여, 규범이 아닌 원칙에 의거해 살게 되는 것이다.

만약 우리가 첫 번째 규범을 가르쳐 준 육신의 부모의 권위에 한 번도 도전해 보지 못한다면 규범 자체에 도전하지 못하게 되고, 그것이 우리를 구원할 수 없다는 사실에도 의문을 품을 수가 없다. 이런 사람들은 바리새인 같이 규정에 얽매인다. 항상 자신의 율법적인 양심에 비추어 '충분히 좋은' 사람이 되려고 노력한다. 사도 바울의 말에 귀를 기울여 보자.

> 믿음이 오기 전에 우리는 율법 아래에 매인 바 되고 계시될 믿음의 때까지 갇혔느니라 이같이 율법이 우리를 그리스도께로 인도하는 초등교사가 되어 우리로 하여금 믿음으로 말미암아 의롭다 함을 얻게 하려 함이라 믿음이 온 후로는 우리가 초등교사 아래에 있지 아니하도다(갈 3:23-25).

우리는 더 이상 초등교사 아래에 있지 않으므로 율법에 얽매인 상태에서 벗어나야 한다. 그리고 새로운 부모 되신 하나님께 속해야만 한다. 세상 부모의 율법적 체계에 순종함으로 우리 스스로를 구원할 수 있다는 믿음은 버려야 한다. 성경에 기록된 것처럼 "율법의 행위로 그의 앞에 의롭다 하심을 얻을 육체가 없"기 때문이다(롬 3:20).

바울은 자유의 본질에 대하여 이렇게 말한다. "형제들아 너희가 자유를 위하여 부르심을 입었으나 그러나 그 자유로 육체의 기회를 삼지 말고 오직 사랑으로 서로 종 노릇 하라 온 율법은 네 이웃 사랑하기를 네 자신 같이 하라 하신 한 말씀에서 이루어졌나니"(갈 5:13-14). 바울은 예수님께서 당시 권위주의에 사로잡혀 있던 바리새인들에게 하셨던 말씀을 반영하고 있다. 예수님은 그들에게 규범으로 얽매는 부모 같은 태도와 초등 학문의 관점에서 벗어나 사랑의 단계로 나오라고 초대하셨다. 그들은 장로들이나 조상의 유전에 맞서 도전의 시간을 통과하지 않았기 때문에 자신만의 신념을 갖지 못했던 것이다.

> 바리새인들과 또 서기관 중 몇이 예루살렘에서 와서 예수께 모여들었다가 그의 제자 중 몇 사람이 부정한 손 곧 씻지 아니한 손으로 떡 먹는 것을 보았더라(바리새인과 모든 유대인들은 장로들의 전통을 지키어 손을 잘 씻지 않고서는 음식을 먹지 아니하며 또 시장에서 돌아와서도 물을 뿌리지 않고서는 먹지 아니하며 그 외에도 여러 가지를 지키어 오는 것이 있으니 잔과 주발과 놋그릇을 씻음이러라) 이에 바리새인들과 서기관들이 예수께 묻되 어찌하여 당신의 제자들은 장로들의 전통을 준행하지 아니하고 부정한 손으로 떡을 먹나이까 이르시되 이사야가 너희 외식하는 자에 대하여 잘 예언하였도다 기록하였으되 이 백성이 입술로는 나를 공경하되 마음은 내게서 멀도다 사람의 계명으로 교훈을 삼아 가르치니 나를 헛되이 경배하는도다 하였느니라 너희가 하나님의 계명은 버리고 사람의 전통을 지키느니라(막 7:1~8).

바리새인들이 예수님께 도전하고 제자들을 판단한 것은 부모의 규례, 즉 "장로들의 전통"에 얽매였기 때문이다. 진리를 볼 수 있는 자유함이 없었던 것이다.

예수님은 또한 하나님보다 부모를 기쁘게 하는 것을 더 중요시하던 바리새인들의 생각을 꾸짖으셨다.

> 화 있을진저 너희는 선지자들의 무덤을 만드는도다 그들을 죽인 자도 너희 조상들이로다 이와 같이 그들은 죽이고 너희는 무덤을 만드니 너희가 너희 조상의

행한 일에 증인이 되어 옳게 여기는도다(눅 11:47~48).

　여기에서 예수님은 자기 조상들이 했던 악을 용인하면 그들과 같아지는 것이라고 말씀하신다. 또한 잘못된 권위에 충성을 버리고 그 충성심을 주님께 바치라고 하신다. 진정한 부모와의 관계는 하나님과의 관계이기 때문에, 주님에 대한 충성심이 이 땅에서 우리 부모와의 관계보다 더 강해야 한다.

　예수님도 일정한 나이가 되시기까지는 율법이 가르친 대로 부모의 권위 아래 계셨다. 하지만 성인이 되어서는 변화가 생겼다. 예수님께서 열두 살이 되었을 때 부모의 곁을 벗어나 성전으로 가셨다. 예수님의 부모가 얼마나 염려했는지 아느냐고 꾸지람을 하자, 예수님께서 이렇게 반문하셨다. "어찌하여 나를 찾으셨나이까 내가 내 아버지 집에 있어야 될 줄을 알지 못하셨나이까"(눅 2:49).

　또 한번은 예수님께서 자신의 어머니가 아니라 하나님의 뜻에 순종하는 것이 더 중요하다고 분명하게 말씀하시기도 하셨다. "예수께서 이르시되 여자여 나와 무슨 상관이 있나이까 내 때가 아직 이르지 아니하였나이다"(요 2:4). 예수님은 자라면서 부모에 대한 충성을 하나님께로 전환했다. 우리도 반드시 그렇게 해야만 한다.

　이 모든 사례에서 예수님은 두 가지 중요한 사실을 강조하신다. 첫째, 우리 부모의 권위에서 벗어나 하나님께 순종해야 하며 둘째, 그렇게 할 때 우리의 생각이 규범 중심에서 원칙 중심으로 변화되어야 한다는 것이다.

　바리새인들이 예수님의 제자들이 안식일에 밀밭 사이를 지나다가 밀을 까먹은 것을 비판한 일이 있었다. 그때 예수님께서 바리새인들에게 이렇게 대답하셨다. "다윗이 자기와 그 함께 한 자들이 시장할 때에 한 일을 읽지 못하였느냐 그가 하나님의 전에 들어가서 제사장 외에는 자기나 그 함께 한 자들이 먹어서는 안 되는 진설병을 먹지 아니하였느냐 또 안식일에 제사장들이 성전 안에서 안식을 범하여도 죄가 없음을 너희가 율법에서 읽지 못하였느냐 내가 너희에게 이르노니 성전보다 더 큰 이가 여기 있느니라 나는 자비를 원하고 제사를 원하지 아니하노라 하신 뜻을 너희가 알았더라면 무죄한 자를 정죄하지 아니하였으리라 인자는 안식일의 주인이니라 하시니라"(마 12:3-8).

예수님께서 안식일의 주인이 인자라고 말씀하셨을 때는 주님 자신을 모든 규범 위에 두신 것이다. 율법이 주님의 뜻을 위해 존재하는 것이고, 주님의 뜻은 사랑이다. 사고 체계가 율법 중심의 흑백논리에서 사랑의 관점으로 해석하는 원칙 중심으로 바뀐 것이다.

바리새인과 같은 경직된 사람들은 이러한 가르침을 도저히 용납하지 못한다. 모든 상황을 일일이 규정하는 규칙이 없으면 길을 잃는다. 그러고는 바리새인들이 했던 것과 마찬가지로 새로운 규칙을 만들어 내고야 만다.

성경은 우리에게 사랑하라고 말한다. 만약 우리가 사랑하기 위해서 "장로들의 전통"을 뒤집어야 한다면, 그렇게 해야 한다. 바리새인들의 신학은 사람들의 배고픔과 상처를 채울 정도로 넉넉하고 여유롭지 못했다. 누군가의 신학이 상처 입은 사람을 돕지 못한다면 그것은 하나님의 사랑을 품을 정도로 큰 신학이 못 된다. "무죄한 자를 정죄"하고 마는 것이다(마 12:7).

한번은 어떤 교회 지도자가 이런 이야기를 한 적이 있다. 자폐증을 앓는 아이를 돕는 유일한 방법이 심리치료뿐이라면 그 아이가 사랑과 관계에서 떨어진 채 살아가는 것이 하나님의 분명한 뜻이라고. 그 이유는 심리치료가 성경적이지 않다는 것이었다. 그 사람의 신학에는 사랑이 비집고 들어갈 틈이 없었다. 그에게는 '안식일에 병자를 고치는' 자유함이 없었기에 무죄한 자를 정죄했던 것이다.

사람들이 이러한 세상의 초등 학문에서 자유로워질 때 사랑할 이유나 능력에 변화가 생긴다. 엄격하고 율법적인 공식 뒤에 숨기보다는 하나님의 신비함을 이해하고 사랑의 관계를 맺기 시작하며, 주님의 진리를 지혜와 사랑으로 적용하기 시작한다. 사람들을 통제하기 위한 규범의 틀이 아니라, 하나님과 사람 사이의 관계로서 규범을 이해하기 시작하는 것이다.

상황을 바라보는 시각도 바뀐다. 사도 바울은 위대한 사랑의 장에서 다음과 같이 말했다. "내가 어렸을 때에는 말하는 것이 어린 아이와 같고 깨닫는 것이 어린 아이와 같고 생각하는 것이 어린 아이와 같다가 장성한 사람이 되어서는 어린 아이의 일을 버렸노라 우리가 지금은 거울로 보는 것 같이 희미하나 그 때에는 얼굴과 얼굴을 대하여 볼 것이요 지금은 내가 부분적으로 아나 그 때에는 주께서 나를 아신 것 같이 내가 온전히 알리라 그런즉 믿음, 소망, 사랑, 이 세 가지는 항상 있을 것인데 그 중의 제일은 사랑이라"(고전 13:11~13).

어린아이의 흑백논리에서 벗어나면 신비롭고 모호한 현상이 더 받아들이기 쉬워지고 사랑이 한층 더 중요해진다. 청소년기를 통과하지 않은 사람들은 부분만 보거나, 빈약한 관점으로 세상을 바라본다. 그러고는 자신이 세상의 모든 문제에 '완벽한 정답'을 알고 있다고 착각한다.

우리가 영적으로 청소년기에 접어들면 하나님 아버지께 더욱 가까이 의지하게 된다. 왜냐하면 안개 속에서 하나님이 가르쳐 주시는 방향을 알아야 하기 때문이다. 우리는 어떤 일도 확신할 수 없으며 모든 문제에 해답을 알지 못한다. 그래서 우리에게 진정 필요한 것은 하나님과의 관계임을 깨닫게 된다.

고통의 순간에도 우리는 하나님의 뜻에 순종하기 위해 몸부림치며 자신만의 겟세마네를 경험한다(눅 22:42 참조). 고통에 대한 간단한 신학적 해답은 없다. 하나님과의 관계만이 그 답이 될 수 있다. 모든 상황 속에서 일일이 잘 포장된 해답 꾸러미를 찾는 사람들은 그러한 믿음을 도무지 이해하지도, 수용하지도 못한다.

이러한 전환기를 통과하는 사람들은 규칙과 규범을 내려놓고 하나님 아버지와의 진정한 관계를 추구한다. 사람들의 '전통'을 거부하고 자기 내면을 들여다보는 충동적인 청소년기적 자아는 때로 엄청난 혼란을 경험하기도 하지만, 하나님과 진정한 관계를 추구하기 위해 꼭 거쳐야 하는 시기이다.

세례요한은 부모의 속박에서 벗어나 놀라운 임무를 성취했다. 그는 그 시대에 부모와 같은 권위를 가진 자들을 "독사의 자식들"이라고 불렀다(마 3:7). 또한 마르틴 루터는 '대리자 없이는 하나님과 직접적인 관계를 맺을 수 없다'고 가르쳤던 당대의 종교적 권위자들에게 맞섰다.

하나님이 우리에게 명하신 일을 감당하기 위해서는 다른 어른들과 동등하다고 느낄 수 있어야 한다. "사람을 기쁘게 하려 함이 아니요 오직 우리 마음을 감찰하시는 하나님을 기쁘시게"(살전 2:4) 하기 위해 자신의 삶을 책임지고 부모의 권위를 가진 사람들에게 허락을 구하지 말아야 한다.

chapter 15 |
우리가 성장하지 못할 때

하루는 내 친구 얼굴을 보니 뭔가 대단한 걸 발견한 듯한 표정이었다. 내 짐작이 맞았다. 그날 그 친구는 내가 절대로 잊지 못할 대단한 말을 했다. "그거 알아? 인생은 위아래가 거꾸로 바뀌었어." "무슨 뜻이야?"라고 묻자 친구는 이렇게 답했다. "우리는 먼저 어른으로 태어나서 점점 아이가 되어 가야 하는 거였어. 그 순서가 바뀌니까 사는 게 이렇게 힘든 거야."

어른이 되지 못할 때 나타나는 증상들

(아담과 하와를 제외한) 모든 사람이 태어나면서 직면하는 문제는 어른들의 세계

에 아기로 존재하게 된다는 것이다. 우리 모두에게는 어른이 되어야 하는 임무가 주어진다. 어른들의 권위 안에서 점점 자라 스스로를 책임지는 또 다른 어른이 되는 과정은 내 친구가 지적한 대로 결코 쉽지 않다. 어떤 사람들은 그 임무를 달성하지 못하기도 한다. 그 결과 한 수 아래인 어린아이의 상태에서 어른의 인생을 살려 안간힘을 쓰게 된다. 어른이 되는 것에 실패한 사람들은 다음과 같은 특성을 보인다.

타인의 인정에 연연함

  자기 인생에 주도권을 갖지 못해 힘들어하는 사람들은 대부분 다른 '중요한 사람들'의 인정을 받기 위해 애쓴다. 그 대상은 직장 상사나 교회 목사일 수도 있고 배우자나 친구, 동료인 경우도 있다.
  인정받고자 하는 이런 열의는 직책에 대한 자신감과는 다르다. 누구나 잘 처리한 일을 칭찬받기 원하지만, 다른 사람들이 인정을 해 주기 전까지 자기 자신이나 일 자체에 계속 불안을 느낀다면 문제가 있는 것이다. 그런 사람들은 권위자가 잘했다고 말해 주기 전까지는 스스로 그렇게 느끼지 못한다. 그리고 윗사람이 칭찬 한마디만 해 주면 그것으로 자아상 전체가 변한다. 이들의 삶에서 타인의 의견은 너무 큰 비중을 차지한다. 윗사람이 판사와 배심원, 부모의 역할마저 대신해 버리는 것이다.

비판을 두려워하는 마음

남들의 인정을 향한 욕구와 함께 오는 것이 바로 비판을 두려워하는 마음이다. 어떤 사람들은 윗사람이 함께 있을 때 지나치게 불안해하며 안절부절못한다. 이러한 불안감은 자연히 업무 능력을 저하시킨다. 이들은 업무 평가를 받을 때마다 두려움에 휩싸이며, 평가받는다는 사실 자체로 늘 불안감에 시달린다.

한 대학원생은 매 학기가 끝날 때마다 극심한 공황장애에 시달리곤 했다. 모든 일을 순조롭게 진행하다가도 학기가 끝나기 3주 전만 되면 두려움에 몸을 떨었다. 처음엔 약간의 긴장감으로 시작하지만 나중에는 공황상태로 이어지곤 했다. 그는 제출해야 할 리포트에는 집중하지 못하고, 그 과제가 교수님 마음에 들까 하는 것에만 신경을 썼다.

사실 그의 아버지는 실패를 아주 심하게 질책하는 완벽주의자였다. 아버지에 대한 두려움 때문에 그는 스무 살이 될 때까지 순종적인 아이로만 살았다. 아버지라는 그늘에서 벗어나 본 경험이 없었기에, 권위를 가진 어른들은 판사처럼 여겨졌다. 그 사람들이 자신을 마음대로 인정하거나 거부할 수 있다고 생각했으며 특별히 시험 기간이 되면 그런 생각이 더 심해졌다.

이대로는 안 되겠다고 판단한 그는 교수님들에게 의견을 내세우는 시도를 조금씩 시작했고, 알고 보면 그들도 그렇게 막강한 존재는 아니라는 것을 깨달았다. 그리고 마침내 자신 또한 그들과 동등하다는 느낌에 다다를 수 있었다. 이제는 시험 기간이 되어도 두렵지 않았다. 아버지 역할을 하는 사람들과 동등한 권위에 이르는 일종의 신고식을 치른 것이다.

죄책감

사람들의 죄책감에는 부모에게 인정받지 못한 데서 오는 상처가 담겨 있다. 그렇기 때문에 누군가가 필요 없는 죄책감에 시달리고 있다면 그 사람은 여전히 부모의 목소리 아래에 살고 있는 셈이다.

죄책감을 느끼면 행동의 결과에 집중할 수가 없다. 성숙한 어른들은 실질적인 결과에 따라 행동하지 죄책감에 휘둘리지 않는다. 예를 들어 과속하다가 적발되어 벌금을 물게 되었다면, 돈이 아깝게 느껴지고 자신이 규칙을 어겼다는 사실 때문에 속상해한다. 그러나 어린아이 상태에 머물러 있는 사람들은 행동의 결과보다는 죄책감을 더 크게 느낀다.

어른으로 성장하지 못한 이들은 신용카드 청구서, 마감 시간, 과제물과 업무에 압박을 느낀다. 요구 그 자체가 부모의 역할을 하는 것이다. 이것을 지키지 못하면 '나쁜 사람'이 된 것만 같은 느낌이 든다. 이렇게 되면 책임을 자꾸 미루게 되고 그 결과 더 큰 죄책감을 느끼는 악순환이 벌어진다.

성적인 갈등

어떤 권위 아래에 놓였다고 생각하는 사람들은 대개 성적 문제로 갈등한다. 이유는 간단하다. 청소년기의 부모에게 저항하는 과정을 통과하지 못했고, 그러므로 죄책감이나 억압을 극복하지 못하는 것이다. 그들에게 성생활은 아직도 '하면 안 되는' 일이다. 심리적으로 그들은 '그런 일은 생각도 해서는 안 되는' 어린아이이기 때문이다. 이런 생각이 성적인 기능에 방해가 된다. 부모의 비난이 두려워 성관계를 기피하거나 오르가즘을 느끼지 못하는 경우도 있으며, 욕구 자체를 상실하거나 '잘할 수 있을까' 하는 불안감에 시달리기도 한다.

우리가 다른 어른들과 함께 있을 때도 스스로 어른이라고 느낄 수 있다면 본인의 육체에 소유 의식을 가지게 된다. 그래서 배우자와 자신의 육체를 자유롭게 공유하며 원하는 대로 즐길 수 있게 된다. 그럴 때 서로 주고받는 것이 가능해진다.

샐리는 결혼했을 때 성적인 욕구 자체가 완전히 사라진 상태였다. 결혼 전만 해도 성적인 욕구에 끌리곤 했지만, 결혼 후 갑자기 달라진 것이다. 몇 달간 성욕을 회복해 보려 노력하다가 심리치료를 받기 위해 찾아왔다.

문제의 실마리를 풀어 가면서, 샐리가 아직도 아버지의 슬하에서 벗어나지 못하고 있다는 사실을 분명히 알 수 있었다. 아버지는 딸의 결혼 생활에 지나치게 간섭했으며, 그녀는 아버지를 기쁘게 하고 싶다는 강한 욕구에 아직까지 시달리고 있었다. 다시 말해 결혼은 했지만 부모를 떠나지 못한 것이다.

아버지의 권위에서 벗어나지 못했기에 그녀의 내면은 여전히 어린아이였다. 샐리가 애착 관계에 있는 대상은 남편이 아니라 아버지였기 때문에 어떤 성적 욕망도 허용되지 않았던 것이다.

샐리는 아버지와의 관계에서 벗어나기 위해 열심히 노력했다. 아버지를 흡족하게 하려는 노력은 이제 그만두겠다는 편지를 쓰기도 했다. 그런 과정을 겪으면서 샐리는 성적인 것을 억누르던 어린아이에서 성숙한 여자로 변해 가기 시작했다. 부모를 마음에서 내려놓자 내면에 잠재돼 있던 청소년기의 성적 욕구가 회복되었고 그때부터 성생활을 점점 거리낌 없이 즐길 수 있게 되었다.

타인의 허락에 의지함

어떤 일을 진행하기 전에 반드시 누군가에게 승인을 받아야 한다고 생각하는 사람들이 있다. 대화 도중에도 쓸데없이 이렇게 묻곤 한다. "제가 한마디 해도 될까요?" 마음속에 내재하는 부모의 권위에 눌려 있는 것이다.

그런 사람들은 조직이나 체계 속에서 어떤 한계나 규정을 시험해 보려는 시도를 전혀 하지 않는다. 단지 '문제가 될까 봐 두려워서' 사사건건 상사를 찾아가 허락과 승인을 받으려 한다. 이들은 마치 거대한 집의 작은 지하실에서 사는 것과도 같다. 밖으로 나가 자신이 살고 있는 곳이 얼마나 큰지 확인하기를 두려워하는 것이다.

'할 수 없어' 증후군

권위에 얽매이면 창의성을 받아들이지 못한다. 이런 사람들은 누군가가 새로운 일 처리 방법을 제시하면 이렇게 말한다. "그렇게 해서는 절대로 될 리가 없어." 모든 창의적인 것이나 새로운 것에 쇠창살을 쳐 놓는 꼴이다. 이들이 선호하는 것은 그저 '괜찮다고 판명된' 것들뿐이다.

이들은 예전에 자신을 제한하고 질책하던 부모의 테두리를 벗어나지 못하고 항상 규범과 규칙만을 내세운다. 자신만의 규범 체계를 확립하지 못했기에 심지어 나이 마흔이 다 되어서도 부모가 시키는 대로만 하는 로봇과 같은 삶을 산다.

발명가나 기업가들은 이런 사람들을 가리켜 편협하고 근시안적이라 말하며 가장 싫어한다. 새로운 사업을 시작하려고 하면 꼭 비관적인 말로 초를 치기 때문이다.

열등감

부모에게 존중받지 못하고 무시당했던 이들은 자신이 항상 남들보다 아래에 있다고 생각하여 열등감을 느낀다. 다른 사람들은 어떤 면에서든 자신보다 나으며 절대로 동등하지 않다고 생각하는 것이다.

마틴의 삶은 열등감으로 점철되어 있었다. 그는 만나는 사람 대부분에게 열등감을 느꼈다. 업계의 소위 '큰손' 밑에서 하청업자로 중간 역할을 할 때는 꽤 성공적으로 일을 해내기도 했다. 상사를 기쁘게 하기 위해 열심히 일했고 그 결과 보상을 받았다.

하지만 도급업자와 직접 일 처리를 해야 할 때면 공황장애 증상에 시달리곤 했다. 상대가 자신의 의견을 받아들이지 않을지도 모른다는 두려움과, 잘난 척하는 것으로 비칠지도 모른다는 염려가 자꾸만 그를 뒤흔들었다. 열등감이 직장 생활을 망가뜨린 것이다.

경쟁심

부모와 평등한 관계에 이르지 못한 사람은 경쟁적인 관계에서 자주 과잉 반응을 보인다. 특히 동성과의 관계에서 더욱 그렇다.

우리 삶에서 최초의 경쟁은 동성 부모와의 사이에서 일어난다. 동성 부모와 동일시하는 과정을 통해 이 경쟁심을 해결하지 못한다면, 끈질긴 갈등이 오랫동안 우리를 따라다니며 괴롭히게 된다.

경쟁심이 강한 사람들은 항상 자신보다 한 단계 위에 있는 사람의 자리를 빼앗으려 하며, 남이 자신을 앞지르는 것을 참지 못한다. 왜냐하면 그것은 곧 자신이 한 단계 낮은 수준으로 떨어지는 것을 의미하기 때문이다. 이들은 '이번에는 내가 졌다' 라는 말 대신 '내가 더 못났다' 라고 표현한다. 그러므로 상대방보다 더 우월한 사람이 되려면 반드시 이겨야 하는 것이다. 어머니나 아버지와 동등해지고 싶은 마음이 모든 상황을 경쟁적으로 보게 만든다.

무력감

아직 어른이 되지 못한 사람들은 인간관계에서 늘 남에게 주도권을 넘기고 그 사람이 부모라도 되는 것처럼 무조건 순종한다. 어떤 일에 책임을 지는 것은 마치 뜨거운 감자를 손에 쥔 것과도 같다고 여겨, 최대한 빨리 다른 사람에게 전달하려 한다.

한편으로 이런 사람들은 지배적이고 오만한 사람들에게 종종 자신의 힘을 빼앗긴다. 성경도 목사님이 사용하는 것만 선호하고 친구들이 가라는 곳만

간다. 어리석을 정도로 성인으로서의 삶의 기능을 포기하는 것이다. 수많은 영적 지도자들은 이런 어린아이 같은 사람에게 부모 노릇하는 것이 자신의 직무라 생각하고, 그들을 그리스도의 주권 아래서 성숙함으로 인도하는 대신 직접 돌보고 자신의 곁에 붙잡아 놓는다.

실제로 많은 그리스도인들이 스스로 생각을 하지 않는다. 어떤 가르침이나 교리에도 질문을 하지 않고 '누구누구가' 그렇게 말했기 때문에 옳을 것이라고 단정 짓는다. 유명하거나 권위 있는 인물이 한 말이라면 무조건 옳다고 여기는 것이다.

마르틴 루터는 이러한 태도에 반기를 들고 '만인 제사장설'을 주장했다. 루터는 누구든지 하나님과 개인적인 관계를 형성하고 무엇을 믿을지 스스로 결정할 수 있다고 생각했다. 성경 역시 "너희는 주께 받은 바 기름 부음이 너희 안에 거하나니 아무도 너희를 가르칠 필요가 없고 오직 그의 기름 부음이 모든 것을 너희에게 가르치며 또 참되고 거짓이 없으니 너희를 가르치신 그대로 주 안에 거하라"(요일 2:27)라고 말한다. 믿는 사람들은 성령님과 말씀에 의지해서 다른 사람의 가르침을 분별하고 스스로 결정할 수 있다는 의미이다.

'다른 것은 틀린 것'이라 생각함

다른 사람들보다 한 단계 위, 혹은 한 단계 아래에 살고 있는 사람들은 '다름'을 받아들이려 하지 않는다. 누군가가 다른 것을 믿거나 생각하면 그 사람은 '틀렸다'고 생각한다.

이런 사람들은 다름의 차이를 항상 옳고 그른 것으로 나누려는 성향을 보인다. 친구가 자동차를 바꾸거나 이웃의 자녀가 학교를 옮기면 '내 차는 괜찮은가?' '우리 애들도 학교를 옮길까?' 하고 생각한다. 다름을 위협으로 느끼기 때문이다. 따라서 두 사람이 각기 다른 일을 하고 있다면 둘 중 하나는 반드시 틀렸다고 생각한다.

이런 성향은 물건을 구입하는 것 같은 아주 작은 일에까지 영향을 미친다. 그래서 "당신은 저걸 좋아하는군요. 나는 이게 좋던데"라고 말하는 대신 "둘 중 어떤 게 더 좋은 거죠?"라고 묻는다.

또한 이들은 바리새인처럼 '옳은 교리'가 무엇인가 하는 엄격한 목록을 챙기느라 정작 "네 이웃을 네 자신과 같이 사랑하라"는 진정한 가르침을 잊고 산다. 다른 사람들이 왜 틀렸는지를 찾아내려 혈안이 되어 있다 보니, 정작 그들을 사랑하지 못하는 것이다.

비판적 시각

비판하기 좋아하는 사람들은 부모의 역할을 혼동하여 다른 사람들을 얕보려 한다. 자신의 내면에 있는 미숙함을 인정하지 않을 뿐 아니라, 다른 사람들의 미숙함을 정죄한다. "바리새인과 그들의 서기관들이 그 제자들을 비방하여 이르되 너희가 어찌하여 세리와 죄인과 함께 먹고 마시느냐 예수께서 대답하여 이르시되 건강한 자에게는 의사가 쓸 데 없고 병든 자에게라야 쓸 데 있나니 내가 의인을 부르러 온 것이 아니요 죄인을 불러 회개시키러 왔노라"(눅 5:30~32).

자신을 죄인이라고 인정하지 않기 때문에 용서를 구하지도 않으며, 다른 사람들을 사랑할 수도 없다. 자신은 완벽하며 '죄 위에' 있다고 생각한다.

그러나 우리가 남을 '아래'에 두고 얕잡아 볼 때마다 자신을 "모세의 자리에" 앉혀서 다른 사람 '위에' 서게 되며, 따라서 내면에 있는 죄인의 상태를 인정할 수가 없다(마 23:2). 미숙한 단계를 통과할 때 가장 중요한 것은 우리 마음속의 죄를 고백하는 일이다. 이는 사람들 앞의 교만한 자리에 서는 것이 아니라, 하나님 아래 겸손한 자리에 스스로를 두는 것이다.

지나친 충동과 억제

지나친 충동이나 억제 모두 권위에서 비롯된 문제라 할 수 있다. 어떤 사람들은 권위를 향한 분노 때문에 삶의 모든 규율과 기준을 무시하고 무법자처럼 살곤 한다. 이런 사람들은 충동적이고 원하는 일은 뭐든지 하며 모든 권위, 심지어는 하나님마저도 부인한다.

다른 한편으로는 자신이 뭘 억제하고 있는지조차 모를 정도로 죄책감에 얽매여 사는 율법적인 사람들도 있다. 이런 사람들은 극도로 수줍음을 타고 자신을 항상 억제한다. 주변 사람들은 "느긋하게 좀 즐기면서 살아"라고 조언하지만 마음대로 되지 않는다. 솔로몬은 이렇게 표현했다. "지나치게 의인이 되지도 말며 지나치게 지혜자도 되지 말라 어찌하여 스스로 패망하게 하겠느냐"(전 7:16). 이들에게는 감정과 삶을 즐길 자유와 여유가 전혀 없다.

다른 사람들에게 부모 노릇하기

미숙한 사람일수록 다른 사람들이 뭘 어떻게 해야 하는지 안다고 생각하고 가르치려 든다. 자신이 가진 지식과 정보에 한계가 있다는 사실을 깨닫지 못하기에 남들이 처한 상황을 잘 알지도 못하면서 간섭하려 한다.

상담자와 교사들 중에도 그런 유형이 많다. 이들은 사람들이 스스로 성숙하도록 돕는 역할을 하기보다 오히려 자신에게 의존하도록 만든다. 자신의 전능함을 '하나님의 말씀의 권위'로 포장해서 정당화하려는 것이다. 종종 바리새인들처럼 성경을 인용하고 스스로 "모세의 자리"에 앉지만 "율법의 더 중한 바 정의와 긍휼과 믿음"(마 23:23)에는 별 관심을 두지 않는다. 그저 남들을 자기 아래에 두고 군림하는 것을 좋아할 뿐이다.

이들은 상대방에게 "이렇게 저렇게 해야지"라는 말투를 자주 사용하는데, 부모가 자식을 다루는 듯한 그런 태도에 사람들은 찝찝함이나 죄책감을 느낀다. 하지만 정작 사람들에게 필요한 것은 그런 정죄가 아니라, 부드럽고 은혜로운 하나님을 향한 확신이다.

권위를 향한 증오

어떤 사람들은 절대로 권위를 인정하지 않으려 하여 권위에 적극적으로, 혹은 수동적으로 맞선다. 이런 성인들은 항상 지도자들에게 유치한 반항을 하곤 한다.

소극적인 저항자들은 윗사람을 끊임없이 비난하며 자신이 그들보다 더 우월하다는 인상을 주려 한다. 또한 윗사람이 내리는 결정과 조언을 비판하며 뒤에서 비방한다. 어떤 지도자나 목회자에게서도 나쁜 점을 꼭 찾아낸다.

적극적인 저항자들은 공공연히 권위자들에게 저항하며, 하나님을 포함한 어떤 모양의 권위에도 반항하는 사람들이다.

성경에 나오는 두 아들의 예화(마 21:28~32 참조)는 이 두 가지 입장을 묘사하고 있다. 자신의 모습을 똑바로 인식한 아들만이 회개하고 잘못을 책임질 수 있었다.

배우자와의 갈등

어떤 사람들은 자기 일에 책임지는 것을 적극적으로 회피하며, 부모 노릇을 해 줄 다른 누군가를 찾는다. 삶의 결정적인 주도권을 다른 사람에게 넘기는 셈이다. 늘 누군가가 대신 결정을 내려 주고 일을 해결해 줘야 한다고 생각하기에 스스로를 존중하지 못한다.

한편으로 이들은 자신의 성장을 막는 부모상에 분노를 느낀다. 의존성 때문에 결혼을 하지만 자신을 어린아이 취급하는 배우자에게 분노를 표출하는 경우도 흔하다. 배우자와 동등한 위치에 이르기 위해 적극적이거나 소극적인 반항을 하기도 한다. 때로는 '부모 같은 배우자'에게서 벗어나 자유를 얻겠다며 사춘기 아이들 같은 반항을 하고 이혼까지 감행해서 가정을 무너뜨리는 경우도 있다.

권위에 대한 이상화

권위적인 위치에 있는 사람들이 무조건 완벽하다고 생각한다면, 한 단계 아래의 미숙한 곳에 머물고 있는 셈이다. 스스로 권위를 찾은 이들은 권위자들도 허물이 있는 평범한 사람이라는 것을 알기 때문이다. 성경 역시 그들에게도 분명 부족한 점이 있다고 말해 준다. "대제사장마다 사람 가운데서 택한 자이므로 하나님께 속한 일에 사람을 위하여 예물과 속죄하는 제사를 드리게 하나니"(히 5:1~2).

권위에 대한 완벽한 이상을 꿈꾸는 사람들은 다윗과 바울, 모세와 베드로도 죄인이었다는 사실을 기억해야 한다. 또한 어른이 되는 것이 생각만큼 무서운 일이 아니라는 사실도 알 필요가 있다. 어른이 된다는 것은 결코 완벽해진다는 의미가 아니다. 오히려 다른 차원의 어린 자녀가 되는 과정이다. 하나님의 자녀가 되는 것이다.

어린 시절에 대한 이상화

어떤 사람들은 어른이 되는 과정에서 겪어야 하는 어려움과 갈등을 기피하며, 어린 시절이 유일하게 살아 볼 만한 시기라고 생각한다. 어른들의 삶은 힘들고 단조로운 일들과 책임감으로 가득 차 있다고 생각하는 것이다. 그런 이유로 어른이 되기를 거부하며, 가치 있게 여기지 않는다.

어른이 되는 과정을 방해하는 요소들

다른 발달 단계와 마찬가지로, 사람들과의 관계와 하나님과의 관계, 그리고 자신과의 관계는 우리가 어른이 되는 과정에 영향을 끼친다. 여기에서 생겨나는 방해 요소들은 이전의 관계가 아닌 새로운 관계 속에서 도전받고 변화되어야 한다. 다음은 그 구체적인 예들이다.

왜곡된 생각

✚ 우리 자신에 대한 견해

'다른 사람들이 인정해 주지 않는다는 것은 내가 나쁜 사람이라는 증거다.'
'나는 다른 사람들보다 못하다.'
'다른 사람을 기쁘게 해 줘야 나를 좋아할 것이다.'
'내가 반대 의견을 낸다면 나는 나쁜 사람이 된다.'
'내 의견은 별로 좋지 않을 것이다.'
'뭔가를 하기 전에 다른 사람들의 허락을 받아야 한다.'
'무슨 일에서든 실패하면 나쁜 사람이다.'
'성적인 욕망은 나쁜 것이다.'
'나의 계획은 결코 이루어지지 않을 것이다.'
'내 생각과 다르다 할지라도 그들의 말을 따라야 한다.'
'나의 삶을 주관해 줄 다른 누군가가 필요하다. 나는 그럴 만한 능력이 없으니까.'

'내가 다른 사람들과 다른 것은 내가 잘못되었기 때문이다.'

'그 사람들이 이렇게 해야 한다고 생각할 것이다.'

'이런 생각을 하면 안 된다.'

'나는 저 사람들보다 잘났다.'

'우리 그룹이 옳다.'

'우리의 신학이 최고다.'

'우리가 하는 사역이야말로 진짜 사역이다.'

'그 사람에게 진짜 필요한 게 뭔지 나는 안다.'

'그 사람들보다는 내가 더 많이 안다.'

'나는 다른 사람들을 가르칠 입장이 아니다.'

✚ 다른 사람들에 대한 견해

'사람들은 나를 인정하지 않고 비판만 한다.'

'다른 사람들은 나보다 뛰어나다.'

'내가 고분고분해야 사람들이 나를 좋아할 것이다.'

'내가 반대하면 내가 틀렸거나 나쁜 사람이라고 생각할 것이다.'

'다른 사람들의 의견이 항상 옳다.'

'그들은 내가 실패하면 나쁜 사람이라고 생각할 것이다.'

'다른 사람에게는 약점이 없다.'

'남들은 나처럼 실패하지 않을 것이다.'

'남들은 이런 것쯤은 쉽게 할 것이다.'

'그들의 신념이 내 신념보다 훌륭하다.'

'나한테 가장 좋은 게 뭔지 그들은 알고 있다.'

'다른 사람들은 절대 이렇게 느끼지 않을 것이다.'

'그들은 모르는 것이 없다.'

'남들은 절대로 화를 내거나 슬퍼하거나 두려워하지 않는다.'

'그 사람에게 대항하면 나를 증오할 것이다.'

✚ 하나님에 대한 견해

'하나님은 내가 모든 사람에게 잘해 주길 원하신다.'

'하나님은 내가 권위자들의 말에 무조건 순종하기를 원하신다.'

'하나님은 내가 삶을 주관하는 것을 싫어하실 것이다. 그건 지도자들의 일이니까.'

'우리 부모님이 그랬던 것처럼 하나님도 내가 실패하면 책망하실 것이다.'

'하나님은 내가 적극적으로 변하는 것을 싫어하신다.'

'하나님은 내가 목사님과 의견 충돌을 일으키는 것을 싫어하실 것이다.'

'하나님은 내가 자신의 가치를 직접 결정하는 것을 허락하시지 않는다.'

'하나님은 남들을 나보다 더, 혹은 덜 사랑하신다.'

'하나님은 내가 규율에 매여 살기를 원하신다.'

'하나님은 열정이나 사랑, 관계보다는 징계와 희생을 더 중요하게 여기신다.'

✚ 세상에 대한 견해

'경쟁은 결코 좋지 않은 것이다. 누군가가 항상 다치니까.'

'의견 충돌은 나쁜 것이다. 누군가가 항상 상처 받으니까.'

'갈등은 항상 나쁜 것이다. 누군가는 지게 되어 있으니까.'

'인간관계에서 둘 다 이기는 상황이란 있을 수 없다.'

'자기 생각을 표현하는 사람보다는 다른 사람들의 비위를 맞춰 주는 사람이 더 사랑받을 것이다.'

'모든 것에는 정답이 있다. 믿는 사람에게는 성경이 있기 때문에 더욱 그렇다.'

'모든 것을 보는 관점에는 반드시 틀린 것과 옳은 것이 있다.'

'융통성이란 방종과 다르지 않다.'

'성욕은 악한 것이다.'

'그 방법은 절대로 통하지 않을 것이다.'

과거의 경험에서 빚어진 하나님과 자신, 그리고 다른 사람에 대한 깊은 선입관은 우리가 어른이 되는 과정에 방해가 된다. 이것들은 오직 노력, 도전, 기도, 관계, 그리고 훈련을 통해서만 극복할 수 있다.

chapter 16 |
성숙한 어른이 되는 법 배우기

　　　　　　　어른이 되는 과정을 배우기란 결코 쉽지 않은 일이다. 이미 어른의 몸을 입고 살아가면서 어른이 된다는 것은 더욱 어렵다. 하지만 다른 사람들의 권위 아래서 벗어나는 것은 꼭 필요한 과정이다.

　토머스 머튼(Thomas Merton)은 이런 글을 남겼다. "성숙하고 신중한 양심으로 나의 동기와 의도, 도덕적 행동을 정확히 이해할 수 있기 전까지는 선한 선택을 할 수 없다. 여기에서 중요한 단어는 '성숙'이다. 어린아이는 아직 양심이라는 것을 갖고 있지 않은 까닭에 다른 사람의 반응과 태도를 보고 어떤 일을 결정한다. 다른 사람의 판단 기준에 따라 행동하는 것은 미숙한 양심이라 할 수 있다. ……미숙한 양심은 자기 행동의 주인이 되지 못한 상태를 말한다."

　지금부터 성숙한 어른이 되는 법, 즉 하나님의 주권 아래서 어떻게 자기 삶의 주인이 될 수 있는지를 살펴보도록 하자.

어른이 되기 위한 수칙

신념 체계를 재점검하라

우리가 믿고 있는 것을 다시 한 번 점검할 필요가 있다. '물려받은 신념'을 떠나보내고 어른의 신념을 다지는 시간을 가지라는 것이다. 자신이 왜 그렇게 믿고 있으며, 왜 그렇게 생각하는지를 다시 살펴보라. 정말 그렇게 믿기 때문인가, 아니면 누군가가 그렇게 믿어야 한다고 가르쳐 주었기 때문인가? 전통을 따른 믿음과 진심에서 우러나온 확신을 구분할 필요가 있다. 하나님과 그분의 말씀과 우리의 경험에서 비롯된 것만이 진정한 믿음이다. 이런 의문은 상당히 오랜 시간 지속될 수도 있다. 하지만 그 과정을 거치고 나면 자신만의 신념을 갖게 될 것이다.

권위자들에게 의견을 제시하라

자신의 의견이 다른 사람의 의견과 부합하지 않더라도 솔직해야 한다. 대부분의 사람들은 권위자의 생각에 동의하지 않으면서도 이를 인정하고 싶어 하지 않으며, 반대 목소리 내기를 두려워한다. 만약 당신이 속한 모임에서 다른 목소리나 중간적인 견해를 용납하지 않는다면 조심하라. 이단적인 모임일 수도 있으니 말이다.

사상의 자유를 누리라. 항상 옳은 말만 하는 사람은 없다. 또한 우리 모두는 한 가지 주제를 놓고 생각을 수없이 수정한다. 자신의 의견을 자유롭게 말하고 반대 의견에도 귀를 기울이라. 표현하는 것은 자신의 생각을 체계화하는 데 도움이 되고, 다른 사람의 생각을 체계화하는 데도 도움을 줄 수 있다. 동시에 다른 사람의 의견을 비판할 줄도 알아야 한다. '철이 철을 단련한다'는 말이 있듯이 의견 차이가 있다는 것은 건강하다는 신호이다.

자신의 결정은 자신이 하라

당신이 어떤 일을 할지, 무엇을 믿어야 할지, 어떤 생각을 해야 할지를 누군가가 대신 결정해 주고 있다면 이제부터라도 그런 결정을 스스로 내리기 시작하라. 당신은 어른이다. 스스로 생각하고 행동하는 법을 배우라. 당신이 구입한 물건이 다른 사람 마음에 들지 않으면 어떤가? 그건 당신 돈이다. 그 돈을 어떻게 쓸지의 문제는 하나님과 당신이 알아서 할 일이다.

당신이 무엇을 입고, 무엇을 읽고, 어떤 모임에 참석해야 하는지 이러쿵저러쿵 참견하는 사람이 있다면 그 사람은 당신에게 부모 노릇을 하고 있는 것이다. 당신이 하나님의 자녀로서 구속되고 자유로워지는 것을 막고 부모 노릇 하려는 사람들을 피하라. 사도 바울은 이렇게 말했다. "그러나 너희가 그때에는 하나님을 알지 못하여 본질상 하나님이 아닌 자들에게 종 노릇 하였더니 이제는 너희가 하나님을 알 뿐 아니라 더욱이 하나님이 아신 바 되었거늘 어찌하여 다시 약하고 천박한 초등학문으로 돌아가서 다시 그들에게 종 노릇 하려 하느냐"(갈 4:8~9).

그러한 율법주의자들, 압박을 가하는 자들은 "하나님이 아닌 자들"이다. 그들의 의견을 듣되 그대로 따라야 한다는 부담을 가질 필요는 없다. 하나님은 오직 한 분이시다. 그분께 순종하라.

동의하지 않는 법을 연습하라

주변에 부모 노릇을 하려 드는 사람들이 많다면, 이 상황을 당신이 성장하면서 해 보지 못했던 훈련을 할 좋은 기회로 삼으라.

누군가가 당신에게 부모 노릇을 하려는 순간을 분별하고, 당신의 생각을 분명하게 말하라. 못되게 굴거나 정면으로 맞설 필요까지는 없다. 그냥 이렇게 말하라. "무슨 말씀인지 알겠어요. 하지만 제 생각은 좀 달라요. 제 생각에는……." 아직까지 한 번도 이렇게 해 보지 않았다면 혹 버릇없게 보일까 염려하는 마음이 들 수도 있겠지만 걱정하지 말라. 이것은 그저 평범한 대화일 뿐이다. 당신의 삶 속에서 하나님 노릇을 하려는 사람들, 당신이 그렇게 하도록 허락한 사람들과 동등한 위치에 서는 법을 배우라.

성생활에 적극적이 되라

성적인 면에서 고상한 체하거나 부끄럽게 여긴다면 부모님이 아직도 당신의 성생활에 간섭하고 있거나, 적어도 당신이 그렇게 받아들이고 있을 가능성이 크다. 이 문제에 관한 한 청소년 이전 단계에 머무르고 있다는 이야기다. 성이 얼마나 아름다운 것인지 새로이 인식하는 법을 배울 필요가 있다. 섹스에 관해 "그건 안 돼"라고 금기시했던 감정을 지우라.

자신의 몸에 익숙해지고, 이를 소중히 여기라. 쉬쉬하던 태도를 극복하기 위해서는 믿을 만한 누군가와 상담을 하는 것도 좋다. 어른들은 성에 대해 얼마든 이야기할 수 있다. 더 이상 속닥거리지 말라!

그리고 성에 대한 느낌에 점점 더 민감해지라. 정상적인 성인의 과정은 대개 열세 살 무렵부터 일어난다. 자신의 느낌을 억누르면 그것과 더불어 계발되어야 할 성인으로서의 다른 기능들까지 문제가 생길 수 있다. 모든 기능은 서로 연관되어 있기 때문이다.

어떤 내담자는 직장 상사에 대한 견해를 솔직히 인정하는 훈련을 몇 주 동안 한 끝에 성적인 느낌도 회복하게 되었다. 상사의 권위에 눌려 자신의 생각을 억눌렀을 때 성인의 다른 기능마저 제대로 발휘되지 못했던 것이다. 당신의 삶에서 어느 한 부분만 억제할 수는 없는 일이다. 왜냐하면 그 하나가 많은 다른 부분에도 영향을 미치기 때문이다.

부모와 동등해질 권리를 누리라

동성 부모의 역할을 잘못 인식할 때 권위에도 왜곡된 생각을 품게 되기가 쉽다. 당신은 동성 부모가 역할을 수행하는 방식에 불만을 품을 수도 있고, 혹은 자신이 그 역할을 물려받아야 한다는 사실이 두려울지도 모른다. 그러나 그 역할은 당신이 성인으로서 반드시 맡아야 할 임무이다.

부모가 어떻게 이 역할을 수행했는지 돌아보라. 혹시 만족스럽지 못한 부분이 있다면 다른 역할모델을 찾으라. 그런 시도가 어린아이에서 성인으로 건너가는 과정에 도움이 될 것이다.

만약 부모의 역할을 떠맡는 것이 두렵다면 그 이유를 잘 생각해 보라. 많은 경우, 부모를 밀어내고 그 자리에 앉는 것만 같아서 청소년기를 넘어 어른이 되는 것에 거부감을 갖곤 한다.

재능을 발견하고 계발하라

어른이 된다는 것은 하나님이 주신 재능과 은사를 발견하고 그것을 자기 것으로 만드는 일이기도 하다. 자신의 은사라고 생각하는 분야를 이미 발견했을 수도 있다. 혹은 하나님께서 여러 가지 방법으로 그것을 계발하라고 말씀하시지만, 재능을 그냥 땅에 묻어 두는 경우도 있다.

자기만의 전문 분야를 닦기 위해서는 하나님이 주신 재능을 먼저 받아들여야 한다. 그리고 나서는 계발을 위한 실제적 행동을 해야 한다. 필요한 수업을 듣거나, 같은 분야의 선배를 찾아갈 수도 있을 것이다. 자신의 은사가 뭔지 아직 모르고 있다면 하나님께 여쭈라. 주님께서 알려 주실 것이다. 다른 사람들의 통찰력에도 귀를 기울이라. 때로는 자신의 강점이 자기 눈에는 안 보일 때도 있으니 말이다.

훈련을 즐기라

기술과 전문성을 키우는 데 가장 중요한 것은 훈련이다. 살림이든, 운동이나 사업이든, 아니면 누군가를 가르치는 일이든, 모든 분야가 마찬가지이다. 훈련하고 배울 자유가 없다면 한 분야에서 권위를 가진 전문가가 될 수 없다. 실패에 관대하라. 이는 성인으로서 독립심을 키우는 데도 아주 중요한 요소이다.

시도했다가 실패하면 한번 웃고 다시 시도하라. 결과보다 과정을 가치 있게 여기는 법을 배우라. 그 일의 과정을 내면화하여 자기 것으로 만들라. 결과 중심적인 사람들은 은사를 즐기지 못한다. 자신만의 은사와 재능을 즐기는 법을 배우라. 그렇다면 오랫동안 누릴 수 있을 것이다.

자유로운 마음으로 다른 사람들에게 순종하라

어른이 되는 과정의 또 한 가지 중요한 과제는 권위의 충돌 없이, 사랑 안에서 다른 사람들에게 순종하는 법을 배우는 것이다. 세상의 정권, 배우자, 친구, 직장 상사, 하나님 등이 순종의 대상에 포함된다. 사랑 안에서 순종하는 것은 우리의 자유를 보여 주는 일이다. 그러나 맹목적으로 순종한다면 그것은 진정한 순종이 아니며, 종노릇에 지나지 않는다. 하나님이 정하신 대로 다른 이들에게 순종할 때 자신의 정체성을 다질 수 있다.

선행을 행하라

"우리는 그가 만드신 바라 그리스도 예수 안에서 선한 일을 위하여 지으심을 받은 자니 이 일은 하나님이 전에 예비하사 우리로 그 가운데서 행하게 하려 하심이니라"(엡 2:10). 우리는 하나님의 작품이다. 우리 각 사람은 하나님께서 특별한 목적을 가지고 만드신 하나님의 소유물이다.

선한 일을 위해 하나님의 도우심을 구하라. 꼭 크고 위대한 일이어야 할 필요는 없다. 하나님과 이웃을 연결하는 작은 일이 당신이 해야 할 선행일 수도 있다. 가정주부로서 재능을 사용하거나 혹은 다른 친구의 공부를 돕는 일, 시간을 내어 고아원을 방문하는 일, 어려운 형편에 처한 가정을 돕는 것도 충분한 선행이다.

중요한 것은 당신에게는 고유한 전문성이 있고, 그것을 이용해 선행을 할 때 스스로 성인이라는 자각이 더 분명해진다는 사실이다.

만약 당신이 현재 바울처럼 하나님의 인도하심과 치유를 통해 은사를 계발하는 중에 있다면 인내하라. 은사를 통해 빨리 세상을 구원해야 한다는 생각은 금물이다.

모호함과 신비를 즐기라

권위의 문제로 갈등하는 사람들의 특징 중 하나는 모호함을 견디지 못한다는 것이다. 모든 것에 확실한 답을 요구하고, 모든 것이 단정하고 보기 좋게 마무리되어 있기를 바란다. 예수님은 바리새인들의 그러한 경직된 면을 흔드시려고 끊임없이 노력하셨다.

많은 부분에서 하나님은 우리가 감히 "헤아리지 못할" 분이시다(롬 11:33). 주님은 실로 위대하셔서 일면 알수록, 우리가 다 알지 못할 분임을 깨닫게 된다. 예배는 이 지점에서 시작된다. 우리가 예배하는 것이 바로 하나님의 그러한 초월성이다. 하나님에 대해 알 수 없는 부분들을 인정하고 그 사실을 기뻐하라. 그래서 우리가 그분을 하나님이라고 부를 수 있는 것이다. 당신이 하나님의 모든 면을 알 수 있다면 그분은 더 이상 하나님이 아니며, 당신이 하나님의 자리를 차지하게 되는 셈이다. 이는 권위의 문제 가운데서도 가장 심각한 것이다.

그분의 신비로운 면을 경배하라. 이분법적 사고로 하나님을 작은 상자에 가두지 말라. 하나님은 그보다 훨씬 더 큰 분이시다.

나와 다른 사람을 사랑하고 인정하라

아직 어린아이의 수준에 머무르는 사람들은 '더 착한 아이'가 되고자 하는 마음에 다른 사람들을 자기보다 낮추어 보려 한다. 마치 아이들이 부모의 인정을 받기 위해 형제자매와 경쟁을 벌이는 것과도 같다. 자기와 다른 사람을 인정할 수 있을 때, 이런 경쟁을 멈추고 다른 형제자매들과 동등한 위치에 설 수 있다.

세라의 뒷이야기

세라가 처음 나를 찾아왔을 때는 불안감으로 가득 차 있었다. 자기보다 나이 많은 동료들에게 늘 눌려 있었고, 윗사람들에게 인정을 받지 못할까 봐 항상 염려했으며, 성적으로도 만족감을 누리지 못했다. 끊임없이 다른 사람들을 기쁘게 하기 위해 노력했지만 별 소득이 없었다. 동료나 남편과 동등한 관계를 맺는 대신, 항상 그 사람들보다 한 단계 아래에서 살아가고 있었다.

세라는 자신의 성장 과정을 이렇게 이야기했다. "부모님은 무척 엄격하셨어요. 두 분은 제가 항상 최선을 다하기를 바랐죠. 어머니는 성격이 아주 강해서 항상 제가 무엇을, 어떻게 해야 하는지 지시했어요. 내가 아무리 최선을 다해서 그 일을 해내도 꼭 비판거리를 찾아내셨고요. 한 번도 어머니에게 인정받은 적이 없어요."

세라의 어머니는 딸이 좋아하는 것을 스스로 발견하고, 그것을 연습해서 체계적으로 배워 나갈 기회를 절대로 주지 않았다. 또한 한 분야에서 전문성을 키울 때 실패와 실수가 자연스러운 과정이라는 것을 인정하지 않았다. 세라가 청소년이 되고 관심 분야도 넓어지면서 어머니의 지배적인 성향은 극에 달했고, 급기야는 딸이 참여할 동아리나 특별활동까지도 직접 정해 주었다.

한편 세라의 아버지는 자녀 교육에 관해서는 일정한 거리를 두었다. 어머니의 언급에 토를 다는 법이 없었고 딸을 칭찬하는 일도 드물었다. 아버지도 세라가 어머니의 기대에 못 미칠 때면 함께 질책하고 힐난했다.

세라는 대학생 때 예수를 믿게 되었다. 그러고는 규율과 규칙이 엄격한 기독교 동아리에서 활동을 했다. 워낙 지배적인 부모 밑에서 자란 터라, 동아리의 지도자가 시키는 일 또한 뭐든지 다했다. 자신의 생각이나 의견을 말하는 법은 절대 없었다. 특히 사람들이 동의하지 않을 것 같은 상황에서는 그런 성향이 한층 두드러졌다.

결혼 후에도 그런 생활은 계속되었다. 완벽주의자 남편을 만족시키기 위해 세라는 뭐든지 했다. 결국 시간이 갈수록 자신의 감정과 욕구와는 점점 더 동떨어진 생활을 하게 되었다.

자신만의 의견이나 은사를 좇지 못한 채 살아왔고, 한 번도 어머니에게 맞선 적이 없었기 때문에 세라의 정신세계는 아직 어린아이 상태였다. 스스로를 성인으로 인식하지 못했기에 다른 성인들과 동등한 위치에 서지도 못했다.

이러한 배경을 이해하면서 세라는 서서히 자신을 고쳐 나가기 시작했다. 우선 정기적으로 자신과 비슷한 처지에 있는 사람들을 만나 조언을 나누었다. 한편으로는 부모님과의 관계를 개선하기 위해 힘을 기울였다. 마침 부모님이 그리 멀지 않은 곳에 살고 있었기 때문에 기회는 충분했다.

매사에 어머니를 만족시키려 하는 대신 그녀는 이렇게 말했다. "엄마가 왜 그렇게 하고 싶어 하는지 알아요. 하지만 난 내 방법대로 할래요." 세라의 어머니는 처음 몇 달간 '말 안 듣는' 마흔 살 딸 때문에 당황했다. 하지만 시간이 지나면서 딸이 더 이상 엄마를 기쁘게 해 주려고 살지 않으리라는 것을 깨달았다.

세라는 다른 곳에서도 점차 자신의 목소리를 내기 시작했다. 성경공부 시간에 모임을 인도하는 리더의 생각과 다른 의견을 내놓기도 했다. 교회의 어른들이 그리 좋아하지 않을 만한 옷을 입기도 했다. 주변의 완벽주의자들이 무엇을 어떻게 하라고 지시해도 이제는 그 의견들을 무시하고 소신껏 행동했다. 시간이 지나면서 다른 사람들이 행사하던 지배력은 점점 사라졌다. 이제 세라의 눈에 그들은 자신과 똑같은 불완전한 인간일 뿐이었다. 그들이 아무리 강력하게 방향을 제시한다 해도, 자신의 인생을 그들이 원하는 대로 조율하지 않게 된 것이다.

그녀는 바깥의 소리뿐 아니라 내면의 소리와도 싸웠다. 자신에게 완벽을 요구하는 내면의 '부모' 목소리에 대항하는 법을 배웠다. 또한 그 목소리에 순종하지 못해서 생겨나는 불안감을 이기는 법도 터득했다. 시간이 지나면서 내면에서 들리던 부모의 소리는 잠잠해졌고, 불안한 감정도 점점 줄어들었다.

동시에 자신만의 재능과 은사를 추구하고 계발해 나갔다. 실패에 대한 두려움이 생길 때마다 자신의 부모도 완벽하지 않았다는 사실과, 더 이상 그들이 자기 삶을 휘두를 수 없다는 사실을 되뇌었다. 얼마 지나지 않아 실패 또한 배움의 과정이라는 사실을 받아들일 수 있었다.

세라가 해결해야 했던 또 한 가지는, 자신의 삶을 지배하고 다스리려 했던 다른 사람들을 향한 가슴 깊은 미움과 분노였다. 사람들의 비판에 따라 스스로를 정죄하던 것을 멈추고 나니, 그들의 비난 뒤에 감추어져 있던 교만함이 눈에 들어왔다. 결과적으로 그들의 권위 앞에 머리 숙이는 것을 그만두게 되었고, 분노 또한 사라졌다.

이런 성숙하고 건강한 자기 인식은 남편과의 성생활에도 긍정적인 영향을 미쳤다. 세라는 남편에게 좋아하는 것과 싫어하는 것을 솔직하게 얘기했다. 부부관계에서 스스로 억제하는 태도를 버렸고 남편에게 거부당할까 두려워하던 상태에서도 벗어났다. 남편이 지나친 요구를 하지 못하도록 막는 대신, 자신은 성에 더 적극적인 반응을 보이기 시작했다.

진정한 어른이 되는 과정은 많은 시간과 기도, 노력이 필요했지만 마침내 세라는 그 싸움에서 이겼다. 하나님의 도움으로 마흔 살 먹은 아이에서 벗어나 어른으로 성장한 것이다.

맺음말

　　　　　이 책의 각 장은 유대감 형성, 경계 세우기, 선악의 문제 구분하기, 진정한 어른이 되기라는 과정에서 발생하는 문제들을 다루고 있다. 많은 그리스도인이 이러한 문제를 더 명료하게 볼 수 있었으면 한다. 그러기 위해서는 다음의 이야기를 기억해야 할 것이다.

　첫째, 우리 모두는 위에 언급한 네 가지 문제로 갈등하고 있다. 그 문제들 사이에 분명한 선이 그어져 있는 것은 아니다. 우리 삶과 분리할 수 없는 이 문제들은 하나님을 닮아 가는 훈련을 통해 하나님의 방법으로 해결할 수 있다.

　둘째, 전적으로 심리적인 문제도, 전적으로 영적인 문제도 없다. 우리는 모두 하나님과의 관계, 타인과의 관계, 그리고 자신과의 관계가 깨어진 채 살아가고 있다. 이러한 깨어짐 때문에 심리적인 증상에 시달리고 영적인 생활에서 벗어나게 되는 것이다. 그러한 까닭에 우리의 마음을 함께 다루는 영적인 해결책이 필요하다. 또한 모든 영적인 해결책은 사랑을 기반으로 해야 한다. 모든 치유의 근본은 관계의 회복에 있으며, 그래서 이 책이 관계와 관계를 방해하는 요소들을 다루는 것이다. 관계 회복이 없는 해결책은 사랑이 없는 해결책이다.

셋째, 증상은 문제의 본질이 아니다. 오랜 세월 동안 기독교인들은 겉으로 드러나는 증상에만 초점을 맞추었다. 그래서 대부분의 치유가 피상적일 수밖에 없었다. 증상은 문제의 본질을 알려 주는 신호라는 것을 기억하라. 문제 자체가 해결되면 증상은 더 이상 나타나지 않는다.

넷째, 이 문제들을 치유할 때의 열매는 의미와 목적, 만족감, 성취감으로 나타난다. 의미는 사랑에서 비롯되며, 그 사랑은 다른 사람과의 유대감을 통해 흘러나온다. 목적은 방향성과 진리에서 비롯되는데, 여기에서 경계가 형성된다. 만족감은 덜 완벽한 것을 받아들이는 태도에서 나오며, 성취감은 성인으로서 자신의 은사를 발휘할 수 있을 때 찾아온다.

마지막으로 할 말은 "그 중에 제일은 사랑"(고전 13:13)이라는 것이다. 나는 이 책을 통해서 '온전한 기능을 발휘하는 존재'의 좋은 모델을 제시하고 싶었다. 하지만 그것이 만약 최종 목표라면 우리 자신을 과소평가한 것이다. 우리는 사랑하도록 지음을 받았다. 온전한 기능을 발휘하는 존재란 유대감을 형성하고, 다른 사람에게서 건강하게 분리될 수 있으며, 남들을 용서하고, 성인다운 자아로 이 세상에 존재하되 남들을 위해서 그 자아를 건강하게 포기할 수도 있는 존재를 말한다. 남을 위해 자기를 부인한다는 것은 내면에 자기 모습이 없다는 의미가 아니라, 오히려 건강한 자신이 내면을 풍족하게 채우고 있어서 이를 타인에게도 나누어 줄 수 있다는 뜻이다.

내면의 공허함을 채울 수 있도록 다른 사람들과 유대감을 형성하는 능력을 키우라. 또한 자신만의 삶을 영위할 수 있는 건강한 경계를 세우는 법을 배우라. 진정한 자아상을 만들어 가기 위해 고백하고 용서할 수 있는 능력을 키우라. 건전한 권위를 누리기 위해 스스로를 어른으로 여기도록 노력하라. 그리고 밖으로 나가 다른 사람들과 나누는 삶을 살라.

"사람이 친구를 위하여 자기 목숨을 버리면 이보다 더 큰 사랑이 없나니"(요 15:13)라는 말씀을 기억하라. 하나님의 축복이 함께하시기를 빈다.

사명선언문

너희가 흠이 없고 순전하여……세상에서 그들 가운데 빛들로
나타내며 생명의 말씀을 밝혀 _ 빌 2:15-16

1. 생명을 담겠습니다
만드는 책에 주님 주신 생명을 담겠습니다.
그 책으로 복음을 선포하겠습니다.

2. 말씀을 밝히겠습니다
생명의 근본은 말씀입니다.
말씀을 밝혀 성도와 교회의 성장을 돕겠습니다.

3. 빛이 되겠습니다
시대와 영혼의 어두움을 밝혀 주님 앞으로 이끄는
빛이 되는 책을 만들겠습니다.

4. 순전히 행하겠습니다
책을 만들고 전하는 일과 경영하는 일에 부끄러움이 없는
정직함으로 행하겠습니다.

5. 끝까지 전파하겠습니다
모든 사람에게, 땅 끝까지, 주님 오시는 그날까지
복음을 전하는 사명을 다하겠습니다.

서점 안내

광화문점	서울시 종로구 새문안로 69 구세군회관 1층 02)737-2288 / 02)737-4623(F)
강남점	서울시 서초구 신반포로 177 반포쇼핑타운 3동 2층 02)595-1211 / 02)595-3549(F)
구로점	서울시 동작구 시흥대로 602, 3층 302호 02)858-8744 / 02)838-0653(F)
노원점	서울시 노원구 동일로 1366 삼봉빌딩 지하 1층 02)938-7979 / 02)3391-6169(F)
일산점	경기도 고양시 일산서구 중앙로 1391 레이크타운 지하 1층 031)916-8787 / 031)916-8788(F)
의정부점	경기도 의정부시 청사로47번길 12 성산타워 3층 031)845-0600 / 031)852-6930(F)
인터넷서점	www.lifebook.co.kr